JN484801

공산당원이 된
중국 사영기업가들

서울대학교 아시아연구소총서
모노그래프시리즈 10

공산당원이 된 중국 사영기업가들

개혁기 중국의 국가-사영기업가 관계

초판 1쇄 발행 2021년 3월 30일

지은이 윤태희
펴낸이 오세정
디자인 최선아
인쇄 네오프린텍(주)

펴낸곳 서울대학교출판문화원
주소 08826 서울 관악구 관악로 1
도서주문 02-889-4424, 02-880-7995
홈페이지 www.snupress.com
페이스북 @snupress1947
인스타그램 @snupress
출판등록 제15-3호

ISBN 978-89-521-3006-8 94300
978-89-521-1413-6 (세트)

ⓒ 윤태희, 2021
지은이와의 협의하에 인지는 생략합니다. 잘못된 책은 바꾸어 드립니다.
이 책의 무단 전재나 복제 행위는 저작권법에 따라 처벌받게 됩니다.

이 연구는 2019년도 서울대학교 아시아연구소 박사학위논문상의 지원을 받아 수행되었음.

서울대학교 아시아연구소총서
모노그래프시리즈 10

공산당원이 된 중국 사영기업가들

개혁기 중국의 국가-사영기업가 관계

윤태희 지음

서울대학교출판문화원

Chinese Capitalists within the Communist Party

Taehee Yoon

Seoul National University Press

머리말

이 책은 베이징에서 의류, 원단, 신발의 도소매 판매를 주업으로 하는 저장성(浙江省) 원저우시(温州市) 산하 웨칭(乐清) 출신 기업가들에 의해 설립된 사영분야 당조직 사례를 통해 개혁기 중국의 국가-사영기업가 관계를 분석한다. 베이징에서 사업에 성공하여 부를 축적한 사영기업가들은 모두 공산당원이 되었으며, 자신이 소속된 당조직인 '제1공작위원회(第一工作委员会)'를 자신들의 '집(家)'이라고 불렀다. 당원이 된 사영기업가들은 1995년 고향인 웨칭 지방정부의 후원으로 설립된 당조직을 통해서 기업의 성장과 발전에 필요한 다양한 서비스를 제공받고, 자신의 이익을 합법적으로 보호받을 수 있었기 때문이었다.

이 책에서는 제1공작위원회의 사례를 통해 기존 개혁기 중국의 국가-사영기업가 관계에 관한 이론적 틀의 의의와 한계에 대해서 고찰하며, 동시에 국가-사영기업가 관계에 영향을 주는 여러 가지 요인들에 대한 검토의 중요성을 강조한다. 개혁기 중국의 국가-사영기업가 관계를 보는 이론적 분석틀은 크게 세 가지로 나누어 볼 수 있다.

첫 번째는 시민사회(civil society)론이다. 이 관점은 동구권의 붕괴 및 한국, 대만, 브라질 등 당시 독재정 붕괴를 위한 노력을 설명하는데 이용된 시민사회 담론을 중국의 개혁개방과 경제성장을 결부시켜 분석하는 것이다. 이에 따르면, 중국의 시장경제 도입은 국가로부터 자율적인 영역인 시민사회의 출현을 야기한다. 시민사회는 국가권력을 제한하고 국가의 행동을 감시하고 비판하는 역할을 수행할 뿐만 아니라, 국가로부터 더 많은 정치적 권한을 요구함으로써 권위주의 정권을 전복시키고 중국의 민주화를 추동하게 된다. 그러나 중국적 맥락에서 국가와 사회단체와의 관계가 국가의 강력한 통제와 영향력하에서 발생하며, 사회단체의 국가에 대한 심한 의존도가 나타난다는 점이 시민사회론의 비판점으로 제시된다.

두 번째 관점은 국가 조합주의(state corporatism)이다. 이에 따르면, 중국의 결사체는 다음과 같은 특징을 가지고 있다. 첫째, 결사체는 하나의 영역에서 독점적인 대변 권한을 가지고, 국가와 소속 구성원들 사이를 연결한다. 둘째, 정부가 자신의 목적을 위해 설립하였고, 결사체의 지도부 선출 및 업무를 통제하는 강한 지배력을 행사한다. 셋째, 결사체는 철저히 위계질서에 기반을 두어 형성되며, 지방에 지부를 설립하여 자신의 영향력을 확대하는 행위를 할 수 없다. 조합주의는 중국의 정치 기회구조가 어떻게 제약되어 있는지를 설명하는 데 적합한 분석틀로 볼 수 있다. 그렇지만 조합주의 모델은 정적인 모델이기 때문에, 국가의 조합주의적 포섭과 통제에 관한 설명에는 유용하나 이것의 향후 발전과 정치적 변화에 미치는 영향에 관한 내용을 설명하는 데 부적합하다는 평가를 받는다.

세 번째 관점은 후견인주의(clientelism)이다. 후견인주의는 기존의 시민사회, 조합주의적 관점이 제시하는 이론적 분석의 한계에 따라 이를 보완하는 의미에서 제시된다. 중국의 정치체제하에서는 정부 정책에 영향력을 발휘하기 위해 공식적 경로를 통한 시민들의 정치참여가 매우 어렵다. 또한 소수의 엘리트가 기회, 재화, 자원의 분배 권한을 독점하고 있기 때문에, 특정 공동체에 소속된 개인은 사적 이익을 추구하기 위해 권력을 가진 엘리트에게 충성과 신뢰를 보임으로써 재화와 보상의 분배에서 호의를 얻을 수 있도록 노력한다.

이 책에서는 이러한 국가-사영기업가 관계에 관한 이론적 분석틀에 대한 비판적인 고찰과 기층 사영분야 당조직에 대한 현지조사를 기반으로 다음과 같은 현상에 주목해야 함을 지적한다. 첫째, 중앙의 정책은 국가-사영기업가 관계에서 매우 중요한 역할을 한다. 개혁개방 이후 중국 공산당은 사영분야의 발전을 촉진하는 다양한 정책을 제시하였고, 사영기업가들을 체제 안으로 포섭하여 이들의 지지를 이끌어 낼 수 있었다. 둘째, 중앙-지방 관계 역시 국가-사영기업가 관계에 영향을 미친다. 분권화 이후 지방정부는 지역 경제를 성장시킬 강한 동기를 가지게 되었고, 이는 지방정부-사영기업가 간의 상호 의존을 증대시키는 중요한 요인이 되었다. 셋째, 지방정부-사영기업가 간의 상호작용 역시 중요하다. 개혁기 지방정부는 지역 경제성장을 위해, 사영기업가들은 기업 운영에 필요한 다양한 자원을 확보하기 위해 상호간 긴밀한 관계 형성을 희망하였다. 넷째, 사영기업가들의 중앙정부를 대하는 성향이 중요 요소로 작용한다. 사영기업가는 국가의 사회에 대한 우위에 도전하지 않는 선에서 자신의 이익을 추구한다. 다섯째, 국가 내부의 분절성과 사영기업가 내부의 다양성 또한 개혁기 국가-사영기업가 관계에서 중요한 영향을 미치는 요인이 된다. 이처럼 이 책에서는 제1공작위원회라는 기층의 당조직 사례를 통해 개혁기 국가-사영기업가 관계에 영향을 주는 다양한 요인들이 실제 국가-사영기업가 관계에 어떻게 영향을 미치는지를 검토하고 있다.

이 책은 2019년 서울대학교 아시아연구소의 박사학위논문상을 받은 필자의 박사학위논문을 기초로 대폭 수정된 내용을 토대로 하고 있다. 이 과정에서 서론과 결론을 제외한 나머지 장들이 모두 국내외 저명 학술지를 통해 출판되었음을 밝힌다. 구체적으로, 제2장은 '개혁기 중국 사회에서의 국가-사영기업가 관계에 관한 연구'라는 제목으로 『중국과 중국학』 제36호(2019년)에 발표된 내용을 토대로 하고 있으며, 제3장의 내용은 서울대학교 정종호 교수와의 공저로 '중국 공산당의 사영분야 당조직 건설 정책변화'라는 제목으로 『국제·지역연구』 제25권 제4호(2016년)에 발표된 연구를 수정·보완한 것이다. 제4장과 제6장 내용의 일부는 정종호 교수와의 공저로 'From Gray to Red: Party Building and the Transformation of Beijing's Zhejiangcun'의 제목으로 *Journal of Contemporary China*, Vol. 29, No. 126(2020년)에 출판되었다. 제5장의 내용은 정종호 교수와의 공저로 'Bedfellows with Different Dreams: The Relationship between the Party-State and Private Businessmen in the Party Member Recruitment Process in Beijing's Zhejiangcun(浙江村 Zhejiang Village)'의 제목으로 *Journal of International and Area Studies*, Vol. 25, No. 1(2018년)에 발표된 연구에 기반을 두고 있다. 또한 제7장의 내용은 '징진지 공동발전 과정에서 나타난 국가-사영기업가 관계에 관한 연구: 베이징 평타이구 사례를 중심으로'라는 제목으로 『현대중국연구』 제20집 제2호(2018년)에 게재된 논문을 토대로 하고 있다.

본 연구는 많은 분들의 도움 속에서 수행되었으며, 이분들의 격려와 도움 없이는 완성되지 못하였을 것이다. 먼저, 서울대학교 국제대학원 정종호 교수님께 감사드린다. 정종호 교수님께서는 본 연구의 설계부터 논문 작성까지 소중한 조언과 비판을 통해 논문이 나아갈 방향을 제시하여 주셨을 뿐만 아니라, 본 연구의 현지조사지인 베이징의 저장촌과 저장촌의 많은 사영기업가들을 소개해 주심으로써 필자의 현지조사의 수행에도 많은 도움을 주셨다. 정종호 교수님께서는 지난 25년간 거의 매년 저장촌에서 수행한 현지조사를 바탕으로 저장촌의 출현에서 현재에 이르기까지의 총체적인 변천과정에 대한 영문서를 집필 중이신데, 이는 향후 중국연구의 귀중한 자산이 될 것이다. 서울대학교 국제대학원의 정영록 교수님, 조영남 교수님, 서울대학교 인류학과 김재석 교수님, 동덕여자대학교 중어중국학과 김윤태 교수님께 감사드린다. 이분들은 날카로운 비평과 애정 어린 가르침을 통해 이 책의 초고격인 박사학위논문의 작성에 큰 도움을 주셨다.

본 연구를 위해 인터뷰에 응해 주신 많은 관계자분들께 진심으로 감사드린다. 이름을 밝힐 수는 없지만, 많은 분들께서 현지조사 과정에서 귀한 시간을 아낌없이 내어주셨다. 이분들의 협조가 없었다면 본 연구를 수행할 수 없었을 것이다. 두산연강재단과 서울대학교 아시아연구소에 진심으로 감사드린다. 두산연강재단은 이 책의 초고인 박사학위논문 작성과정에서 중국 현지조사에 필요한 자금을 제공해 주셨다. 또한 서울대학교 아시아연구소는 2018년 박사논문작성지원사업의 선정을 통해 필자의 박사학위논문 집필을 지원해 주셨으며, 2019년 박사학위논문상을 수여하여 필자의 연구성과를 격려해 주는 동시에 학위논문의 저서 출판 작업에도 적극적으로 지원해 주셨다. 서울대학교 국제학연구소에 감사드린다. 서울대학교 국제학연구소는 국제·지역연구의 중심으로 재도약하고자 노력하고 있는데, 국제학과 지역학의 후속세대 양성을 위해 필자에게 물심양면으로 아낌없는 지원을 제공해 주셨다. 끝으로, 항상 응원하고 격려해 주는 가족에게 고마움과 감사함을 전한다.

2021년 2월

윤태희

차례

머리말 5

제1장 들어가며 13

1. 국가-사회관계를 보는 여러 관점 23
2. 연구방법과 자료 30
3. 글의 구성 32

제2장 국가-사영기업가 관계의 형성요인 39

1. 국가 전략적 요인 45
   1) 공산당의 국가 발전전략과 경제성장 45
   2) 국가 주도의 사영기업가 포섭 48
2. 사회 문화적 요인 51
   1) 역사적 요인 51
   2) 사회의 분절성과 다양성 53
3. 중앙-지방관계적 요인 57
4. 오늘날 중국의 국가와 사영기업가 61

제3장 사영분야 발전과 중앙–지방 상호작용 65

1. 개혁개방 초기의 사영분야(1979~1991) 70
   1) 중앙의 사영분야 정책과 논란 70
   2) 지방의 사영분야 당조직 건설 실험 75
2. 남순강화와 사영분야의 발전(1992~2000) 78
   1) 중앙의 사영분야 팽창 용인 78
   2) 지방의 당조직 건설과 중앙의 주목 81
3. 삼개대표 이후의 사영분야 정책(2000~) 88
   1) 중앙의 사영기업가 입당 공식 승인 88
   2) 지방의 사영분야 당조직 확대 93
4. 사영분야 당조직 건설과 중앙–지방 상호작용 96

제4장 제1공작위원회의 형성과 발전 99

1. 웨칭 기업가의 베이징 진출 102
2. 웨칭 기업가의 당조직 설립 110
3. 제1공작위원회의 현황과 구성 128
4. 제1공작위원회 사례의 시사점 132

제5장 제1공작위원회의 당원 충원과정 135

1. 공산당의 충원정책 변화와 입당규제 강화 141
2. 제1공작위원회의 사영기업가 입당과정 146
   1) 입당신청과 입당적극분자 확정 148
   2) 입당적극분자 심사와 충원대상 확정 149
   3) 충원대상의 예비당원 전환 151
   4) 예비당원의 정식당원 전환 154
3. 제1공작위원회의 충원과정 평가 156

제6장 제1공작위원회의 사회 거버넌스 169

1. 개혁기 사회변화와 사회 거버넌스 172
2. 제1공작위원회의 사회 거버넌스 181
   1) 공산당 이미지 개선과 영향력 강화 181
   2) 사영기업가 지원과 권익보호 186
   3) 지역사회 질서와 안정 유지 190
   4) 사회적 공헌 193
   5) 지방 정치참여 196
3. 제1공작위원회의 사회 거버넌스 평가 198

제7장 중앙의 정책변화와 제1공작위원회 203

1. 국가의 베이징시 정책변화 207
2. 국가정책 변화에 대한 기업가들의 반응 213
3. 국가정책 순응의 동학과 논리 218
   1) 당원 신분의 한계 218
   2) 심리적 요인 223
   3) 지방정부의 유치경쟁과 기업가들의 선택 226
4. 베이징시의 변화와 제1공작위원회 232

제8장 나오며 237

1. 제1공작위원회의 변천과 평가 242
2. 제1공작위원회와 국가-사영기업가 관계 246

참고문헌 253
찾아보기 276
발간사 283

제1장

들어가며

2015년, 필자는 현지조사를 위해 베이징(北京)에 성공적으로 정착한 저장성(浙江省) 웨칭시(乐清市) 출신의 사영기업가들과 인터뷰를 하였다. 부를 축적한 사영기업가들은 하나같이 모두 공산당원(共产党员)이었으며, 특히 도매시장(批发市场)의 소유주들과 같이 가장 성공한 기업가들은 당지부(党支部) 서기(书记)의 역할을 겸임하고 있었다. 이들 사영기업가들과의 대화에서 가장 많이 들을 수 있었던 것은 중국 공산당(共产党), 구체적으로는 자신들이 소속된 당위원회(党委)와 당지부(党支部)에 관한 내용이었다. 개혁개방 초기부터 베이징 남부의 난위안향(南苑乡) 따홍먼(大红门) 일대에 대거 진출하여 '저장촌(浙江村)'이라는 집단 거주지를 형성하였던 웨칭 출신의 기업가들은 약 30여 년의 시간이 흐른 이후, 고향인 웨칭시의 후원하에 웨칭시 외출유동당원 제1공작위원회(乐清市外出流动党员第一工作委员会, 이하 제1공작위원회)와 당지부 등의 당조직을 베이징에 설립하여 웨칭 당정기관과 긴밀한 관계를 형성하고 있었다.

공산당에 입당한 사영기업가들은 자신이 당원임을 자랑스러워하였고, 그들의 관점에서 외국인인 필자가 당조직의 공헌을 '오해'하는 것을 매우 안타깝게 생각하였다. 2015년 당시 한 사영기업가 당원은 필자와의 인터뷰에서 "당위원회(제1공작위원회)는 (웨칭 출신의 사영기업가들을 한데 모으는) 응집력을 가지고 있지만, 상회(商会)는 그러한 응집력이 없다"고 설명하였고, 당위원회를 방문해 볼 것을 권유하였다.[1] 사영기업가들은 당조직에 대해 매우 높은 충성심을 보였다. 필자에게 당위원회 방문을 권유한 사영기업가 당원은 "당위원회가 있는 것은 집(家)이 있는 것"이며, 당위원회는 "대화, 집회의 공간을 제공하는 장소"라면서 당위원회를 든든한 보금자리를 의미하는 집에 비유하였다.[2]

개혁기 공산당의 사영기업가 포섭전략과 사영기업가들의 일당지배체제에 대한 높은 지지는 널리 알려져 있다(Chen and Dickson, 2008; Dickson, 2007; Dickson, 2010). 그리고 더 많은 물질적 부를 위해 타지에 진출한 유동당원(流动党员)들의 경우, 도시로 이주한 이후에도 고향의 당적을 유지하여 고향의 당조직과 긴밀한 관계를 형성, 이주해 온 지역에서 문제가 발생하면 고향 당조직의 지원을 받기를 희망하는 경향이 있다는 사실 또한 잘 알려져 있다(Dickson, 2008). 이러한 점을 감안할 때, 베이징에서 이방인(陌生人) 또는 유동인구(流动人口)로 생활하는 웨칭 사영기업가들이 고향과의 연대를 상징하는 당조직에 깊은 애착을 가지는 것은 자연스러운 일일 것이다.[3]

이 책은 과거 저장촌 출신의 기업가들이 중심이 되어 설립된 제1공작위원회 사례를 기반으로, 사영분야 당조직을 통해서 나타난 개혁기 중국의 국가-사영기업가 관계를 분석한다. 2000년대 이후 중국 공산당은 갈수록 팽창하는 사영분야에 대한 감시와 통제력을 강화하고

1 사영기업가 당지부 서기 인터뷰(2015.8.5.).

2 사영기업가 당지부 서기 인터뷰(2015.8.5.).

3 앞서 언급한 바와 같이, 이방인 또는 유동인구로서 사영기업가들은 사영분야 당조직 설립 이전에는 베이징에 집단 거주지인 저장촌을 형성, 생활하였다. 1990년대 중반 저장촌에 관해서는 王春光(1995), 정종호(2000), 项飚(2000), Zhang(2001) 등 참고.

자 당조직 건설을 추진하고 있다. 사영분야 당조직은 당의 정책과 방침을 사영기업에 전달하여 공산당의 사영분야에 대한 통제력을 강화시킬 뿐만 아니라, 당과 사영분야의 협력을 촉진하는 역할을 수행할 수 있다(Dickson, 2008; 장윤미, 2010). 또한 당조직을 통해 공산당은 사영기업들이 필요한 서비스를 제공함으로써 사영기업가들의 지지를 확보할 수 있다. 그러나 사영분야 당조직을 통한 사영기업가의 무리한 포섭은 공산당 내부의 분열을 야기할 가능성이 있다(Han, 2015). 따라서 사영분야 당조직에서 발생하는 국가-사영기업가 간의 상호작용에 대한 연구의 중요성은 갈수록 커지고 있다고 볼 수 있으며, 본 연구는 이를 밝히는 데 그 의의를 두고 있다.

필자가 제1공작위원회와 산하 당지부들(이하 당조직)에 대한 현지조사를 수행하는 과정에서 기존의 국가-사영기업가 관계에 관한 연구에서 전혀 다루어지지 않았거나 중요하게 논의되지 않았던 여러 가지 현상들이 발견되었다. 먼저, 이들 사영기업가들의 당조직 설립과 발전 과정 자체를 들 수 있다. 웨칭 출신의 사영기업가들은 1995년 10월에 베이징에 당조직을 최초로 설립하였다. 1995년 당시는 사영기업가들의 입당이 국가 차원에서 금지되었던 시기였다. 또한 사영분야의 당조직 건설 방침은 2002년이 되어서야 국가 차원에서 구체화되었으며, 기업 내의 당조직 건설은 2005년 수정되어 2006년부터 시행된 〈기업법(公司法)〉을 통해서 법률로 명시되었다. 즉 국가의 정책적 지침이 부재한 상황에서 웨칭 출신 사영기업가 당원들은 베이징에 사영분야 당조직을 수립하고 발전시켜 나갔던 것이었다.

두 번째로 주목할 만한 현상은 사영분야 당조직 속에서 사영기업가 당원들은 높은 수준의 거버넌스 활동을 보여주었다는 점이다. 퇴임한 전(前) 웨칭 주징연락처(驻京联络处)의 핵심 간부에 따르면, 웨칭 출신 사영기업가들에게 당조직은 "같이 모여 활동하고, 갈등을 해결하며, 베이징에서의 문제점을 해소하고, 빈곤퇴치 등의 공익활동을 수행하는 공간"이었다.[4] 필자와 만난 당위원회의 핵심 관계자는 고향의 백혈병 환자에 대한 의료비 지원, 국가적 재난 구호활동, 고아원 지원, 빈곤한 학생들에 대한 학비 지원 등 다양한 공익활동이 당조직을 통해서 이루어지고 있다고 설명하였다.[5] 일반적으로 국가-사영기업가 관계에 관한 기존 연구에서 제시하는 사영기업가의 입당 동기가 개인 사업체의 안정적 발전과 부당한 지방 정책으로부터 보호를 받고자 하는 것임을 감안할 때(Dickson, 2000~2001), 당조직을 통해 보여준 사영기업가 당원들의 적극적인 거버넌스 활동은 매우 흥미로운 현상이 아닐 수 없었다.

세 번째로, 당조직 활동과정에서 사영기업가 당원의 정책집행은 중앙의 의도를 완전히 벗어나지 않으면서도 자신의 이해관계를 반영하는, 창의적인 일면을 보이기도 하였다. 시진핑 시기 공산당은 당원들의 쇄신을 위해 강력한 반부패 정책을 실시하는 한편, 강도 높은 학습운동을 통해 당원들의 정치적 소양을 제고하기 위해 노력하였다(Guo, 2014; 조영남, 2015). 뿐만 아니라 당원 충원과정에서 더욱 철저한 검증을 통해 정치적인 신념이 투철한 인사를 당원으로 충원하고자 하였다.[6] 이러한 중앙의 정책은 기층 차원의 이해관계가 반영되어 집행되었다. 사영기업가 당원들은 학습활동 시간에 "당헌(党章)과 시진핑의 담화에 대한 학습"뿐만 아니라, "의류원단 시장 동향, 부동산 시세

4 전 주징연락처 핵심 간부 인터뷰(2015.8.4.).

5 당위원회 핵심 관계자 인터뷰(2015.8.10.).

6 求是网, 「扎实做好保持党的纯洁性各项工作」, http://www.qstheory.cn/zxdk/2012/201206/201203/t20120315_145649.htm(검색일: 2016.1.1.); 人民网, 「中组部负责人解读《中国共产党发展党员工作细则》」, http://theory.people.com.cn/n/2014/0612/c40531-25137583.html(검색일: 2016.1.1.).

에 대한 학습" 또한 전개하였다.[7] 동시에 이들 당조직은 당원 충원과정에서도 중앙이 제시한 엄격한 절차를 준수하면서도, 입당을 희망하는 사영기업가의 사업 규모와 경영 상태를 입당의 중요한 기준으로 제시하였다.[8] 인터뷰에 응한 한 사영기업가 당원은 "1,000만 위안 이상의 자산이 있으면 (당조직) 가입이 가능하다"고 구체적인 액수까지 이야기하였다. 그는 더 나아가 "사회활동비, 각종 기금 및 빈곤퇴치 비용 등을 포함하여 많을 경우 1년에 약 5만 위안 또는 그 이상의 금액을 당지부를 통해 납부"하지만, 이는 충분히 감수할 만하다며 당원으로 활동하는 데 적지 않은 비용이 필요함을 암시하였다.[9]

현지조사 과정에서 발견된 다양한 현상들에 따라 이 책에서는 다음과 같은 질문을 제기하고 있다. 사영분야 당조직은 국가-사영기업가 관계에 어떠한 역할을 수행하고 있는가? 사영분야 당조직이 중앙의 정책이 부재한 상황에서 형성·발전되었다면, 그것이 가능한 이유는 무엇인가? 앞서 언급한 바와 같이 사영분야 당조직을 통한 사영기업가 당원들의 적극적 거버넌스 참여가 이루어지고 있다면, 그 원인은 무엇인가? 또한 공산당의 영향력은 사영분야 당조직을 통해 강화되고 있는가? 만일 당중앙의 정책이 기층 사영기업가 당원들의 이해관계를 반영하여 집행된다면, 그것을 초래한 근본적인 원인은 무엇이며, 그것이 가지는 정치사회적 함의는 무엇인가? 궁극적으로, 사영기업가들의 공산당 입당과 사영분야 당조직의 설립은 국가의 사영기업가에 대한 통제의 강화를 의미하는가, 아니면 사영기업가들의 교묘한 국가의 이용과 더 많은 자율의 확대를 의미하는가? 이 책은 바로 이러한 질문에

7 사영기업가 당지부 서기 인터뷰(2016.3.15.).

8 사영기업가 당지부 서기 인터뷰(2015.8.5.).

9 사영기업가 당원 인터뷰(2015.8.4.).

답하는 것을 목적으로 한다.

이를 통해 본 연구는 개혁기 중국의 국가-사영기업가 관계는 다양한 요인들의 복잡한 상호작용 속에서 형성되고 있음을 강조한다. 첫째, 중앙의 정책은 국가-사영기업가 관계에서 매우 중요한 역할을 수행하였다. 개혁개방 이후 중국 공산당은 사영분야의 발전을 촉진하는 다양한 정책을 제시하였고, 사영기업가들을 체제 안으로 포섭하여 이들의 지지를 이끌어 낼 수 있었다. 이 과정에서 중앙의 정책은 웨칭 출신 사영기업가들의 입당과 웨칭 출신 기업가들이 베이징에 설립한 사영분야 당조직에 정당성을 부여하였다. 둘째, 개혁기 국가-사영기업가 관계에 중요한 사영분야 당조직 건설은 지방 당정기관의 주도로 이루어졌고, 중앙의 사후 승인으로 전국에 확대되었다. 이 과정에서 웨칭의 상급기관인 저장성과 원저우시의 정책은 중앙의 정책에 영향을 주었을 뿐만 아니라, 당시 웨칭 당정기관과 베이징에 진출한 웨칭 출신 이주민 기업가들과의 관계에도 영향을 주었다. 이는 개혁기 중국의 국가-사영기업가 관계형성에 중앙-지방 당정기관의 상호작용이 중요함을 시사한다. 셋째, 기층에서의 사영분야 당조직의 형성과 발전은 지방정부와 사영기업가의 복잡한 상호작용의 영향 속에서 이루어진다. 웨칭 출신 기업가들은 베이징의 지방정부와의 갈등을 경험하였으나, 자신들에게 우호적인 고향 당정기관의 후원과 지지하에 당조직을 설립하여 베이징에서의 안정적인 경영활동을 보장받고, 자신의 합법적 이익을 보호할 수 있었다. 이처럼 동일한 사영기업가 집단을 바라보는 국가 내부의 다양성은 개혁기 중국의 국가와 사영기업가 간의 상호작용에 중요하게 작용한다. 넷째, 사영기업가 당원 충원 사례에서 볼 수 있듯이, 사영기업가 당원들은 중앙의 정책을 집행하는 과정에서 중앙이 제시한 엄격한 규정을 준수하는 동시에, 자신들의 이해관계를 반영하여 국가의 정책을 집행한다. 이는 기층의 사영기업가들이 자신의 상황에 부합하게 중앙의 의도를 재구성할 수 있음을 보여준다. 다섯째, 사영분야 당조직은 사영기업가 당원들에게 사회 거버넌스의 공간을 제공한다. 사영기업가 당원들은 당조직 활동을 통해 이익보호, 이미지 개선, 지역사회 안정 등에 공헌하며, 공산당은 당조직을 통해 영향력을 기층 사영기업가들과 지역사회에 확대할 수 있다. 제1공작위원회의 사회 거버넌스 사례는 일당지배체제하에서 국가와 사영기업가가 어떻게 공존할 수 있는가를 보여준다. 여섯째, 공산당은 사영기업가들의 이익에 부합하지 않는 중앙의 정책이라도 사영기업가들이 순응하도록 할 수 있으며, 이 과정에서 사영분야 당조직은 중앙의 정책에 대한 사영기업가들의 협조를 이끌어낸다. 한편으로, 사영기업가의 중앙의 권위에 대한 존중과 두려움, 사영기업가 집단 내부의 분절성 또한 사영기업가와의 관계에서 중앙이 우위를 점유하는 데 중요한 요인이 된다. 이처럼 제1공작위원회의 사례는 개혁기 중국의 국가-사영기업가 관계의 복잡하고도 중요한 일면을 보여주고 있다.

이 책에서는 제1공작위원회에 입당을 한 사영기업가를 "사영 경영에 대한 통제와 수입의 권한을 전적으로 보유한, 사영 경영에 참여하는 위험을 감수하는 개인이자(Tsai, 2007: 11), 지역 내에 명망과 위신을 가진 경제 엘리트"로 간주한다(Pearson, 1997: 5-8).[10] 2008년 당시 저

10 중국 당국은 8명 이상의 직공을 보유한 기업을 사영기업으로 정의하고, 7명 이하의 직공을 보유한 소형기업을 개체호로 분류한다. 그러나 사영분야에 대한 개체호와 사영기업의 이분법적 분류는 소규모의 개체 기업과 대형 사영기업을 분리해서 등록하는 역사적 정책의 산물이며, 양자 모두 통제와 수입의 권한이 전적으로 사적이라는 측면에서 본질적으로 동일하다(Huang, 2007: 22). 따라서 Tsai(2007: 11)의 경우, 사영기업가들을 관변적으로 중국 당국이 제시한 7명 이하의 직공을 보유한 개체호와 8명 이상의 직공을 가진 사영기업으로 구분하는 방식에 따라 사영기업가를 정의하기를 거부하며, '자영업으로부터 대형 벤처 사업'까지 포괄하는 개념으로 정의한다. 필자의

장촌에는 각종 유형으로 등록한 약 3만 6,000여 개의 기업들이 존재하였고,[11] 2010년까지 개체공상호가 아닌 독립 법인으로 등록한 기업은 3,000여 개에 달하였다(卢立平, 2013: 334).[12] 베이징 웨칭상회(北京乐清商会)의 자료에 따르면, 2005년 당시에만 500만 위안 이상의 연매출을 올리는 기업이 100여 개, 연 매출 1,000만 위안 이상의 기업이 50여 개, 주식참여와 창업투자 규모가 2억 위안 이상의 시장(市场)이 20여 개가 존재하였다(钱昌平, 2008: 19). 웨칭 출신의 성공한 사영기업가 중 상당한 소득과 지역사회 내에서 높은 위신을 가지고 있는 이들은 모두 당 조직에 가입하여 당원이 되었다(项飙, 2017). 이 책에서 사영기업가 당

현지조사 결과, 현실적으로 8명 이상/이하의 직공을 보유하는가 여부가 지역사회 내에서 경제적 성과를 인정받고, 사회적으로 명성을 쌓은 경제 엘리트로 인정받는 데 무관하게 작용하였다. 현지조사 과정에서 당위원회 관계자, 당지부 서기 등은 경제적 부의 축적 정도와 사회적 위신의 보유 정도가 입당에 더욱 결정적인 변수임을 강조하고, 해당 기업가의 직공 수에 대해서는 중요하게 지적하지 않았다. 이 책에서 다루는 제1공작위원회의 설립부터 현재까지 관여한 핵심 인물들은 도매시장 소유주 등 거대한 부를 축적한 사영기업가들이었으며, 당서기 등의 핵심 보직을 담당하는 인물들은 소속 지부에서 가장 경제적 부를 보유한 경제 엘리트였다. 후술하겠지만, 이들 경제 엘리트는 지역사회 내에 높은 위상을 가지고 영향력을 발휘한다. 당위원회 핵심 관계자 인터뷰(2015.8.10.).

11 浙江在线新闻网, 「温州人扛着"三刀"闯北京」, http://biz.zjol.com.cn/05biz/system/2008/08/15/009844469.shtml(검색일: 2018.5.26.).

12 〈중화인민공화국 민법통칙(中华人民共和国民法通则)〉, 〈중화인민공화국 민법총칙(中华人民共和国民法总则)〉 등에 따르면, 법인은 민사권리능력과 민사행위능력을 구비하고 법에 의하여 독립적으로 민사권리를 향유하고 민사의무를 부담하는 조직을 지칭하며, 법인의 설립은 다음과 같은 네 가지 조건을 구비하여야 한다. 첫째, 법에 의하여 성립되어야 한다. 둘째, 필요한 재산이나 경비가 있어야 한다. 셋째, 자신의 명칭, 조직기구와 장소가 있어야 한다. 넷째, 독립적으로 민사책임을 져야 한다. 따라서 개체공상호에게는 법인으로 등록할 자격이 주어지지 않는다. 이에 관해서는 张景峰(2018), 曹兴权(2016), 陈志, 조동제(2011) 등의 논의를 참고.

원은 경제적 부와 위신을 가진 경제 엘리트들로서, 웨칭 지방정부의 높은 관심과 지지 속에 우수한 인재로 인정받아 공산당원으로 편입된 제1공작위원회 산하의 당원들을 지칭한다.[13]

앞에서 언급한 바와 같이, 사영기업가들이 제1공작위원회에 가입하기 위해서는 1,000만 위안 이상의 자산과 연 5만 위안 이상을 당 활동을 위해 지출할 수 있을 만큼의 경제력, 일정 수준의 사회적 위신이 요구된다. 이러한 요건을 갖춘 사영기업가는 극소수이다. 당위원회 관계자에 따르면, 2015년 8월 현재 베이징에서 당원으로 편입된 웨칭 출신 사영기업가들은 전체 베이징에 거주하는 10만여 웨칭인 중 약 1,500여 명으로 전체 웨칭인의 1.5%에 해당한다. 따라서 당조직에 입당한 사영기업가들은 성공한 소수의 경제 엘리트로 이해할 수 있다.[14] 이처럼 이 책은 베이징에서 성공적으로 정착한 웨칭 출신의 기업가들 중에서도 경제적 부와 사회적 명성을 쌓아 공산당원이 된 사영기업가들을 분석한다.[15] 그렇기 때문에 본 연구는 도시사회에서 주변화된 농민공 유동인구에 대한 일반적인 연구와는 다소 차이가 있을 수 있음을 밝힌다.[16]

13 乐清外出流动党员第一工作委员会, 「中共乐清市外出流动党员第一工作委员会简况 暨在京非公经济党建工作中的探索」.

14 당위원회 핵심 관계자 인터뷰(2015.8.10.).

15 개혁기 베이징에 진출하였던 다른 이주민 집단과 웨칭 출신 기업가들의 차이점에 대해서는 Jeong(2011)의 논의를 참고.

16 농민공 유동인구 및 호구제도에 대해서는 Cheng and Selden(1994), Solinger(1999), Chan and Buckingham(2008), Pun and Lu(2010), Zhou and Sun(2010), Zhan(2011), Tse(2016), Chen and Fan(2016) 등의 논의를 참고.

1. 국가-사회관계를 보는 여러 관점

본 연구는 넓은 의미에서 국가-사회관계 연구에 해당한다. 국가-사회관계 연구는 전체의 이익과 정권의 안정을 중시하는 당국가, 그리고 통제로부터 자율과 부분의 이익을 추구하는 사회구성원 간의 역학관계 또는 상호작용을 연구대상과 범위로 삼고 있다(전성흥, 2000: 78). 국가-사회관계의 연구는 격리된 공간에서 개별 농민, 노동자, 간부 간의 상호작용을 분석한 개인 중심적 연구, 사영기업주와 같이 개혁 이후 새롭게 등장한 사회주체, 각종 경제단체, 농민, 노동자, 학생 집단과 국가 간의 상호작용을 다루는 집단 중심적 연구로 구분된다(전성흥, 2000: 78-80). 국가-사회관계 연구는 중국의 개혁개방과 시장경제 도입 이후 지방정부의 권력 강화, 사회변화와 새로운 계층의 부상, 사회 이익 다원화와 시민의식의 향상, 그에 대한 당국가의 대응 등을 그 배경으로 하고 있다(김재관, 2011; 안치영 외, 2006; 이민자, 2009). 이 책에서는 개혁기 새롭게 부상한 계층인 사영기업가들의 당조직을 통한 부문적인 이익을 추구하는 측면과 국가의 당조직을 통한 사영기업가들의 관리와 동원의 측면을 동시에 검토하고 있기 때문에, 국가-사회관계 분석틀을 통해 당조직을 중심으로 나타나는 국가-사영기업가 관계를 분석하고자 한다.

개혁기 중국의 국가-사회관계를 분석하는 이론적 분석틀은 크게 세 가지로 나누어 볼 수 있다. 첫 번째는 시민사회론(civil society theory)이다. 시민사회에는 다양한 정의가 존재하지만 다수의 학자가 공통적으로 지적하는 내용은 "자신만의 삶을 가지고 국가로부터 분리되고, 자신들의 관심사와 이익을 공공영역에 표현할 수 있는 정치적 활동의 능력을 지닌, 국가로부터 자율을 가지는 결사체와 네트워크의 영역"이라는 점이다(Shils, 1991; Alagappa, 2004; Shaw, 1999; Diamond, 1996; Kim,

2000). 이러한 시민사회는 억압적인 국가로부터 시민을 해방시키고 정치·경제적 자유를 줄 수 있는 잠재력을 보유한 영역으로서, 민주주의 발전과 공고화에 긍정적인 역할을 수행하며 공산주의 국가의 전복의 장소로 평가받는다(Alagappa, 2004: 4).

시민사회는 고대 그리스로부터 유래를 찾아볼 수 있는, 매우 오래된 역사를 지닌 담론이다. 시민사회는 문명스럽지 못한(uncivil) 대상에 대하여 상대적으로 문명(civil)적인 사회상태나 야만적이고 억압적인 국가에 저항하여 더 나은 문명적인 삶을 추구하는 이상향적인 방향을 제시하고, 국민의 자유와 재산의 보호를 존중하는 국가 내부에서 더 문명적인 삶을 살아가기 위해 노력하는 사회의 자발적인 노력 등을 포괄하는 용어이다. 근대 초기까지 시민사회는 법에 의해 통치되는 사회를, 19세기 신흥 부르주아들이 시민사회의 주요 행위자들로 등장한 이후에는 더 많은 정치권리를 요구하는 공간으로, 20세기에는 권위주의 국가에 저항하는 경제와 사회의 해방을 추구하는 공간으로 이해된다(Kaldor, 2003; 에렌버그, 2002).

시민사회적 관점에서의 국가-사회관계 연구는 동구권의 붕괴 및 한국, 대만, 브라질 등 당시 독재정권의 붕괴를 위한 노력을 설명하는 데 이용된 시민사회 담론을 중국의 개혁개방과 경제성장을 결부시켜 분석한다. Keane(2009)에 따르면, 시민사회는 전체주의 정권에 대한 저항에 필수적인 것으로 간주되며, 독재정권을 후퇴시키거나 전복시키려는 정치적 노력을 그 특징으로 한다. 시민사회는 1970~1980년대 동구권 공산국가에서 반체제 인사들에게 국가로부터 자율적인 사회활동의 공간이라는 규범적인 개념으로 간주되었고, 프라하의 봄 이후 폴란드, 체코, 헝가리 등 시민사회는 전체주의 정권에 저항하는 데 필수적인 요인이었다. 시민사회론에 따르면, 중국의 시장경제 도입은 국가로부터 자율적인 영역인 시민사회의 출현을 야기한다. 시민사회는 국가

권력을 제한하고 국가의 행동을 감시하며 비판하는 역할을 할 뿐만 아니라, 국가로부터 더 많은 정치적 권한을 요구함으로써 권위주의 정권을 전복시키고 중국의 민주화를 추동하게 된다(Gold, 1990; White, 1993; Zheng, 1994; Pei, 2010; Goldman, 2012).

그러나 이를 비판한 기존 연구들도 적지 않다. 많은 기존 연구들은 국가와 결사체와의 관계에서 국가의 강력한 통제와 영향력이 존재한다는 점과, 결사체의 국가에 대한 심한 의존도가 나타난다는 점을 지적한다(Saich, 2000). 국가의 사회에 대한 우위 현상은 기업가협회 등 사영기업가들이 중심이 된 결사체에도 두드러지게 나타난다(Nevitt, 1996; Foster, 2001; Foster, 2002). 즉 중국적 맥락에서는 시민사회론에서 전제로 하는 국가로부터 독립적인 결사체가 구조적으로 생존·발전하기 어려우며, 결사체들의 국가에 대립적인 행태가 크게 두드러지지 않는다는 문제점이 비판으로 지적된다(Whiting, 1991; Ma, 2006). 서구적 관점의 시민사회를 비판하고 중국적 맥락의 특수성을 강조하는 학자들은, 중국의 시민사회는 강한 권위주의 국가를 인정하고 주어진 제도 속에서 국가에 대항하기보다는 지역사회의 공공재 공급을 위해 노력한다고 주장한다(Deng, 2011). 이처럼 최근 중국에서의 시민사회론 연구는 국가로부터 자주적인 사회공간으로서 시민사회의 존재 여부와 특징을 설명하며, 사회와 국가의 대립 및 민주화 이론과의 관계를 강하게 연결시키지 않는다(Spires, 2011; Shieh and Deng, 2011; Yu and Zhou, 2013; Fulda, Li and Song, 2012). 즉 현재의 국가-사회관계와 앞으로의 정치체제 변화와 관련하여 국가와 시민사회의 갈등적 측면뿐만 아니라 협력적 측면의 존재 가능성을 부정하지 않는 것이다(이남주, 2007: 45-46).

중국의 국가-사회관계를 분석하는 두 번째 관점은 조합주의(corporatism)이다. Schmitter(1974)에 따르면, 조합주의는 "구성단위들이 단수의 강제적이며 비경쟁적인 위계질서를 가지고 기능적으로 분화된 제한된 수의 부문들로 조직되어 있는 이익 대표체계로써 지도자 선출과 이익표출, 지지표현 등을 하는 데 있어서 국가의 규제를 준수하는 대가로 국가에 의해 승인되며 단일 영역에서 독점적인 대표 권한을 보유한 체계"이다. 조합주의는 결사체의 국가에 대한 종속여부와 지도부의 국가로부터의 자율적 권한 확보유무에 따라 사회 조합주의(societal corporatism)와 국가 조합주의(state corporatism)로 나누어 볼 수 있다. 사회 조합주의에서 결사체 지도부는 구성원들에 의하여 선출되지만, 국가 조합주의에서는 지도자의 임명 및 해임 권한을 국가가 가지며, 결사체의 행동에 대한 최종 결정 권한 역시 국가가 가지고 있다.

개혁기 중국의 국가-사회관계의 분석에는 주로 국가 조합주의적 관점이 이용된다. 국가 조합주의적 관점에 따르면, 개혁개방 이후 공산당은 사회통제 약화에 따라 당의 공백을 메워줄 새로운 조직체를 형성하여 간접적인 지배로 전환하였다. 그에 따라 중국의 결사체는 다음과 같은 특징을 가지고 있다. 첫째, 결사체는 하나의 영역에서 독점적인 대변 권한을 가지고, 국가와 소속 구성원들 사이를 연결한다. 둘째, 정부는 자신의 목적을 위해 결사체를 설립하였으며, 결사체의 지도부 선출 및 결사체의 업무를 통제하는 강한 지배력을 행사한다. 마지막으로 결사체는 철저히 위계질서에 기반을 두어 형성되며, 지방에 지부를 설립하여 자신의 영향력을 확대할 수 없다(Unger and Chan, 1995; Unger, 1996; Gu, 2001; Hsu and Hasmath, 2014).

국가 조합주의는 중국의 정치 기회구조가 어떻게 제약되어 있는지를 설명하는 데 적합한 분석틀로 볼 수 있다. 국가 조합주의는 중국의 결사체들이 서구의 결사체들과 달리 자율성 부분에서 상당한 제약을 받고 있으며, 공산당 일당지배체제하에 순응하면서 자신에게 필요한 자원과 권한을 최대한 확보하려고 한다는 점을 잘 보여주기 때문이다. 그렇지만 국가 조합주의 모델은 정적인 모델이기 때문에, 국가의 사회에 대한 조합주의적 포섭과 통제에 관한 설명에는 유용하나 국가-사회관계의 향후 발전과 정치적 변화에 미치는 영향에 관한 내용을 설명하는 데 부적합하다는 평가를 받는다(Gallagher, 2004; Yep, 2000; Hurst, 2006).

세 번째 관점은 후견인주의(clientelism)이다. 후견인주의는 기존의 시민사회, 조합주의적 관점이 제대로 된 중국의 국가-사회관계를 분석할 수 없다는 비판에 따라 이를 보완하는 의미에서 제시된다. 중국의 정치체제하에서는 정부 정책에 영향력을 발휘하기 위해 공식적 경로를 통한 시민들의 정치참여가 매우 어렵다. 또한 소수의 엘리트가 기회, 재화, 자원의 분배 권한을 독점하고 있기 때문에, 특정 공동체에 소속된 개인은 사적 이익을 추구하기 위해 권력을 가진 엘리트에게 충성과 신뢰를 보임으로써 재화와 보상의 분배에서 호의를 얻을 수 있도록 노력한다(Oi, 1985). 후견인주의는 개혁기 국가-사회관계에도 영향을 미치고 있다. 사회단체의 지도자들은 정부가 특정 이슈 분야에 후원하는 자금, 제공되는 기회는 매우 제한적이기 때문에, 정부 내의 관계자와 비공식적 관계를 강화함으로써 더 많은 기회와 자금을 얻고자 노력한다(Hildebrandt, 2013). 또한 정부와 주요 인맥을 가진 집단이나 정부가 인정한 결사체일수록 정부와 긴밀한 관계를 형성하고 정책에 영향력을 발휘하는 데 더욱 유리하다(Zhang, 2015; Yu, Yashima and Shen, 2014).

이상과 같이 필자는 국가-사회관계에 관한 기존의 이론적 분석틀을 검토하였다. 그런데 필자가 보기에는 기존의 접근법에는 몇 가지 문제점들이 존재한다. 먼저, 정치사회 영역 내에서 발생하는 국가-사회의 상호작용에 대한 검토가 필요하다. 앞서 살펴본 대로 시민사회, 국가 조합주의 등 기존의 이론적 분석틀은 개혁기 국가의 사회로부터의 후퇴를 전제로 하고 있다. 즉 시민사회적 관점은 시장경제의 도입 이후 국가로부터 상대적으로 자유로운 시민사회가 형성되었고, 국가로부터 더 많은 정치 권한과 자율을 요구할 것이라는 점을 강조하고 있다. 국가 조합주의의 경우, 국가의 사회로부터의 후퇴와 그에 대한 공백을 메우기 위한 대안으로 형성된 사회단체들과 국가 간의 상호작용을 강조한다. 그렇지만 최근 연구들은 중국 공산당이 사회단체, 사영분야 등의 영역에 당조직의 건설을 통해 직접적인 침투와 장악을 추진하고 있다는 점을 지적한다(Thornton, 2012; Thornton, 2013; Han, 2015; Zhang, 2018; 冯波, 高慧燃, 2012; 刘强, 2015). 특히 이 책에서 다루는 제1공작위원회는 이러한 사례에 속하는 기층 당조직으로, 국가로부터 상대적인 자율을 가진 시민사회가 아닌 국가 내부의 영역인 '정치사회'의 영역에 속한다. 이 책에서는 정치사회인 제1공작위원회에서 나타나는 국가-사영기업가 관계를 다루기 때문에, 시민사회, 국가 조합주의적 분석틀의 설명에는 한계가 있다. 한편, 후견인주의는 이 책에서 지방정부와 사영기업가들 간의 긴밀한 연대와 협력을 설명하는 데 적합하다. 또한 사영기업가들의 충원과정에서 발생하는 당지부 내의 여러 가지 현상을 관찰하는 데 적절하다. 그렇지만 후견인주의는 그 밖에 본문에서 검토하는 사영기업가 권익보호 활동, 지역사회 질서와 사회안정 유지, 사회적 공헌 등 제1공작위원회에서 발생하는 다양한 현상들을 설명하는 데 한계를 가진다.

두 번째로, 개혁기 중국의 국가-사회관계가 보여주는 복잡성이다. 개혁개방 이래 중국의 국가-사회관계의 동학은 각각의 단일 이론적 분석틀로 분석할 수 있을 만큼 단순하게 전개되지 않았다(Cho, 2009: 113-142; Ding, 2001). 개혁기 국가는 다양한 층위로 이루어져 있으며, 이들 사이의 상호작용이 존재한다(Donaldson, 2016; Chung, 2016a; Hsu, 2012). 또한 상이한 정부 부처는 자신의 이해관계에 따라 사회집단을 보는 인식, 대응방식이 상이하다(Cai, 2010; Mertha, 2008). 마찬가지로,

개혁기 중국 사회 역시 다양하게 분화되었으며, 동일한 사회집단 내부에도 자산규모, 사회적 지위, 지역적 편차 등에 따라 국가와 관계를 맺는 형식이 상이하다(Perry, 1994; Tsai, 2007). 본 연구는 국가-사영기업가 관계가 지방 차원의 국가-사영기업가 관계가 중앙 차원의 국가-사영기업가 관계 형성에 미친 영향과 중앙의 정책변화가 지방의 국가-사영기업가 관계에 주는 영향 등이 매우 복잡한 형식으로 이루어졌음을 설명한다. 또한 웨칭 출신의 기업가들에 대한 베이징시 지방정부와 웨칭시 지방정부의 상이한 태도와 자신들에게 우호적인 웨칭시 지방정부와 연대를 통한 기업가들의 전략을 검토한다.

세 번째로, 사회 내부의 성장과 발전 및 그에 따른 정체성의 변화를 들 수 있다. 예를 들어, 이 책에서 다루는 베이징에 진출한 웨칭 출신의 사영기업가들은 1980년대 초반 베이징에서 합법적인 신분을 얻지 못한 불법적인 유동인구로서 생활하였고, 베이징 지방정부의 지속적인 견제와 감시, 불신을 경험하였다. 이들이 집단 거주한 공간인 저장촌은 1995년 사회 치안을 어지럽힌다는 국가의 낙인 속에서 철거되었다(项飚, 2000; 정종호, 2000; Zhang, 2001). 그렇지만 이들은 베이징 따홍먼 지역에 다시 정착하였고, 지속적인 혁신을 통해 자신의 기업을 성장시켜 나갔다. 이 과정에서 이들은 과거의 영세한 가정기업에서 현대적인 기업제도를 도입한 사영기업가로 발돋움하였고, 국가체제와의 권력 연계를 통해 합법적인 기업가로 인정받아 재구성된 지배연합의 일부분으로 진화하였다(정종호, 2008b; Jeong, 2014). 이처럼 동일한 사회 집단이라도 시대의 변화에 따라서 성장과 발전을 통해 불법적 유동인구에서 국가로부터 공인받은 합법적인 사영기업가로 자신의 정체성을 변모시킬 수 있는 것이다. 이러한 분석을 통해 본 연구는 기존의 국가-사영기업가 관계를 설명하는 분석틀인 시민사회론이나 국가 조합주의의 관점에서 벗어나, 개혁기 중국의 국가-사영기업가 관계에 영향을 주는 여러 가지 요인들에 대한 검토를 통해 국가-사영기업가 관계를 다양한 관점에서 분석할 필요성이 있음을 강조하고자 한다.

2. 연구방법과 자료

본 연구는 단일사례연구(single-case study)에 속한다(Yin, 2011). 필자가 단일사례연구를 선택한 이유는 다음과 같다. 먼저, 본 연구의 사례는 매우 독특하고 희귀한 환경에서 발생한 사례이기 때문이다. 즉 대도시에 이주한 사영기업가들에 의한 사영분야 당조직 건설은 현재까지 학계에서 많이 다루어지지 않은, 보기 드문 사례에 해당한다. 둘째, 본 연구는 거의 관찰이 불가능한 현상에 접근하여 분석한 사례이기 때문이다. 주지하다시피, 외부인의 입장에서 기층 당조직 내부 핵심 인사들과의 접촉과 내부문건 열람은 매우 어렵고, 상당한 난이도를 요구하는 작업이다. 본 연구는 일반적으로 접근하기 어렵다고 평가되는 사영분야 당조직 내부의 관계자와의 인터뷰 및 내부 자료 분석을 통해 국가-사영기업가 관계를 분석한다. 셋째, 웨칭 사영기업가들의 베이징 이주와 생활이 개혁기 중국의 국가-사회관계에 주는 중요성이 학문적으로 검증되었기 때문이다. 왕춘광(王春光, 1995), 샹뱌오(项飚, 2000), 정종호(2000), 장리(张鹂; Zhang, 2001) 등 일군의 연구자들은 1990년대 중반 '저장촌'이 국가-사회관계에 어떠한 영향을 미치는지 밝힌 바 있다. 다만, 이들 연구들은 1995년 웨칭 기업가들의 당조직 설립과 그에 따른 국가와 사영기업가 간의 동학을 분석하지 못한 한계를 가지고 있다. 저장촌 출신의 웨칭 기업가들이 설립한 사영분야 당조직은 정종호(2008b), 项飚(2017)에서 일정 부분 언급된 바 있으나, 중점적인 논의사항이 아니다. 따라서 본 연구는 이들 기존 연구의 연장선상에서, 사영분야 당조직을 통해서 볼 수 있는 국가-사영기업가 관계의 동학을 분석한다는 점에서 차이를 가진다. 본 연구는 당시 저장촌의 핵심 인물들의 주도로 설립된 사영분야 당조직인 제1공작위원회를 둘러싼 국가-사영기업가 관계의 동학을 다루고 있기 때문에, 넓은 의미에서 이들 연구의 연장선상에 있다고 볼 수 있다.

본 연구에서 가장 큰 비중을 차지하는 연구방법은 외부로 공개되지 않은 내부문건(内部文件)에 대한 분석과 주요 관계자들과의 인터뷰 조사이다. 먼저, 제1공작위원회라는 사영분야 당조직의 활동에 대한 연구인 만큼, 제1공작위원회에서 보유한 내부 자료들을 최대한 활용하여 논거로 제시하고자 노력하였다. 필자는 제1공작위원회 관계자와의 접촉을 통해 제1공작위원회와 산하 당지부들의 현황, 제1공작위원회의 지난 20여 년의 역사, 업무공작보고, 다양한 활동 사례, 사영기업가의 입당과정 규정 등을 정리한 자료를 확보하였다. 또한 제1공작위원회의 후원기관이자 제1공작위원회와 밀접하게 관련 있는 웨칭시의 내부문건, 그중에서도 특히 유동인구 관련 회의 자료와 대외연락(对外联络) 업무 관련 자료를 일부 활용하였다.[17]

두 번째로, 제1공작위원회의 주요 인사들과의 인터뷰 조사를 실시하였다. 인터뷰 조사는 2015년 8월부터 2018년 2월까지 약 2년 6개월 동안 전개되었고, 특히 2015년 8월, 2016년 3월, 2018년 1~2월 등의 시기에 중점적으로 이루어졌다. 또한 최근의 변화를 검토하기 위해 2019년 10월 추가적인 조사를 수행하였다. 이 중 2015년 8월의 현지조사는 정종호 교수와 공동으로 실시하였다. 인터뷰 대상은 제1공작위원회의 전·현직 간부들, 제1공작위원회 산하 당지부의 서기들, 일반

17 외부로 공개되지 않은 내부문건의 확보와 관련해서는 정종호 교수께서 큰 도움을 주셨다.

사영기업가 당원들, 당지부 서기들의 가족 등 모두 20여 명이었다. 이들과의 인터뷰는 제1공작위원회 내부문건의 신뢰성을 교차검증하고, 공식적인 자료가 부재한 경우 이를 보완하는 데 역점을 두었다. 또한 제1공작위원회 활동에 대한 사영기업가들의 인식과 평가를 파악하는 데 중점을 두었다.

그 밖에도 외부에서 손쉽게 구할 수 있는 다양한 인터뷰 자료를 확보하려고 노력하였다. 제1공작위원회의 관계자가 인민일보(人民日报), 웨칭일보(乐清日报) 등의 언론사와의 인터뷰를 통해 제1공작위원회의 현황과 활동 사례를 단편적으로나마 공개하는 경우가 있기 때문이다. 또한 베이징시 인민정부(北京市人民政府)에서 공개한 자료들 역시 참고하였다. 그 외에도 인터넷을 활용하여 연구에 필요한 다양한 문헌자료를 확보하고자 노력하였다. '신화왕(新华网)', '치우스왕(求是网)' 등의 인터넷 사이트를 활용하여 국가 지도자의 주요 발언, 당헌과 헌법, 관련 법규 등에 대한 자료를 검토하는 한편, 'CNKI(中国知网)' 등의 학술적 인터넷 사이트를 통해 중국 학자, 서구 학자, 국내 학자들이 발표한 논문 등 다양한 학술자료를 수집하였다.

3. 글의 구성

이 책은 8개의 장으로 구성된다. 제1장은 서론으로 연구배경, 연구질문, 연구방법, 핵심 주장과 논문의 구성 등을 다루며, 기존의 이론적 분석틀인 시민사회, 국가 조합주의, 후견인주의가 가진 의의와 한계를 검토한다. 제2장은 개혁기 중국의 국가-사영기업가 관계에 영향을 미치는 다양한 요인들을 비판적으로 검토한다. 이를 통해 개혁기 중국의 국가-사영기업가 관계는 국가 전략적 요인, 사회 문화적 요인, 중앙-

지방관계 요인 등의 복잡한 상호작용의 맥락 속에서 이해할 필요가 있음을 강조한다.

제3장은 중앙-지방의 정책적 상호작용이 개혁기 중국 공산당의 사영분야 당조직 건설 정책에 주는 영향을 검토한다. 사영분야 당조직 건설 정책은 사영분야 발전이 급속히 진행된 저정성, 원저우시 등 일부 지방에서 선행적으로 전개되었고, 지방에서 성공한 사영분야 당조직 건설 정책 경험은 중앙의 검토와 승인을 통해 '삼개대표(三个代表)'의 발표 이후 전국적으로 확대되었다. 이처럼 지방의 사영기업가 체제 내 포섭의 경험은 중앙의 승인을 통해 정당성을 확보하고, 중앙의 입장에서는 지방에서 성공이 입증된 정책을 전국적으로 확대 실시하여 자신의 정당성을 더욱 강화한다. 사영분야 당조직 건설 정책변화 사례는 개혁기 중국의 국가-사영기업가 관계에 대한 분석에서 중앙-지방관계를 중요하게 검토해야 하는 이유를 잘 보여준다.

제4장은 지방정부와 사영기업가의 복잡한 상호작용이 기층의 사영분야 당조직 건설에 미치는 영향을 제1공작위원회의 형성과 발전 사례를 통해서 분석한다. 1980년대부터 원저우시 산하의 웨칭 출신의 기업인들이 베이징에 진출하여 부를 축적하였고, '저장촌'이라는 집단거주지를 형성하였다. 웨칭 지방정부의 입장에서 저장촌의 기업인들은 고향의 발전을 위해서 잠재적으로 기여할 수 있는 중요한 재원들이었으나, 베이징시 입장에서 저장촌의 기업인들은 베이징의 치안을 어지럽히고, 관리하기 어려운 유동인구로 간주되었다. 따라서 1990년대 중반 웨칭 출신의 기업인들은 베이징 지방정부와 갈등을 겪게 되었다. 이 과정에서 저장촌의 일부 당원 출신 사영기업가들은 베이징 지방정부의 압박에서 자유로운 '당헌학습' 모임의 공간을 가지고자 고향인 웨칭 지방정부에 당조직 설립을 지원해 줄 것을 요청하였다. 웨칭 지방정부는 고향의 경제발전에 중요한 공헌을 할 수 있는 사영기업가들

의 합법적 이익을 보호하고 자신의 정치적 영향력하에 두고자 당조직 건설을 적극 지원하였다. 그에 따라 1995년 웨칭 지방정부의 후원하에 베이징에 진출한 웨칭 출신 당원들을 위한 당지부가 설립되었고, 약 20년 이후 1,500여 명의 당원과 26개의 당지부를 거느린 거대한 기층 당조직인 제1공작위원회로 발전하였다. 이 과정에서 기층의 사영기업가들은 자신과 이해가 일치하는 웨칭 지방정부와의 협력과 연대 속에서 베이징에서 합법적인 경영활동을 위한 정치적 보호를 얻을 수 있게 되었으며, 웨칭 지방정부 입장에서도 베이징에 진출한 사영기업가들의 정치적 포섭을 통해 지역의 경제 발전에 기여할 안정적 재원을 확보할 수 있었다. 제1공작위원회의 형성과 발전 사례는 개혁기 중국의 국가 내부의 분절성과 다양성의 일면을 보여준다. 특히 이 과정에서 웨칭 및 베이징 지방정부와 웨칭 출신 사영기업가 간의 맞물리는 이해관계가 국가-사영기업가 관계에 어떻게 영향을 미치는지를 보여준다.

제5장은 제1공작위원회의 당원 충원과정에 대한 검토를 통해 중앙의 사영기업가 관련 정책이 기층의 사영분야 당조직에서 어떻게 이해되고 집행되는지를 분석한다. 시진핑 시기 공산당은 새롭게 충원되는 당원의 정치적 수준을 보장하기 위해 당원 충원과정에서 정치적 기준을 최우선으로 강조하였다. 또한 다양한 규정을 수립하여 충원되는 당원에 대한 지속적인 정치적 검증을 추진하였다. 당중앙의 정치적 엄밀성에 기반을 둔 충원정책은 제1공작위원회의 사영기업가 입당에도 중요하게 작용하였다. 입당을 희망하는 사영기업가들은 중앙에서 제시하는 까다로운 검증을 통과할 것을 최소 2년 이상 지속적으로 요구받았고, 과거의 행적에도 당의 방침에 위배되는 행동이 없었는지를 지속적으로 조사받았다. 그렇지만 한편으로 제1공작위원회의 사영기업가 당원들은 중앙이 규정한 형식 이외의 부분에서는 자신들의 상황에 부합하게 중앙의 충원정책을 재구성하였다. 제1공작위원회의 당원들

은 형식적으로는 당중앙이 규정한 엄격한 입당 절차를 준수하되, 실질적으로는 정치적 신념이 투철한 인사보다 자신의 인맥강화 및 향후 사업발전에 유리한 사영기업가들을 충원대상으로 우선시하였다. 제1공작위원회의 충원 사례는 중앙의 당조직을 통한 사영분야 침투의 노력이 한계가 있으며, 삼개대표 이래 공식화된 사영기업가의 입당을 통한 체제 내 포섭전략에 사영기업가들이 완전히 동화되지 않았음을 의미한다. 또한 바람직한 충원대상을 보는 국가-사영기업가 간의 입장 차이와 갈수록 엄격해지는 입당조건과 입당 가능 인원의 제한은 장기적 관점에서 국가와 사영기업가의 갈등을 초래할 수 있는 잠재적 요인이 된다는 점을 암시한다. 제1공작위원회의 충원 사례는 개혁기 중국의 국가-사영기업가 관계에서 나타나는 잠재적 갈등요인에 대한 검토의 필요성을 강조한다.

제6장에서는 제1공작위원회의 사회 거버넌스 사례를 통해 권위주의 체제하에서 국가와 사영기업가가 어떻게 공존할 수 있는가를 분석한다. 시진핑 시기 공산당은 기층 당조직의 사회 거버넌스 주도와 사회 다원적 행위자들의 거버넌스 참여에 필요한 서비스 제공을 강조하였다. 중앙의 요구에 따라 제1공작위원회는 사영기업가 당원에 대한 교육관리, 사영기업가의 권익보호에 필요한 서비스 제공, 각종 공익활동의 참가, 지역사회 거버넌스와 사회질서 유지 등의 활동을 전개하였다. 당조직을 통한 사회 거버넌스는 국가와 사영기업가 모두에게 긍정적인 효과를 주었다. 제1공작위원회의 사회 거버넌스 활동을 통해 중앙 당국은 지역사회에 대한 침투와 영향력을 강화할 수 있었으며, 웨칭 지방 당국 입장에서도 베이징에 진출한 웨칭 출신 사영기업가들에 대한 효과적인 관리가 가능하였다. 반면, 사영기업가 당원들은 국가정책의 충실한 집행자로서 국가에 자신의 충성심을 증명할 수 있으며, 한편으로는 합법적 이익에 대한 보호, 지역사회 내에서 이미지 개선

등의 효과 또한 누릴 수 있었다. 제1공작위원회의 사회 거버넌스 사례는 개혁기 중국의 국가-사영기업가 관계를 국가의 사영기업가 체제 내 포섭의 측면에서만 고려할 것이 아니라, 권위주의 국가와 사영기업가 간의 긍정적인 상호작용과 사회 거버넌스 실현의 측면에서도 접근할 필요가 있음을 강조한다.

제7장은 징진지(京津冀) 공동발전이라는 중앙의 정책이 기층 당조직을 통해 어떻게 국가-사영기업가 관계에 영향을 주는가를 제1공작위원회 사례를 통해 분석한다. 시진핑 시기 새롭게 제시된 징진지 공동발전과 베이징의 비수도기능 해체 분산 방침에 따라 베이징 지방정부는 따홍먼 지역의 모든 물류창고 이전과 도매시장에 대한 해체 분산을 결정하였다. 이는 따홍먼 일대에서 도매업에 종사하던 웨칭 출신 사영기업가들에게 큰 타격이 되었다. 그렇지만 제1공작위원회는 사영기업가 당원들의 이익에 반하는 중앙의 정책을 지지하였고, 사영기업가 당원들이 국가의 정책에 협력할 것을 요구하였다. 제1공작위원회의 웨칭 출신 사영기업가 당원들은 국가 지도자의 결정에 대한 존중, 국가정책에 대한 저항이 야기할 수 있는 보복의 두려움, 기업가 개인의 희생정신, 도시 방침에 부합하지 않는 업종에 종사한다는 부정적인 이미지 등의 여러 가지 심리적인 요인들 때문에 국가의 해체 분산 명령에 저항하기보다는 순응하였다. 한편으로, 따홍먼 해체 분산 작업 시작 이후 많은 지방정부들은 기존 따홍먼 지역의 도매시장 및 기업가들을 유치하기 위해 다양한 우대조건을 제시하였다. 많은 기업가들은 이를 기회로 인식하고 개인의 이익을 극대화하기 위해 분주하게 움직였는데, 이러한 기업가 개인들의 합리적 판단은 기업가 집단 내부의 결집을 저해하고, 따홍먼의 해체 분산이 중앙의 의지대로 전개될 수 있었던 요인이었다. 이처럼 징진지 공동발전의 사례는 시진핑 시기 국가의 정책을 위해 당조직이 어떻게 활용되는가를 보여주는 동시에, 사

영기업가 집단이 가진 내부적 취약성을 보여준다.

제8장은 결론으로 본문의 핵심 주장을 정리하고, 제1공작위원회 사례를 통해서 나타난 개혁기 중국의 사영분야 당조직 건설이 국가-사영기업가 관계에 의미하는 바에 대하여 논의한다. 특히 제1공작위원회의 변천과정에서 나타나는 국가-사영기업가 관계의 동학에 대하여 간략하게 검토한다. 그 외에도 개혁기 중국의 국가-사영기업가 관계에 대한 분석에서 시민사회론, 국가 조합주의, 후견인주의 등 기존의 이론적 분석틀을 넘어서, 개혁기 중국의 국가-사영기업가 관계에 영향을 주는 중앙의 정책, 중앙-지방 당정기관의 상호작용, 지방정부-사영기업가 간의 상호작용, 국가 내부의 분절성, 사영기업가 집단 내부의 분절성, 사영기업가의 중앙의 권위를 대하는 태도 등 다양한 요인들의 복잡한 상호작용에 대한 검토의 필요성을 강조한다.

제2장

국가-사영기업가 관계의 형성요인

개혁개방 이후 중국 내 사영분야의 성장 및 사영기업가의 출현은 개혁개방기 중국의 가장 중요한 사회경제적 변화 중 하나이다.[1] 사영분야는 당과 국가의 꾸준한 지원하에 중국의 경제와 사회에 중요한 존재로 성장하였다. 개혁기 사영분야의 발전과 사영기업가의 성장은 중국 경제성장의 강한 동력 중 하나인 것은 사실이지만, 중국 정부에 하나의 부담으로 작용하기도 한다. 일반적으로 중국과 같은 권위주의 정치체제의 국가에서 사영기업가들의 부상은 공산당 일당지배체제에 불안을 야기한다고 간주되기 때문이다.

첫째, 서구의 역사에서 자본가, 즉 사영기업가들은 민주주의의 추동세력이었다. 배링턴 무어(1985: 422)는 "부르주아 없이 민주주의는 없다"며 "활동적이고 독립적인 시민들의 존재가 의회 민주주의 성장에 필수불가결한 요소"임을 강조하였는데, 특히 17~18세기 영국의 사적 자본 소유주들은 민주화의 선두에 선 집단이었다(Wright, 2010: 38). Habermas(1989)에 따르면, 급속한 자본주의 발전과 부르주아 시민들이 중심이 되어 여론이 형성되었던 공론장(public sphere)의 발전은 여론

1 이하의 내용은 필자의 논문인 윤태희(2019)의 내용을 수정, 보완한 것이다.

을 통한 봉건주의 질서의 붕괴와 부르주아 민주주의 발전에 큰 기여를 하였다.

둘째, 경제성장은 민주주의와 높은 상관관계를 가진다는 근대화론 역시 이러한 관점을 뒷받침한다. 근대화론에 따르면, 산업화, 도시화, 높은 교육수준, 전체 사회의 부의 점진적 증가 등을 수반하는 경제성장은 민주주의 유지의 기본적인 조건을 형성하게 된다(Lipset, 1959). 구체적으로, 경제의 성장은 국민들에게 더 나은 교육을 제공하고, 대중매체의 발전과 소통과 동원을 더욱 용이하게 만드는 인구가 밀집된 공간을 만들어낸다. 또한 경제성장은 국민의 지식을 증가시키고, 국민의 가치를 변화시켜 자신의 권리를 보호하기 위한 정치참여 의식을 증가시킨다. 특히 권위주의 체제에서의 경제성장은 사영기업가, 중산층 등 민주주의 체제에 우호적인 계층을 성장시켜 체제 변화를 야기하게 된다(Huntington, 1968; Rueschemeyer et al., 1992).

1970년대부터 1990년대까지 전 세계의 다수의 권위주의 국가들을 민주주의로 전환시킨 거대한 흐름인 '민주화 제3의 물결' 현상은 이러한 주장을 뒷받침한다. '민주화 제3의 물결'은 1974년 이래 15년 동안 유럽, 아시아, 라틴아메리카의 약 30개 국가에서 민주주의 정권이 권위주의 정권을 대체한 현상을 말한다(Huntington, 1991: 21). 당시 많은 국가들의 민주화 과정에서 경제발전이 중요한 역할을 수행했는데, 경제발전은 국가 외부의 부와 권력의 새로운 원천 및 의사결정을 양도해야 하는 기능적 필요성을 만들어내고, 사회구조와 가치의 변화를 촉진하여 민주주의를 추동하기 때문이다(Huntington, 1991: 65). 또한 경제발전은 사업가, 전문가, 상인, 교사, 공무원, 경영인, 기술자, 사무원 및 판매원 등의 중산층을 만들어낸다. 중산층은 민주화에 가장 적극적인 지지층이 되었는데, 특히 스페인, 브라질, 페루, 에콰도르, 필리핀 등의 국가에서 과거 권위주의 정권을 지지했던 사업가 공동체는 민주주의로 이행을 촉진하는 데 핵심적인 역할을 수행하였다(Huntington, 1991: 66-68).

당시 동구권에서 시장과 자유주의 국가를 선호한 사회세력은 공산주의 정권의 붕괴를 주도한 시민사회의 주요 세력이었다(Hall, 1995). 동구권에서 시민사회는 전체주의 정권에 저항하는 필수적인 요소였으며(Keane, 2009), 1980년대 후반 다수의 공산권 국가에서 성장한 자율적인 문화와 사회기구들은 정치권력에 대한 도전을 준비하는 기반이 되었다(Shaw, 1999). 이러한 동구권의 경험은 동구권과 마찬가지로 공산당 일당지배체제를 구축한 국가인 중국이 자본주의의 핵심 행위자라고 볼 수 있는 사영기업가의 성장과 증가를 부담으로 간주할 수 있는 한 요인으로 볼 수 있다.

이러한 맥락에서 볼 때, 공산당 체제의 잠재적 위협세력이라 볼 수 있는 사영기업가들과 공산당과의 관계에 대한 연구는 개혁기 중국의 국가-사회관계 연구에 매우 중요한 의미를 지니게 되었다. 즉 보편적으로 발견되는 역사적 현상에 의해, 일부 연구자들은 개혁개방 이후 중국의 경제성장과 그에 따른 중산층, 사영기업가 등이 적극적으로 지지하는 민주화를 기대하였다.

특히 1989년 천안문사태 이후 경제성장과 사영기업가 계층의 부상, 시민들의 자발적인 연대와 권위주의 정권에 대한 도전 등을 목격한 일부 연구들은 동구권 및 '민주화 제3의 물결'에서 민주화를 경험한 다른 국가들처럼 중국에서도 경제성장이 사영기업, 노조, 무역 또는 전문가 협회, 종교단체, 학생조직, 예술가 및 지식인 집단, 출판 등 국가와 공산당으로부터 독립적인 활동을 추구하는 사회 집단인 시민사회와 다원주의의 발전을 야기하였다고 주장하였다(Gold, 1990; Strand, 1990). 일부 기존 연구는 천안문사태 이후 중국의 시민사회가 계속 생존하여 중국의 민주주의 이행에 중요한 역할을 할 것이라고 전망하였다(Whyte, 1992; Pei, 2000). 더 나아가 일부 연구자들은 중국의 개혁개방과 경제성장이 궁극적으로는 중국의 민주주의를 추동할 것이라고 주장하였다(Gilley, 2004; Ogden, 2002). 심지어 체제변화의 구체적인 일정까지 제시한 연구 또한 등장하였다. 예를 들어, Rowen(2013)은 중국이 지속적인 경제성장과 근대화를 통해 2015년까지 '부분적 자유(Partly Free)'를 가진 국가로, 2025년에는 완전한 '자유의 국가(Free Nation)'로 변화할 것이라고 주장하였다. 이 과정에서 사영기업가들이 중요한 역할을 할 것으로 기대되었다(Parris, 1993). 개혁개방 이후 사영기업가들은 경제성장에 기반을 둔 중국 공산당의 지배정당성을 지탱하는 중요한 축이 되었는데, 이들은 더 많은 정치적 요구를 하게 되며 장기적으로는 중국의 민주주의를 추동하는 주요 사회세력이라는 것이다(Zheng, 2004).

그렇지만 많은 서구 연구자들의 예측에도 불구하고, 중국 공산당의 일당지배체제는 지속되고 있다. 또한 이들의 기대와 달리 중국의 사영기업가들은 중국 정치 변화의 주요 세력이 아니며, 국가와의 유착을 통한 물질적인 이익을 추구하는, 공산당 지배체제를 지지하는 집단으로 분류된다(Dickson, 2010). 그렇다면 다른 국가의 경험과 달리 중국의 사영기업가들의 공산당 일당지배체제를 옹호하는 현상이 발생하는 이유는 무엇인가? 본 장에서는 개혁기 국가-사영기업가 관계에 영향을 주는 여러 가지 요인들을 검토하고자 한다. 이를 위해 구체적으로 이하와 같은 연구 질문을 제시한다. 개혁기 중국의 국가-사영기업가 관계에 영향을 주는 요인들은 어떠한 것들이 있는가? 다른 국가의 경험과 달리 사영기업가들이 공산당 일당지배체제를 받아들이는 이유는 무엇인가? 개혁기 국가-사영기업가 관계는 어떠한 맥락 속에서 형성되는가?

이러한 연구 질문을 통해 본문은 이하의 내용을 주장한다. 첫째,

개혁기 공산당의 경제성장과 대중의 삶의 질 개선은 사회 전반의 공산당에 대한 지지를 높여 공산당의 지배정당성을 강화한다. 이는 국가-사영기업가의 상호작용에 직접적인 영향을 주지 않으나, 국가-사영기업가 관계에 큰 영향을 준다. 둘째, 중앙정부 차원에서의 사영분야 및 사영기업가 정책 또한 국가-사영기업가 관계에 영향을 준다. 개혁개방 이후 중국 공산당은 사영분야의 발전을 촉진하는 다양한 정책을 제시하였고, 사영기업가들을 체제 안으로 포섭하여 이들의 지지를 이끌어 낼 수 있었다. 셋째, 중앙-지방 관계 역시 국가-사영기업가 관계에 영향을 미친다. 분권화 이후 지방정부는 지역 경제를 성장시킬 강한 동기를 가지게 되었고, 이는 지방정부-사영기업가 간의 상호 의존을 증대시키는 중요한 요인이 되었다. 넷째, 지방정부-사영기업가 간의 상호작용이다. 개혁기 지방정부는 지역 경제성장을 위해서, 사영기업가들은 기업 운영에 필요한 다양한 자원을 확보하기 위해 상호 간 긴밀한 관계 형성을 희망하였다. 다섯째, 사영기업가들의 중앙정부를 대하는 성향이 중요 요소로 작용한다. 사영기업가는 국가의 사회에 대한 우위에 도전하지 않는 선에서 자신의 이익을 추구한다. 이는 과거로부터 내려온 중국의 사회문화적 성격과 사영기업가 집단 내부의 분절성과 다양성 등에 기인하는 것으로 보인다. 즉 오늘날 중국의 국가-사영기업가 관계는 다양한 요인들의 복잡한 상호작용 속에서 형성되고 있는 것이다. 이하에서는 개혁기 국가-사영기업가 관계에 영향을 주는 국가 전략적 요인, 사회 문화적 요인, 중국의 중앙-지방 관계 등의 요인을 검토하고자 한다.

1. 국가 전략적 요인

1) 공산당의 국가 발전전략과 경제성장

개혁개방 이후 약 40년에 가까운 시간이 지난 이후, 중국의 지속적인 경제적 발전이 중국의 공산당 일당지배체제의 변화를 가져오지는 못하였다. 연구자들은 개혁기 공산당이 경제성장과 국민의 물질적 삶의 개선을 통해 지배정당성을 확보했다고 평가한다(Wright 2010; 조영남, 2013). 많은 담론들은 공산당이 개혁기 경제성장과 일당지배체제의 지속을 동시에 성공할 수 있었던 요인을 공산당의 국가 발전 전략에서 찾는다. 이들에 따르면, 중국 공산당은 문화대혁명이 초래한 혼란에서부터 벗어나기 위해 경제발전 중심 전략을 추진하였고, 천안문사태와 동구권 붕괴 등의 위기에서도 성공적인 정치·경제 정책을 통해 정당성을 확보하였다.[2]

먼저, 연구자들은 중국 공산당의 정치 제도의 개선이 일당지배체제가 유지될 수 있었던 원동력임을 강조한다. Nathan(2013)에 따르면, 공산당은 변화하는 상황과 다양한 도전에 대해 적응하는 권위주의적 탄력성(authoritarian resilience)을 가지고 있다. 중국 공산당은 경제성장과 사회안정을 유지하기 위해 공산당은 일당지배체제를 위협하지 않는 수준에서 국민의 불만을 표출할 수 있도록 기층수준의 정치참여 강

2 이에 대하여 Pei(1996)는 중국 공산당은 진화적 권위주의 경로를 통해 점차 권위주의적인 형태로 이행하게 되었다고 주장한다. 즉 중국은 민주화의 진행이 배제된 계획경제의 시장경제화, 기술관료 지배의 신흥공업국가 권위주의 형태로의 변화, 공산주의 이념에서 경제발전 중심의 신권위주의 발전 이데올로기로의 체제 정당성 변화 등을 겪으며 일당지배체제를 유지할 수 있었다는 것이다.

화, 소송제도와 신방제도의 개선, 대중의 지방인대와 전국인민정치협상회의(이하 정협)를 통한 불만표출 허용, 언론의 독립성과 시장성 확대 등의 방식으로 정치참여 제도를 개선하였다. 이를 통해 중국 공산당은 탄력성을 제고하고, 내구력을 향상할 수 있었다. Cho(2009)의 경우, 중국 공산당은 경쟁적인 선거제도, 다당제 등의 정치 민주화(democratization)를 추구하기보다 국가 제도의 정비와 법치의 개선 등의 정치 제도화(institutionalization)를 통한 정치 발전을 선행적으로 전개하였다는 점을 주목한다. 그에 따르면, 지난 30여 년 중국 공산당은 경제발전에 국정 목표를 두고 사회주의 이데올로기 수정, 민족주의 도입을 통해 경제발전 지상주의, 권위주의 체제의 정당화의 방향으로 정치개혁을 추진하였고, 경제발전에 필요한 강한 국가 수립을 위해 행정개혁, 당 통치 능력의 제고를 추구하였다.

두 번째로, 일부 연구자들은 중국의 경제 정책이 일당지배체제를 지속하는 주요 동력이었다고 분석한다. 개혁개방 이후 중국 공산당은 정치개혁을 동반하지 않은 경제개혁을 통해 경제적 측면의 성과를 거두어 왔다(Shirk, 1993). 배리 노튼(2010)에 따르면, 중국의 경제개혁은 두 가지 국면으로 이루어졌다. 1993년까지 중국은 점진주의적이고 이중체계적인 분권화를 통해 경제성장과 지령경제를 해체하고 시장의 도입과 소유권을 다양화 및 경쟁의 형성을 추구하였다. 또한 1993년 이후 중국은 시장경제에 적합한 제도적 편제의 재구성, 국가부분의 축소, 시장 참여자들의 공정한 경쟁을 위한 조건을 조성하였다. Gallagher(2002)는 중국의 해외직접투자(FDI) 자유화 정책이 정치 자유화를 억제했다고 분석한다. 해외직접투자 자유화는 지역과 기업들이 자본주의 관행을 받아들이게 유도하고, 노동자 집단 및 사영기업가 등의 잠재적 정치 반대세력을 분절화시키고 개혁에 대한 사회적 저항을 감소시킬 뿐만 아니라, 공산당이 이념적 재구성과 정당화를 통해 지배정당성을 유지하도록 기여하였다.

세 번째로, 일부 연구자들은 중국 공산당의 위기관리능력을 일당지배체제 지속의 주요 요인으로 지적한다. 공산당의 발전 전략은 고속성장에도 불구하고 대중 시위가 증가할 수밖에 없는 문제를 야기하는데(Lai, 2010), 공산당은 다양한 정책을 통하여 사회의 잠재적 도전을 차단하였다(Chung, 2012). 공산당의 엄격한 사회단체 관리, 인터넷 통제, 반체제 지식인에 대한 통제, 종교에 대한 통제, 잠재적으로 국가의 핵심 이익을 위협할 수 있는 집단 저항에 대한 체계적인 대책마련 등이 이에 해당한다(Saich, 2000; Chung, Lai and Xia, 2006). 공산당은 개혁개방 이후 새롭게 출현한 사회적 문제와 그에 대한 해결 방안에 대해 끊임없이 고민하고 학습하는 모습을 보였는데, 이는 공산당이 오랜 기간 동안 일당지배체제를 지속하는 데 중요하게 작용하였다(Shambaugh, 2008; Tsai and Dean, 2013).

공산당의 국가 발전 전략은 경제성장과 국민의 삶의 질 개선이라는 성과를 가져왔다. 중국은 1978년 이후 2017년까지 40년 동안 연평균 국내총생산(GDP) 9.5%의 높은 경제성장률을 달성했으며, 2010년에는 일본을 누르고 세계 2위 경제대국으로 부상하였다.[3] 또한 중국의 빈곤문제 역시 개혁개방 이후 빠른 속도로 해소되고 있다. 개혁개방 초기 중국 농촌의 빈곤인구는 7.7억 명에 달하였으나, 2017년에는 약 3,046만 명으로 감소하였다.[4] 중국 공산당은 2020년까지 모든 빈곤인구가 소멸되는 전면적 소강사회(全面小康社会)를 달성할 것을 기대하고

3 新华网, 「四张图讲述中国经济四十年奇迹」, http://www.xinhuanet.com/fortune/2018-04/26/c_129859727.htm(검색일: 2018.12.6.).

4 新华网, 「改革开放以来 我国农村贫困人口减少7.4亿人」, http://www.xinhuanet.com/fortune/2018-09/04/c_1123374403.htm(검색일: 2018.12.6.).

있다.[5]

고속성장의 지속과 지속적인 물질적 생활수준 향상에 따라 중국 국민은 현재 정권의 정책에 높은 만족감을 보인다(Wang, 2010). 2012년 퓨 리서치 센터(Pew Research Center, 2012)의 설문조사에 따르면, 중국 국민의 92%는 자신의 생활수준이 부모세대보다 더 좋아졌다는 점에 동의하며, 5년 전의 생활수준과 비교했을 때에도 70%의 응답자가 좋아졌다고 생각한다.[6] 공산당 일당지배체제에 대한 높은 지지는 중산층, 사영기업가 등 일반적으로 민주주의 이행의 핵심 세력으로 간주되는 계층 또한 예외가 아니다. 중국의 중산층은 생존과 번영을 위해 현 권위주의 정권에 의지하고 있기 때문에 공산당이 정책적 성과를 지속하고, 중산층 및 대중의 삶의 만족도에 기여하는 한 중산층의 공산당에 대한 지지는 계속될 가능성이 높다(Dickson, 2010; Chen, 2010). 즉 개혁기 공산당 주도의 지속적인 경제성장은 국민의 높은 지지를 얻고 있으며, 이는 공산당 지배체제의 정당성에 큰 힘을 준다(Dickson, 2011a).

2) 국가 주도의 사영기업가 포섭

공산당은 개혁기 사회적 변화에 대해 주도권을 가지고 위기관리 능력을 보여줌으로써 장기간 일당지배체제를 성공적으로 이끌었다. 개혁개방 이후 인민공사, 단위제도를 통한 국가의 사회적 통제는 약화되어

5 新华网,「习近平:脱贫攻坚战冲锋号已经吹响 全党全国咬定目标苦干实干」, http://www.xinhuanet.com/politics/2015-11/28/c_1117292150.htm(검색일: 2018.12.6.); 新华网,「中央部署脱贫攻坚作战图 2020年要实现这些民生目标」, http://www.xinhuanet.com/politics/2018-08/20/c_1123295974.htm(검색일: 2018.12.6).

6 조영남(2013: 31-32)에서 재인용.

개혁기 이전 국가-사회관계에서 보였던 국가의 압도적 우위는 약화되었다(정종호, 2005). 또한 개혁개방에 의해 중국 사회 내부에는 사영기업가, 자영업자, 전문직, 서비스직 종사자 등 과거에 존재하지 않던 다양한 계층이 등장하였다(陆学艺, 2002). 한편으로, 개혁개방에 의해 국가의 통제 밖에 존재하는 사회적 영역들이 생겨나게 되었고, 이는 국가의 사회통제를 약화시키게 되었다(Pei, 1998).

중국 공산당은 국가의 사회통제 약화와 새로운 사회 계층의 출현 등 변화하는 시대적 상황에 유연하게 대응하여 사영기업가들을 자신의 편으로 끌어들였다. 먼저, 공산당은 개혁기 사영분야의 형성과 발전을 주도하였다. 중국 공산당은 지속적인 법적 개혁, 제도개혁, 이념개혁, 사회적 개혁 등을 통해서 사영분야가 발전할 수 있는 환경을 형성, 개선하여 중국 공산당은 경제발전 및 신흥 중산층 형성에 핵심적인 역할을 수행하였다(Gold, 1989; Goodman, 1999). 또한 중국 공산당은 갈수록 성장하는 사영기업가들의 사회경제적·정치적 지위를 인정하여 이들을 체제 안으로 포섭하고 있다. 공산당은 사영경제를 중국 사회주의 사회경제 기초의 중요 요소임을 인정하여 사영기업가들의 경제적 지위를 확립해주었고, 〈헌법(宪法)〉의 수정과 〈소유권법(物权法)〉의 제정 등을 통해 사유재산의 보호와 사영경제의 법률적 지위를 법제화하였다. 특히 중국 공산당은 '삼개대표(三个代表)'를 통해 사영기업가가 사회주의 사업의 건설자임을 인정, 이들의 정치적 지위를 인정하였고, 입당을 공식적으로 허용하였다(张厚义, 2005). 이처럼 중국 공산당은 개혁기 중국 사회의 변화에 부응하여 사회적 기반을 재구성하고 있으며, 향후 잠재적 도전세력을 사전 차단하는 의미에서 사영기업가를 체제 내로 흡수하고 있다(서진영, 2008: 405-414).

두 번째로, 당국가는 사영기업가들에 대한 사업가협회를 통한 국가 조합주의적 통제활동과 공산당 관료의 사영분야 진출을 격려하여 사영기업가 집단을 체제 내에서 통제하였다. 국가는 개체노동자협회(个体劳动者协会), 기업가협회(企业家协会), 공상련(工商联) 등의 사업가 협회를 통하여 사영기업가들을 관리, 통제하며, 사영기업가에게는 국가와 접촉할 수 있는 기회를 제공하였다(Nevitt, 1996; Yep, 2000). 사업가협회들은 구성원에 대한 권익보호의 역할을 수행하는 동시에, 사영기업가들이 국가의 정책과 의무를 집행하도록 촉진하는 역할을 하였다. 또한 공상련과 같은 관변협회의 경우 사영기업가들이 정협위원(政协委员)으로 발탁되어 지방의 정치에 합법적으로 참여할 수 있는 기회를 제공하였다(Chen, 2015). 한편으로, 공산당은 사영분야에 당간부 출신의 인사가 진출하는 것을 격려함으로써 사영분야를 장악하였다. 자신의 경력을 공산당, 정부관료 및 국유기업에서 시작한 기업가들은 공산당의 격려하에 사영분야로 진출(下海)하였다. 과거 관료 출신의 자본가들은 사업의 발전에 유리한 정치적 네트워크를 가지고 있으며, 사영기업가들 중에서 공산당의 가장 믿음직한 지지자로 분류된다(Chen and Dickson, 2010).

마지막으로 공산당의 사영분야에 대한 전반적인 포섭은 당조직 건설을 통해서도 이루어지고 있다. 개혁개방이 심화됨에 따라 사영분야는 급격하게 성장하였다. 그러나 그에 반하여 사영분야 내에는 당조직이 건설되지 않았기 때문에 공산당의 통제와 감시가 약회될 수밖에 없었다. 따라서 사영분야의 성장과 사영기업가가 중요한 경제 엘리트로 부각됨에 따라 사영분야의 당조직 건설과 사영기업, 합작기업 등에 있는 장래유망한 관리자와 노동자 등의 잠재력을 가진 재원의 충원은 공산당 입장에서 매우 중요한 업무가 되었다(Dickson, 2008: 101-135). 또한 중국 공산당은 사영분야 당조직을 통해 사영기업에 필요한 서비스를 제공하고, 사영기업가의 정치참여 요구를 충족시킴으로써 사영분야에 대한 조직적인 흡수를 시도하고 있다(Han, 2015). 이처럼 공산당은 다양한 정책들을 통해 사영기업가들을 체제 내로 포섭하고 있으며, 이들을 일당지배체제에 협력적이고 우호적인 집단으로 만들고 있는 것이다.

2. 사회 문화적 요인

1) 역사적 요인

일부 연구자들은 중국의 국가-사회관계가 서구의 국가-사회관계와 달리 적대적이거나 대립적이지 않았고, 이러한 성격이 오늘날 국가-사회관계에 영향을 주고 있다고 지적한다.

먼저 역사학자들은 중화제국(中華帝國) 시기의 국가-사회관계가 부르주아 출현과 그에 따른 민주주의 등장이라는 서구의 경험과 달랐음을 강조한다. 명나라 말 이후의 중국에도 국가-사회관계의 분화가 발생하게 되었고, 하버마스의 '공공영역'에 필적할 만한 공적 공간이 민간 차원에서 형성되었다. 그러나 이러한 공적 공간에서 지방 엘리트들은 국가에 대립하지 않는 모습을 보였으며, 지방 사회관리와 질서유지 등 국가의 지방 통치를 보완하는 역할을 수행하였다(Rankin, 1993; Rowe, 1993). 또한 지방의 엘리트들은 사적 이익과 공적 이익의 대립과 분리를 요구한 것이 아니라, 관료적·공적 이익과 사적 이익의 조화를 통해 개인의 영리를 추구하는 행태를 보였다(Wakeman, 1998). 중국의 유교적 체제 안에서도 엘리트들의 국가에 대한 비판과 저항이 없었던 것은 아니었으나, 이들은 국가의 정치적 행동을 제재하기 위한 독립적 기반을 추구하지 않았고, 헌법적 기반에서 국가에 도전하지 않았으며, 혁명이나 새로운 질서를 추구하지 않았다(Kwok, 1994; Kuhn, 1994). 이러한 현상은 청말민초(淸末民初) 시기에도 지속되어 1900년대 공적 공간의 확대가 국가에 저항하는 시민권의 요구로 이어지지 않았다(Ropp, 1994; Wakeman, 1993; Strand, 1994).

역사적으로, 도시의 상인들 역시 국가의 지배에 순응하는 모습을 보였다. 16세기 이후 중국은 장거리 무역의 증가, 대형 상업 기업, 금융기관, 상인 네트워크의 부상, 도시화와 도시 문화의 발전 등 서구의 근대 초기와 유사한 발전을 경험하였다(Rowe, 1990). 또한 19세기 서구 제국주의의 침략과 개방, 중상주의 정책의 출현, 급격한 도시화와 상업화, 상인에 대한 전통적 인식의 변화 등의 시대적 변화 속에서 상인 계층은 주요 정치, 사회세력으로 부상하였다(刘娟, 1997; 章开沅, 1997). 청말민초 시기 상인은 상회 등 다양한 사회조직을 통해 도시의 행정, 정치적 활동에 개입하였고, 공익사업, 사회치안 관리 및 공상, 문화교육, 보건위생 방면에서도 영향력을 발휘하였다(朱英, 1989; 이병인, 2006). 그렇지만 중국의 상인 계층은 중앙의 권한이 약했을 때에만 역량을 발휘할 수 있었고, 국가에 저항적인 세력이 아닌 국가에 의존적인 존재였다는 점에서 서구의 자본가 계층과 차이점을 보인다(朱英, 1987; 김태승, 1995).

이처럼 중국 역사 속의 국가-사회관계가 대립적인 성격을 가지지 않음에 따라 Huang(1993)은 국가-사회 사이에는 양자가 참여하고 상호작용하는 '제3의 영역(the third realm)'이 존재한다고 주장하였다. Perry(2010) 역시 비슷한 맥락에서 사회의 국가의 권위에 대한 인정과 존중의 관습은 과거로부터 이어져 온 것이며, 국가가 용인한 정당한 범위 안에서만 자신의 권리를 주장하는 '규칙의식(rule consciousness)'이 과거로부터 이어져오고 있다고 주장한다. 이러한 국가-사회관계에서 국가의 우위에 대한 사회의 존중과 중앙의 권위에 도전하지 않는 성격은 현대 중국의 국가-사회에서도 드러난다. 즉 중국의 국가-사회관계에서 사회는 국가에 도전하지 않는 범위 내에서 더 많은 자율성을 얻기 위해 노력하거나, 국가와의 협력을 통한 공생관계를 추구하기 위해 노력하는 것이다(Teets, 2013; Howell, 2015).

개혁기 국가와 사영기업가들의 상호작용 역시 유사한 맥락에서 이루어진다. 사영기업가들은 국가의 우위를 받아들이고, 자신에게 필요한 자원과 보호를 위해 지방관료와 적극적인 연대를 통해 이익을 추구한다(Pearson, 1997). 사영기업가들의 정치참여 또한 국가가 용인한 방식을 통해 정협위원으로 활동하거나, 촌민위원회 선거에 출마하여 지방의 정치에 합법적으로 참여하는 형식으로 이루어진다(张厚义, 2011). 이처럼 사영기업가들의 활동은 국가가 받아들일 수 있는 범위 안에서 중앙의 권위에 도전하지 않는 수준에서 이루어지며, 자신의 지역적 상황에 근거한 지방관료와의 상호작용을 통해 비공식적 관행을 형성함으로써 공식적 제도에 영향을 주는 방식으로 일당지배체제가 유지되는 선에서 정치적 변화를 이끌어 내기도 한다(Tsai, 2007).

2) 사회의 분절성과 다양성

국가-사회관계에 관한 연구들은 중국의 국가-사회관계에서 유의할 점은 사회 내부가 분절적이며, 자신이 처한 지역적 조건과 이해관계에 따라 국가와 다양한 방식으로 관계를 형성한다는 점을 강조한다. 즉 같은 성격을 가진 집단이라고 할지라도 각각 국가와 관계를 형성하는 방식은 다양하며, 동일한 이슈 분야에서도 다른 지역에서의 사회 행위자들의 전략적 행동은 상이한 지방정부의 비공식적 선호를 반영하여 결정된다는 것이다(White, et al., 1996). 이러한 중국 사회 내부의 분절성과 다양성은 중국의 국가-사회관계를 더욱 복잡하게 만들 뿐만 아니라, 사회 내부의 연대를 어렵게 만들어 국가에 대한 초계층적 저항을 어렵게 만드는 요인이다.

일례로 1989년 천안문사태 당시 지식인들은 전통주의적 유가적 도덕주의, 농민에 대한 편견과 과소평가, 자신들에게 우호적인 개체호 기업가들에 대한 불신과 평가절하로 인해 다른 사회집단들과 연대하지 못하였고, 그에 따라 천안문의 민주주의 요구는 실패로 돌아갔다(Perry, 1992). 단일한 계층 내에서의 연대 또한 쉬운 일이 아니었다. 천안문사태 당시 모든 기업가들이 지식인과 학생들을 지지한 것은 아니었으며, 베이징에서 멀리 떨어진 지역의 기업가들은 천안문사태에 자신들이 연루되는 것을 꺼려하였다(Wank, 1999).

한편으로, 개혁개방 이후 중국 노동자와 농민 등 사회적 약자들의 대중 저항 또한 갈수록 증가하였는데, 이들의 행태 역시 명령이행 지체, 태업, 의무 불이행, 순종하는 척하기, 좀도둑질, 중상모략, 방화, 훼방하기 등 '약자의 무기(weapons of the weak)'를 이용하는 일상적인 형태의 저항에서 벗어나(Scott, 1985), 중앙에서 제시한 법률이나 정책, 공식적의 담론 등을 활용하여 중앙의 지침을 제대로 따르지 못하는 기층 관료와 지방정부에 대하여 정부가 용인할 수 범위에서 저항하는 정의로운 저항(rightful resistance)의 형태로 변화하였다(O'Brien and Li, 2006; Lee, 2007). 그렇지만 이 과정에서 사회 계층 내부의 연대는 매우 취약한 문제로 지적된다. 중국의 노동자 계층은 분화된 상태로 존재하며, 각각의 노동자 내부 집단이 겪는 문제점과 관심사 역시 상이하다. 따라서 노동자 집단 내부에는 상이한 이익집단들이 형성되고, 집단행동을 위해 상이한 방식으로 접근하며, 지역이나 계층을 넘어서는 노동운동을 위한 연대는 거의 나타나지 않는다. 농민 계층의 저항 역시 약하게 조직화되어 있고, 요구 역시 제한적이며, 계층을 넘어선 연대는 거의 존재하지 않는다. 농민의 요구는 착취의 방지, 약탈적 행위의 저지, 인기 없는 간부의 퇴출 등의 지엽적인 수준에 그치며, 사회운동의 지속을 위해 필요한 연대, 협력이 나타나지 않는다(Lee and Friedman, 2009; O'Brien, 2009).

이는 국가의 사회 장악 전략의 산물이기도 하다. 개혁기 국가는 과거 혁명기 '분할점령(divide and conquer)' 전략과 유사한 '분할지배(divide and rule)' 전략으로 사회 내부의 연대를 막고 분열시키는 전략으로 사회를 장악하고 있다(Perry, 2007). 국가는 사회의 대중 저항이 정권의 안정성을 저해하거나 핵심 이익에 위협이 되는 경우 매우 단호한 입장을 보이며, 필요한 경우 이를 억압할 물리적 능력을 보유하고 있다. 국가는 노동자·농민들의 생존권, 경제권에 관한, 제한적 범주 내에서의 저항에 관해서는 동정적 태도를 보이기도 하지만, 계급을 넘어선 연대, 정치적인 요구를 수반한 저항에 대해서는 매우 강경한 입장을 취한다(O'Brien, 2009; Lee, 2010). 이러한 국가의 정책은 사회 내부의 국가에 저항하는 초계급적 연대를 억제하고 사회 내부의 분절성을 유지시킨다.

근대화론적 관점에서 중국의 민주화에 기여할 핵심 사회세력으로 기대되는 중산층 역시 분열되어 있다는 평가를 받는다. 개혁개방 이후 출현한 중국의 중산층은 공동의 경험과 지식 축적을 하지 못하였고, 매우 빠른 속도로 형성되었다. Lu(2013)에 따르면, 개혁기 중산층 형성은 국가 제도에 의존하는 경로와 시장 제도에 의존하는 두 가지 경로를 통해서 이루어졌다. 중국의 중산층은 상이한 경로를 통해서 형성되었기 때문에 당과 정부에 대한 지지, 정치정향, 도시 자치 제도 등에 대하여 다른 입장을 보인다. 즉 개혁기 중국의 중산층은 일치된 이익을 기반으로 하는 공동의 정체성을 가지지 못하였고, 일체감을 형성하지 못한 것이다. 그에 따라 오늘날 중국 중산층은 계층에 기반을 둔 단일한 행동을 할 수 없는 분절성을 가지고 있다(김도희, 2007: 115).

개혁기 중국의 사영기업가들 또한 내부적으로 단일한 집단이 아니며, 동일한 정체성을 가지고 있지 않다. 먼저 기존 연구들은 사영기업가들이 상이한 경로를 통해 발전하였음을 지적한다. 사영기업가들은 개인 혹은 가정에서 축적한 화폐자금을 자본으로 전환시켜 사영기업으로 발전한 개인소득의 자본화, 경로 공유제 기업의 개인에게로의 하청, 임대를 통한 공유제 기업의 사영화 경로, 민영과학기술 기업의 형성으로 대표되는 인력자본의 기업화 경로 등 다양한 경로를 통해 발전하였다(김윤태, 2003). 뿐만 아니라 사영기업가들은 농민출신으로 자수성가에 성공한 기업가, 정치권력을 이용하여 부를 축적한 관료 기업가, 컴퓨터 및 인터넷 산업의 성장 속에 출현한 기술 기업가 등 다양한 출신 배경을 가지고 있고, 그에 따라 같은 서로 다른 세계관과 가치관을 가지고 있다(Li, 2001a).

두 번째로, 사영기업가들의 정치적 태도 역시 상이하다. 일부 연구에 따르면, 사영기업가들의 정치적 태도는 생계형, 관망형, 확신형 등으로 분류할 수 있다. 생계형이란, 사영경제에 종사한 시간이 얼마 되지 않고, 생계에 급급한 나머지 장기적 계획을 세울 수 없는, 정치적으로 무관심한 집단을 말한다. 관망형이란, 상당 시간 사영경제에 종사했고, 일정한 성취를 이루었기 때문에 사업에 대한 애착이 있으나, 국가의 정책이나 사회여론에 민감하게 반응을 보이며, 수동적으로 행동하는 특징을 가진 집단이다. 확신형은 장기적으로 사영경제에 종사하면서 성공적으로 대형 또는 중형 기업을 경영하고, 비교적 높은 문화 수준과 강한 사업의욕을 가지고 있으며, 사영경제의 장래에 확신을 가지고 있는 집단으로, 가치관의 실현, 정치참여 등에 강한 욕구를 가지고 있다(朱光磊 外, 1999; 程福清, 1995).[7] 사영기업가들의 사업 규모에

7 김윤태(2003: 521)에서 재인용.

따른 지방정부를 대하는 태도 역시 상이하다. 규모가 큰 기업일수록 관료집단과의 적극적인 접촉과 협력을 통해 이익을 추구하지만, 소형 기업은 관료와의 접촉을 회피하여 관료의 개입을 최소화함으로써 자신의 이익을 보호하고자 한다. 또한 중국의 사영기업가들은 집단의 이익 추구를 위해 다른 사영기업가들, 혹은 다른 사회 계층과의 연대를 추구하지 않는다(Wank, 1995). 그에 따라 중국의 사영기업가들은 공통의 정체성, 이익, 태도를 가진 단일한 정치 영향력을 보유한 계층으로 발전하지 못하는 한계를 가지고 있다(Tsai, 2005).

3. 중앙-지방관계적 요인

개혁기 중국 공산당은 중앙집권적 계획경제가 자원배분의 비효율성으로 인해 생산력 저하를 초래했을 뿐만 아니라, 사회경제 활동에 대한 중앙의 관리비용 부담의 증가만 가져왔다는 인식하에 사회주의적 당-국가체제의 근본변화를 초래하지 않는 범위 내 경제적 효율의 제고를 위해 분권화를 추진하였다(전성흥, 2005).

중앙정부는 지방의 경제적 적극성을 고취하기 위해 관할 지역의 재정 관리권, 기업 관리권, 그리고 물자관리 체계와 각종 심사와 비준 등 투자 권한 등을 지방정부에 위임하였다. 그 외에 정치적 영역에서도 지방정부의 자율성과 권한을 강화시키는 간부인사권 하방, 지방입법권 강화 등의 분권화가 이루어졌다(주장환, 2009). 이처럼 개혁개방 이후 중앙정부는 경제발전의 청사진을 주도적으로 제시하는 역할을 담당하고, 이에 대응하여 지방 차원에서는 각 지방정부가 현지의 사정과 발전의 우선순위와 특유의 이해관계를 반영한 실행계획을 수립하고 실행한다(Remick, 2002).

분권화 결과 지방정부는 현지 상황에 맞는 정책을 추진할 수 있는 자율을 가지게 되었고, 이는 개혁기 급속한 경제성장의 중요한 요인으로 평가된다(김흥규, 2005; 원재연, 2008). 성공적인 지방의 실험적 정책은 중앙의 승인을 받아 전국적으로 확대되었다. 중국 공산당은 중화인민공화국의 수립 이전부터 각 지역이 자신의 상황에 맞는 정책적 실험을 용인하였는데, 이러한 과거의 경험이 개혁기 지도자들이 지방의 다양한 정책적 실험에 관대한 이유였다(Heilmann, 2008; Chung, 2016b).

이처럼 지방의 관행과 중앙의 정책형성 사이에는 상호작용이 존재하며, 지방의 선도적 실험이나 성공적인 관행이 중앙에서의 논쟁을 거쳐 중앙의 정책으로 공식화되어 전국에 확대 적용되는 과정은 개혁기 정치 및 경제 정책의 일반적인 특징이다(정재호, 1999; 이정남, 2007; 조영남 외, 2011). 지방의 상황에 근거한 정책적 실험의 허용과 이의 전국적 확대 보급이라는 제도적 탄력성으로 인해 중앙 차원에서는 책임과 권력을 지방에 이전하여 개혁 정책의 불확실성의 위험을 분산할 수 있었고, 지방정부는 더욱 자신의 상황에 맞게 정책을 작성, 집행할 수 있는 권한과 자율을 가지게 되었다(전성흥, 2005: 177).

분권화된 구조는 지방정부와 사영기업가 간의 관계에도 영향을 주었다. 분권화, 특히 세수의 분권화 이후 지방정부가 중앙정부에 일정 수익을 전달하고 나머지 이윤은 지방에서 보유할 수 있게 됨에 따라, 지방정부는 자신의 재정 수입 확대를 위해 관할 내의 기업들의 육성과 지방 경제발전에 강한 동기를 가지게 되었다(Oi, 1995; Walder, 1995). 그 결과 지방정부는 경제발전에 있어서 주체적인 영향력을 행사하게 되었으며, 지방 경제 활성화를 통해 지방의 이익 증대, 지방민의 소득증대, 지방 경제발전 등의 성과를 거둘 수 있었다(Kim, 2013: 167-190; 김남이, 2008: 25). 간부 개인의 차원에서도 지방 경제의 성장은 개인적 차원의 업적 및 승진과 직결되며, 보상과 혜택의 증가, 개인 수입의 증가를 통한 삶의 질 개선을 의미하는 것인 동시에, 한편으로는 국가 및 집체 소유 자산의 사영화를 통해 개인적 이익을 추구하는 강력한 동기가 되었다(Lin and Chen, 1999).

사영기업가 또한 지방정부 또는 간부와의 연대 강화를 통해 자신의 이익을 극대화하고자 노력하였다. 개혁기 사영분야에 대한 공식적 제도와 전면적 시장이 부재한 상황에서 지방정부는 자원 분배의 막강한 권한을 보유하게 되었는데(Goodman, 2016), 사영기업가는 자신의 사업체 보호와 사업체 발전에 필요한 자원을 확보하기 위해서 지방 간부의 호의가 절실하게 필요하게 되었다(Pearson, 1997). 특히 기업의 창업과 발전에 필요한 희소한 경제적·물질적 자원의 확보, 중앙정부의 규제를 우회할 수 있는 행정적 지원 등 자신의 사업의 생존과 번영을 보장받기 위해서 지방정부 및 간부의 후원이 매우 중요하였다(Solinger, 1992). 사영기업가는 원활한 경영활동을 위해서 지방정부로부터 기업의 설립과 발전과정에 필요한 다양한 자원을 의존하였다. 그 대가로 사영기업은 개별 간부에게 뇌물이나 기업 지분을 무상으로 증여하여 경제적인 편익을 제공, 정치적 후원세력을 확보하였다(전성흥, 1995). 이러한 지방 간부의 사영기업 지분확보, 뇌물수수, 국가정책 일탈 관행에 관한 묵인 등 사영분야에 대한 대응 태도는 중국 농촌 전반에 보편적이었다(Liu, 1992).

일부 지방의 사영기업가는 사영기업가의 입당이 공식 승인되기 이전부터 암암리에 입당하여 당원이 되었다. 사영기업가의 입당은 지방 관료에게 사영분야 관계수립, 지역 성장 촉진, 부유한 사영기업가와의 인맥 형성이라는 이익을 주었고, 기업가에게는 당원이 됨으로써 기업 성장에 필요한 다양한 혜택을 보장받고, 부당한 정책과 경쟁으로부터 보호를 받을 수 있다는 이점을 주었기 때문이다(Dickson, 2003). 그 결과 사영기업들과 지방정부 또는 관료의 이익은 서로 뒤섞

이게 되었고, 공통의 이익에 기반을 둔 상호의존적인 관계가 형성되었다. 이처럼 지방 간부와 사영기업가는 지역 경제발전을 위한 사영기업의 성장이라는 공동의 목표를 가지게 되었고, 지방정부와 사영기업가 간에는 후견인주의적인 상호 호혜의 관계가 성립되었다(Solinger, 2006).

결론적으로 분권화는 지방 차원에서의 국가-사영기업가 관계에 영향을 미치게 되었다. 일부 지방정부의 관료는 국유기업 자산의 처분권과 지방경제 운영에 관한 결정권을 바탕으로 사영기업가와 비공식적 인맥을 맺으며, 모호한 규정을 이용해 불법적인 거래를 추진하여 지역 경제성장, 일자리 확대, 세금 확보뿐만 아니라 사적인 이익을 추구하였다(Dickson, 2011b). 또한 사영기업가들은 자신의 이익보호를 위해서, 그리고 자신의 사업의 생존과 발전에 필요한 핵심적인 자원들을 안정적으로 보장받기 위해서 관할 지역 내에서 중요한 자원들을 관리하고 분배할 수 있는 권한을 가진 지방정부 및 지방관료와의 관계 형성을 위해 노력하였다.

이러한 지방관료-사영기업가의 결탁과 영합의 관행이 성공적인 경제성장을 거두는 경우 중앙의 사후승인을 받아 정당화되는 경우가 종종 발생하였다. 개혁개방 이후 성공적인 지역발전 모델로 손꼽히는 원저우의 발전 사례가 이에 속한다(정종호, 2013). 원저우 지방정부는 개혁개방 초기 사영기업의 발전을 보호하는 동시에 사영경제 경영 자본금을 낮추고 주식합작제 기업이 발전할 수 있는 제도적 환경을 제공하여 원저우 지방 경제의 발전에 기여하였다. 특히 원저우시는 사영기업의 차명경영을 허용하여 사영경제의 합법적 지위가 인정되지 않던 당시의 농촌가정공업들이 집체 소유제 기업 산하 기업 명의로 경제활동이 가능한 제도적 환경을 조성하였다. 1980년대 원저우 지방에 만연했던 불법적인 관행은 추후 중앙 지도자들의 승인에 의해 정당화되었고, 성공적인 지역 발전모델인 '원저우 모델(溫州模式)'로 재평가되었다(정종호, 2008b).

4. 오늘날 중국의 국가와 사영기업가

앞서 검토한 바와 같이, 중국의 국가-사영기업가 관계의 형성에는 다양한 요소들이 영향을 미친다. 첫째, 국가의 경제성장과 국민의 물질적 삶의 개선은 일당지배체제에 대한 국민의 지지를 높이고, 공산당의 지배정당성을 강화하는 역할을 한다. 동시에 국가의 사회의 잠재적 도전 관리 능력과 사회에 대한 분할지배 전략은 국가-사회관계에서 국가가 우위를 점하게 하는 중요한 요인이다. 이는 국가-사영기업가의 상호작용에 직접적인 영향을 주지 않으나, 국가-사영기업가 관계를 형성하는 중요한 배경적 요소가 된다.

둘째, 중앙정부 차원에서의 사영분야 및 사영기업가 정책 또한 국가-사영기업가 관계에 영향을 준다. 개혁개방 이후 중국 공산당은 사영분야의 발전을 승인하였고, 사영분야의 발전을 촉진하는 다양한 정책을 제시하였다. 또한 중국 공산당은 개혁기 급격한 사회 변화에 대응하여 사영기업가의 경제적·정치적·법률적 지위를 개선하고, 사영기업가의 입당을 공식적으로 허용, 체제 안으로 포섭하였다. 이는 사영기업가들을 공산당 지배체제를 옹호하는 세력으로 만드는 중요한 요인이다.

셋째, 중앙-지방관계 역시 국가-사영기업가 관계에 영향을 미친다. 중앙정부는 거시적인 국가 발전 방침을 제시하는 한편, 지방이 자신의 상황에 근거하여 발전 전략을 수립할 것을 용인하였다. 이는 지방정부-사영기업가 간의 상호 의존을 증대시키는 중요한 요인이 되었다. 특히 지방의 성공적 경험은 중앙의 논의를 거쳐 사후에 정당성을 얻게 되는데, 이러한 자율과 재량은 불법적인 관행을 통한 사영기업 육성, 사영기업가의 입당 허용, 간부와 사영기업가의 결탁 등 지방정부가 사영기업가와의 관계 형성에 영향을 주는 다양한 관행이 암암리에 형성되는 바탕이 되었다.

넷째, 지방정부-사영기업가 간의 상호작용이다. 개혁기 지방정부는 중앙의 지침에 따라 경제성장을 추진하게 되었고, 사영기업들은 지방 경제 발전에 필요한 세입과 일자리를 제공하는 역할을 수행하였다. 그에 따라 지방정부는 지역 경제 활성화를 위해 관할 지역 내 사영기업들의 성장에 필요한 자원을 제공할 동기를 가지게 되었고, 사영기업가들은 기업 운영에 필요한 다양한 자원을 확보하기 위해 지방관료들과 긴밀한 관계 형성을 희망하였다. 그 결과 지방 차원에서 지방관료들과 사영기업가 간의 상호의존적 관계가 형성되었다.

마지막으로, 사영기업가들의 중앙정부를 대하는 성향이 중요 요소로 작용한다. 사영기업가는 이미 수립된 국가의 사회에 대한 우위에 도전하지 않는 선에서 자신의 이익을 추구한다. 이는 중앙의 권위에 대한 존중이라는 중국의 오랜 역사적 관습적 특징 때문이기도 하며, 사영기업가 내부의 분절적 성격 때문이기도 하다. 개혁기 중국의 사영기업가 집단은 상이한 배경을 가지고, 상이한 성장과정을 거쳤으며, 동일한 정체성을 공유하지 않는다. 그에 따라 사영기업가 집단 내부의 연대나 초계급적 연대는 형성되기 어렵다.

이처럼 오늘날 중국의 국가-사영기업가 관계는 국가 전략적 요인, 사회 문화적 요인, 중앙-지방관계적 요인 등 다양한 요인들의 복잡한 상호작용 속에서 형성되고 있는 것이다. 따라서 오늘날 중국의 국가-사영기업가 관계를 분석할 때에는 이에 영향을 미치는 여러 가지 요소들이 어떻게 상호작용하는가에 주의를 기울여 분석할 필요가 있을 것으로 보인다. 이하의 장들에서는 언급한 여러 가지 요인들이 개혁기 사영분야 당조직의 건설과 활동, 더 나아가 국가-사영기업가 관계에 어떻게 영향을 주었는가를 검토하고자 한다.

제3장

사영분야 발전과 중앙–지방 상호작용

본 장은 공산당의 사영분야 당조직 건설을 통한 사영기업가와 사영분야 전반에 대한 공산당의 포섭전략을 검토한다.[1] 공산당은 사영기업 당조직 건설을 통해 당의 방침과 정책을 관철시키는 동시에, 사영분야에 대한 공산당의 통제를 강화할 수 있었다. 또한 경제성장이라는 공동의 목표에 당과 사영분야의 협력을 촉진하는 공생관계를 형성하여 사영기업가가 경제성장과 정치안정에 대하여 공산당 관료와 유사한 견해를 가지도록 하였다(장윤미, 2010: 25). 이러한 맥락에서 볼 때 사영분야 당조직 건설은 공산당의 잠재적 위협세력 형성의 가능성 차단과 체제 안정을 위한 전략적 선택이라고 볼 수 있다.

일반적으로 사영분야 당조직의 건설은 2000년 '삼개대표' 이후 공식화되고 전국적 차원에서 이루어진 것으로 평가된다.[2] 이러한 평

1 이하의 내용은 필자의 공저 논문인 정종호, 윤태희(2016)의 내용을 수정, 보완한 것이다.

2 이와 관련하여 Dickson(2008, 122), Shambaugh(2008, 135-136) 등은 사영부분에서의 취약한 당조직 건설 상황에 대한 문제의식이 중국 공산당이 삼개대표를 제시한 중요한 동기였음을 강조하고 있다. 삼개대표 이후 사영분야의 당조직 건설에 관한 논의들은 Dickson(2008, 101-135), Han(2015) 등 참고.

가는 삼개대표 이전에 이미 일부 지방에서 지속적이고도 상당한 정도로 전개된 사영분야 당조직 건설 노력 및 이러한 지방 차원에서의 정책이 중앙에 미친 영향을 간과하기 쉽다. 따라서 본 장에서는 개혁개방 직후부터 일부 지방에서 전개된 사영분야에 대한 선도적인 당조직 건설 작업이 중앙의 정책형성에 미친 영향을 지역적 사례를 통하여 보여주고자 한다.[3] 물론 지방의 실제 관행과 중앙의 정책형성 사이의 상호작용에 대한 논의는 전혀 새로운 것이 아니다. 앞서 검토한 바와 같이, 지방의 선도적 실험이나 성공적인 관행이 중앙에서의 논쟁을 거쳐 중앙의 정책으로 공식화되어 전국에 확대 적용되는 과정은 개혁개방 정책의 일반적인 특징이며, 공산당 개혁 역시 이런 방식으로 진행되었다. 본 장은 사영분야 당조직 건설 사례 역시 이러한 개혁개방기 공산당 정책형성의 특징이 반영되었음을 보여주고자 한다. 이를 위해 본 장에서는 개혁개방 초기부터 사영분야의 발전이 이루어졌고 사영분야 당조직 건설 역시 이른 시기부터 추진되어 왔던 저장성 및 저장성 원저우시의 사례를 통해, 사영분야 당조직 건설과 관련된 지방의 정책과 중앙의 정책 간의 장기간에 걸친 동학을 살펴보고자 한다.

사영분야 발달을 기초로 하는 경제발전모델인 원저우 모델의 발원지인 저장성 및 저장성 원저우시의 경우, 다른 지역에 비하여 상대적으로 발전한 사영분야를 배경으로 개혁개방 초기부터 외자기업, 상

3 Tsai(2007)에 따르면, 사영분야에서 나타나는 지방의 비공식적 관행이 중앙의 공식적 정책 결정에 영향을 미치기도 한다. 본문에서 검토하는 사영분야 당조직 건설의 사례 역시 지방의 성공적인 경험을 중앙에서 검토하였다는 측면에서 Tsai의 연구와 유사한 측면이 있다. 그러나 Tsai의 연구와 달리 본문에서 검토하는 사영분야 당조직 건설 사례는 비공식적 관행이 아닌 공식적 정책으로 지방 차원에서 전개되었고, 이를 중앙이 승인하였다는 점에서 차이를 가진다.

품시장, 사영기업 등 비공유제 경제에서 당조직 건설을 시도하였다.[4] 저장성의 경우 1990년대 초반부터 '선조직건설 후규범(先组建, 后规范)'의 원칙을 세워 1997년까지 2,150개의 사영기업에 당조직을 수립하였을 뿐만 아니라, 전국 최초로 사영기업 당위원회를 수립하였다(全国党建研究会非公有制经济组织党建研究专业委员会, 2010: 96).[5] 원저우시 역시 1992년부터 본격적으로 당조직 건설 작업을 착수하여 1999년까지

4 비공유제경제(非公有制经济)는 전민소유제(全民所有制)와 집체소유제(集体所有制)를 포함하는 공유제경제(公有制经济)에 대비되는 개념으로, 중화인민공화국 헌법(中华人民共和国宪法) 제11조(第十一条)에 따르면, "개체경제(个体经济)와 사영경제(私营经济) 등"으로 구성된다. 본 장에서 개체경제는 소수의 노동자(7명 이하)를 고용하거나 다른 노동자를 고용하지 않는 소규모의 자본을 생산, 유통, 서비스업 등에 투입하는 — 한국적 관점에서 자영업자로 이해될 수 있는 — 개체공상호로 구성된 경제 영역을, 사영경제는 기업재산을 개인이 소유하며 8명 이상의 노동자를 고용하는 영리적 목적을 가진 경제조직인 사영기업으로 구성된 경제 영역을 의미한다. 따라서 본 장에서는 비공유제 분야는 사영분야를 포괄하는 개념으로 이해하고, 비공유제 분야에 관한 정책의 변화는 사영분야에 관한 정책을 포함하는 것으로 간주한다. 반면 민영(民营)경제는 관영(官营)경제에 대비되는 용어로 국유국영(国有国营)경제 외의 모든 소유형식과 경영방식을 의미하는 용어로서, 집체경제, 개체경제, 사영경제 등의 비국유국영(非国有国营)경제를 지칭한다. 따라서 본 장에서는 민영경제 관련 정책 역시 사영경제에 영향을 미치는 정책을 포함하는 것으로 이해한다. 헌법의 전문은 中国人大网, 「中华人民共和国宪法」, http://www.npc.gov.cn/npc/xinwen/node_505.htm(검색일: 2016.9.25.); 개체공상호에 대한 정의는 이중희(2005: 315), 사영기업에 관한 정의는 张诺夫(2015: 8)를 참고하였다. 사영경제와 민영경제의 개념적 차이에 관한 논의는 黄文忠(1998), 阳小华(2000)를 참고.

5 新华网, 「新华社浙江分社总编辑慎海雄荣获第五届范长江新闻奖」, http://www.zj.xinhuanet.com/special/fanchangjiang/fan.htm(검색일: 2015.10.2.); 浙江省工商业联合会, 「浙江非公有制企业党建发展历程与基本经验(上)」, http://www.zjfic.org.cn/www/zjgs/2011/07/29/55929.htm(검색일: 2015.10.2.); 浙江组织工作网, 「传化: 一个党建基层样本的20年」, http://zzgz.zjol.com.cn/system/2015/07/02/020721991.shtml(검색일: 2015.10.2.).

1,350개의 비공유제 기업에 당조직을 건설하는 등 중앙의 사영분야 당조직 건설 방침이 본격화되기 이전부터 사영분야 당조직 건설을 실시하고 있었다.[6] 이러한 저장성 및 원저우시의 사영분야 당조직의 형성과 발전과정은 중요한 질문을 제기하고 있다. 당조직 건설을 통한 사영기업가 포섭에 관한 중앙의 공식적인 정책이 부재한 상황에서 저장성 및 원저우시는 어떻게 사영분야 내에 당조직 건설을 추진하고 발전시켰는가? 중앙의 사영분야 정책의 형성에 저장성 및 원저우시의 사영분야 당조직 건설 사례는 어떠한 의미를 주었는가? 그리고 삼개대표와 그 이후의 중앙의 정책은 저장성과 원저우시의 사영분야 당조직 형성과 발전에 어떤 영향을 주었는가?

이상과 같은 문제의식에 기반하여 본 장에서는 개혁개방 이후 사영분야의 기층 당조직 건설에 대한 국가의 다양한 층위에서의 정책변화에 대하여 살펴볼 것이다. 즉 중앙의 사영분야 당조직 건설에 대한 정책변화는 물론 저장성 및 원저우시의 사영분야 당조직 건설 정책변화를 살펴보는 동시에 이들을 비교할 것이다. 이를 통해 사영분야 당조직 건설을 통한 사영분야 포섭에 관한 중앙 차원에서의 정책이 명확히 수립되기 이전부터 사영경제가 비교적 발전한 저장성 및 원저우시 등의 지역에서는 그러한 정책이 우선적으로 전개되었음을 구체적으로 보여주고자 한다. 동시에 저장성 및 원저우시 등의 지방 차원에서 우선적으로 전개된 사영분야 당조직 건설을 통한 사영분야 포섭정책이 1990년대 후반 이후 중앙의 지도자들로부터 주목과 긍정적 평가를 받게 됨으로써, 중앙 차원의 정책에 영향을 주었음을 보여주고자 한다.

6 温州史志网, 「既富时代特征, 又具区域特色—论温州近三十年非公有制企业党的建设」, http://www.wzdsw.gov.cn/Art/Art_19/Art_19_460.aspx(검색일: 2015.9.30.).

결론적으로 본 장은 사영분야의 기층 당조직 건설과 관련하여 국가의 다양한 층위에서 상이한 인식과 정책이 존재하여 왔으며, 이러한 차이가 장기적으로는 저장성 및 원저우시의 사영분야 기층 당조직의 형성과 발전뿐만 아니라 중앙 차원의 사영분야 당조직 건설 및 사영기업가 포섭정책에도 중요한 영향을 주고받았음을 제시할 것이다. 이러한 사영분야 당조직 건설 사례를 통해 본 장은, 중국의 국가-사영기업가 관계 분석을 위해서는 지방 차원에서 전개된 사영기업가 및 사영분야 관련 정책에 대한 검토 및 이에 대한 중앙의 인식, 그리고 중앙과 지방간의 상호작용 등에 대한 분석이 필요함을 제기하고 있다.

1. 개혁개방 초기의 사영분야(1979~1991)

1) 중앙의 사영분야 정책과 논란

많은 이념적인 논란에도 불구하고, 개혁개방 초기 비공유제 분야는 '개체분야'가 '공유제 경제의 필요한 보충'으로 용인됨으로써 발전하게 되었다(初明利, 2014: 25-26). 당시 개체노동경제(个体劳动经济)의 등장과 발전은 개혁개방 초기의 취업문제를 배경으로 하고 있다. 문화대혁명 직후 지식청년(知青)의 대규모 도시귀환으로 인해 도시의 취업대기 인원이 700~800만 명에 달하면서 중국정부는 대량의 일자리 제공의 문제에 직면하게 되었는데(武国友, 2010: 190), 이러한 상황에서 1979년 2월 국가공상행정관리국(国家工商行政管理局)은 문혁 종결 이후 최초의 공상관리국장 회의를 통해 "각 지역은 현지 시장의 수요에 근거하여, 유관업무 주관단위의 동의를 얻어 일부 공식호구의 자유노동력이 수리, 서비스 및 수공업의 개체노동에 종사할 수 있다"는 보고를 당중앙과 국무원에 제출하였고, 당중앙과 국무원은 이를 승인, 전국 각지에 전달하였다(武国友, 2010: 190). 그 결과 공유제를 보충하는 역할로서 개체경제가 1979년 등장하게 되었다. 그러나 당시 사회주의 체제하에서의 '착취적인' 사영경제(私营经济)의 존재와 발전은 1980년대 초반 많은 논란을 야기하였다. 이에 관하여 덩샤오핑(邓小平) 등의 지도부는 '기다림과 관찰(等一等, 看一看)'의 방침을 견지함으로써 개체경제의 발전을 묵인하였다(熊辉 外, 2013: 15). 이러한 방침에 따라 전국적 범위에서 개체경제가 신속하게 등장하였으며, 비교적 큰 규모의 개체경제는 점진적으로 고용경제로 발전하였다.

동시에 중국정부는 법적인 근거를 제공함으로써 공식적으로 사영분야 발전의 토대를 마련하여 주었다. 1982년 12월 제5기 전국인대(全国人大) 제5차 회의는 〈헌법(宪法)〉을 통해 개체경제의 법률적 지위를 공유제의 보충으로 정의하였고,[7] 1983년 중국 공산당은 중앙1호 문건인 〈현재 농촌경제정책의 약간문제(当前农村经济政策的若干问题)〉를 통해 고용대호(雇用大戶)와 사영경제에 대하여 "제창하지 않고, 공개선전하지 않고, 성급히 금지하지 않는(不宜提倡, 不要公开宣传, 也不要急于取缔)" 3불(三不) 방침을 천명하였는데, 이는 실질적으로 사영경제의 맹아와 발전을 묵인하고 보호하는 조치였다(解红玲, 2007: 24). 또한 1987년 공산당 13차 당대회에서 자오즈양(赵紫阳)은 "사영경제의 일정 수준의 발전이 생산 촉진, 시장 활성화, 취업 확대에 유리하고, 인민의 다방면의 생활 수요를 더욱 만족시킬 수 있기 때문에, 공유제 경제의 필

7 〈헌법〉 제11조는 "법률 규정범위 내의 도시와 농촌의 노동자 개체경제는 사회주의 공유제의 보충(社会主义公有制经济的补充)이다. 국가는 개체경제의 합법권익과 이익을 보호한다"고 규정하였다. 中国人大网, 「中华人民共和国宪法(1982年)」, http://www.npc.gov.cn/wxzl/wxzl/2000-12/06/content_4421.htm(검색일: 2015.9.28.).

요하고 유익한 보충이다"고 선언함으로써 개체경제와 사영경제의 발전을 격려하였다.[8] 이어 1988년 〈사영기업임시조례(私营企业暂行条例)〉를 제정하여 사영경제가 사회주의 공유제 경제의 보충이며, 국가는 사영경제의 합법적 권익을 보호한다는 점을 성문화하였다.[9] 이러한 당과 국가정책의 허가 속에서 비공유제 분야는 전국적 범위에서 성장하게 되었다.

그러나 개혁개방 직후 국가로부터 공유제의 보충으로서 용인되고 급속히 발전하였던 비공유제 분야는 1989년 이후 침체기에 접어들었다. 이는 1980년대 중반 이후 심각해진 인플레이션, 지지부진한 정치개혁, 부정부패 등에 대한 불만이 문제가 되어 1989년 천안문사태가 발생하게 되었기 때문이다(다카하라 아키오, 마에다 히로코, 2015: 90; Saich, 1990).

학생운동에서 시작된 천안문사태는 지식인, 노동자, 기업가, 공산당 관료들이 참여하였고, 많은 시민들의 지지를 얻게 되었다(Lieberthal, 2004: 144). Baum(1993)에 따르면, 50만 명이 넘는 베이징 주민들이 시위대를 격려하여 음료와 음식을 전달했다. 또한 공산당기관과 청년조직, 정부부서, 공식 대중매체, 사회과학연구소, 대학 학과, 공장, 노동조합, 호텔, 공안기관과 법원의 대표단이 학생들의 시위에 공개적으로 지지하며 함께 행진하였다. 천안문사태 당시 사영기업가의 지지활동도 두드러지게 나타났다. 예를 들어, 정치개혁과 민주화를 지지한 유명 사영기업가 완룬난(万润南)은 반정부 세력이 필요한 전자기기의

8 中国共产党新闻网, 「沿着有中国特色的社会主义道路前进」, http://cpc.people.com.cn/GB/64162/134902/8092174.html(검색일: 2015.9.28.).

9 宾县人民政府信息中心, 「中华人民共和国私营企业暂行条例」, http://www.chinabx.gov.cn/News_View.asp?NewsID=1072(검색일: 2015.9.28.).

제공과 재정적 지원을 아끼지 않았다(Chen and Dickson, 2010: 25; Baum, 1993: 452).

또한 당시 베이징의 젊은 개체호 기업가들은 ‘비호대(飞虎队)’를 조직하여 정보를 수집, 전달하고 계엄군의 진입을 막으며 시위대의 질서를 유지하는 등의 방식으로 천안문사태를 후원하였다(조영남, 2016: 170). 이처럼 개혁개방 이후 새롭게 등장한 기업가의 활동(entrepreneurial activity)은 중국의 시민사회의 핵심 중 일부로 이해되었고(He, 1996: 175-188), 천안문사태 당시 학생들을 지지한 사영기업가 계층은 더욱 분화된 중국 사회와 공산당의 지배력 약화를 의미하는 것으로 간주되었다. 특히 천안문사태 당시 학생운동의 주요 지지 세력이었던 사영기업가들은 국가와 사회 간 갈등의 주요 원인이 될 가능성이 있었다. 그에 따라 이들은 천안문사태 당시인 5월 30일 최초 체포대상이 되었고, 천안문사태 이후 경제 정책 변화과정에서 공산당의 공격대상이 되었다(Saich, 1990; Ostergaard, 1989).

천안문사태 이후 공산당은 당내에 부르주아 세력이 확장되는 것을 두려워하였고, 그에 따라 사영기업가의 입당은 공식적으로 금지되었다(Chen and Dickson, 2010: 25-26). 또한 이미 당원이 된 사영기업주의 기업활동에 대해서도 일정한 제한조치가 가해졌고, 이데올로기적으로도 당원의 사영기업 활동과 임노동자 고용에 대한 강한 비판이 제기되었다(서석흥, 1994: 88). 천안문사태 이후 중국 당국의 사영경제에 대한 태도는 이전의 ‘발전 장려’에서 ‘지도, 감독과 관리의 강화’로 전환되었다. 특히 당국은 사영기업의 제반 불법행위와 부정적 작용의 문제를 해결하기 위해 ① 사영기업의 탈세, 누세 행위에 대한 징세업무 강화와 사영기업주의 고소득에 대한 엄격한 징수, ② 갖가지 불법적 생산, 경영활동에 대한 관리 감독 및 처벌의 강화, ③ 집체기업 명의로 위장한 사영기업의 색출, ④ 정세교육, 애국주의교육, 법제교육, 직업도덕교육

강화 등의 조치를 취하였다(서석흥, 1993: 186; 서석흥, 1994: 87). 이와 함께 개체, 사영경제의 발전과 새로운 중산층의 출현은 중국 사회의 전면적인 사유화를 주장하는 부르주아 자유화 사조 범람의 경제적 원천일 뿐만 아니라 당정간부들의 부정부패의 온상이 되기 때문에, 이에 대해 통제를 강화해야 한다는 비판이 강하게 제기되었다(서석흥, 1994: 88-89).

이러한 국가, 사회적 분위기의 영향에 의해 천안문사태 이후 개체, 사영경제의 발전은 크게 위축되었다. 이러한 상황에 대응해서 국무원은 1990년 〈개체와 사영경제의 진일보 발전에 관한 약간의 정책규정(国务院关于促进个体和私营经济进一步健康发展的若干政策规定)〉을 통해 "현재 치리정돈에서의 개체, 사영경제의 관리강화는 국가 방침의 변화가 아니며, 오히려 개체와 사영경제의 장기적·안정적 건강한 발전에 유리하도록 하기 위한 정책의 실현 및 관리의 개선을 위해서이다"라는 점을 강조하였다(郑修敏, 许晓明, 2009: 82). 이러한 국가의 방침하에 개체, 사영경제는 다시 안정적 발전궤도에 재진입하게 되었다(白晓玉, 2009: 164). 1991년 기준 개체공상호(个体工商户)의 경우 등록된 수는 1,410.5만 호, 등록 자산은 488억 위안, 종사인원은 2,258만 명, 사영기업의 경우 등록된 수는 10.8만 개, 등록자산은 123억 위안, 종사인원은 184만 명으로 증가하였다(Tsai, 2007: 55-57).

이상과 같이 개혁개방 직후 사영분야가 공유제의 보충으로서 용인되고 급속히 발전하였으나, 이 시기 사영분야 당조직 건설에 대한 당중앙의 정책은 정체 상태에 있었다. 앞서 언급한 바와 같이, 1989년 천안문사태 이후 공산당은 당내에 부르주아 세력이 확장되는 것을 두려워하였고, 그에 따라 사영기업가의 입당은 공식적으로 금지되었다. 따라서 "각종 새롭게 건립되는 경제조직"을 어떻게 체제 안으로 이끌어 들일 것인가에 대하여 당시 공산당이 고민하기는 하였지만, 사영분야의 체제 내 포섭에 대해서는 조심스럽게 접근하였으며, 사영분야의 당조직 건설에 대해서는 크게 논의하지 않았다.[10] 예를 들어, 공산당의 12차 당대회, 13차 당대회에서 비공유경제 발전과 관련한 중요한 정책 결정이 있었으나, 비공유제 경제에서의 당의 업무 전개에 관한 내용은 언급되지 않았다. 그 결과 이 시기 사영분야의 당조직 건설 작업은 각급 당조직의 주목을 받지 못하였다(张大伟, 李鸿渊, 2014: 7).

2) 지방의 사영분야 당조직 건설 실험

한편으로, 이 시기 중국의 동남 연해 지역에 위치한 저장성은 개혁개방 초기의 다른 지역에 비하여 사영분야가 상대적으로 발전하였다. 1979년 저장성의 개체공상호는 8,091호, 종사자 수는 8,690명에 불과하였으나,[11] 1991년 저장성에 등록된 개체공상호는 153.2만 호, 종사인원은 155.8만 명, 등록자금은 40억 위안, 저장성에 등록된 사영기업은 9.2만 개, 종사인원은 16.9만 명, 등록 자금은 7.3억 위안에 달하였다.[12]

특히 저장성 내에서도 원저우시는 개혁개방 초기부터 괄목할 만한 사영분야의 발전을 이루었다. 원저우시의 경제발전은 지방정부와 사영기업가 간의 적극적 협력 속에서 이루어졌다. 예를 들어, 국유기업에 돈을 지불하고 명의를 도용하는 '과후(挂户)', 지방정부에 관리

10 사영분야에 대한 포섭에 관한 당중앙의 고민과 논쟁은 Parris(1999), Dickson(2003: 98-107) 참고.

11 吕律, 「民营经济发展的生命力在于创造—改革开放30年浙江民营经济发展回眸」, http://www.zjaic.gov.cn/zjaic/jrgs/zdxw/dljzgmyqyfh/200811/t20081110_67420.htm(검색일: 2015.9.30.).

12 单东, 「浙江民营经济发展30年」, http://www.zj.xinhuanet.com/website/2008-12/15/content_15185635.htm(검색일: 2015.9.30.).

비를 지불하고 집체기업으로 등록하는 '홍마오즈(红帽子)' 등의 관행이 원저우 지방에 존재하였다(Parris, 1993: 245). 또한 원저우 정부는 개혁개방 초기 사영기업의 발전에 정치적 보호막을 제공하였고, 원저우 사영 경제의 경영 자본금을 낮추고, 주식합작제 기업이 발전할 수 있는 제도적 환경을 제공하였다(정종호, 2008b: 201). 1980년 원저우시는 전국 최초로 개체공상호의 영업허가증을 발급하였는데(武国友, 2010: 191), 불과 1년 만인 1981년 원저우시의 개체공상호는 이미 1.3만 호였으며, 종사인원은 1.45만 명에 이르렀다. 그리고 1984년에는 전국 최초의 사영기업인 루이안 리신 공업공급 판매회사(瑞安立新工业供销会司)가 원저우시에 건립되는 등 사영분야의 신속한 발전이 이루어졌다(肖新华, 2004: 29).

이상과 같이 다른 지역에 비하여 상대적으로 발전한 사영분야를 배경으로 하여 저장성 및 저장성 원저우시에서는 개혁개방 초기부터 외자기업, 상품시장, 사영기업 등 비공유제 부문의 당조직 건설을 지방 차원에서 시작하였다. 예를 들어, 1985년 저장성의 26개 외자기업 중 14개 기업에 이미 당조직이 설립되었으며(李崇富, 赵智奎, 2007: 82), 같은 해 전국 최초의 소상품시장 당조직이 저장성에 설립되었다.[13] 더 나아가 1986년 8월에는 저장성 최초의 사영기업 당지부인 상산 화광 편직공장 당지부(象山华光针织厂党支部)가 설립되었다. 그 결과 1988년부터 1992년까지 저장성의 사영기업 종사 직공은 5.2배 증가하였고,

13 1985년 당시 이우(义乌) 소상품시장에는 5,000여 명의 상호와 20,000명의 경영인원이 있었는데, 일부는 농촌의 당원이었다. 이들 당원은 시장에 당조직이 없는 것이 생활에 불편함을 초래한다고 인식하여 시장에 당조직 건설을 요구하였다. 상급 당위원회는 당조직의 건설이 시장관리, 당원의 집중학습과 교육에 유리하다고 판단하여 당지부의 설립을 승인하였다. 이에 대해서는 李崇富, 赵智奎(2007: 82) 참고.

당원은 2.8배 증가하였으며, 사영기업의 당조직 역시 7개에서 19개로 증가하였다(全国党建研究会非公有制经济组织党建研究专业委员会, 2010: 95-96).

특히 원저우시는 비공유제 경제의 당조직 건설을 다른 어느 지역보다도 과감하게 시도하였다. 예를 들어, 1987년 8월 원저우시는 루이안(瑞安)시 전중 엔지니어링 기계공장(振中工程机械厂)에 사영기업 당지부를 설립하여 저장성 당위원회와 조직부의 주목을 받았다(李崇富, 赵智奎, 2007: 82).[14] 1989년 당시 연 생산가치 10만 위안 이상, 10명 이상 종사인원을 보유한 원저우시 지역의 기업은 2,510개였는데, 이 중 당조직을 건립한 기업은 8개, 당원이 있는 기업은 전체 기업의 30.72%인 771개, 총당원 수는 1,105명이었다(管廷莲, 2009: 83).[15] 또한 1989년 당시의 한 설문조사에 따르면, 원저우 사영기업가 중 31.7%가 이미 당원이었다(Parris, 1993: 259; Dickson, 2003: 98).

결론적으로 볼 때, 이 시기 사영분야 당조직 건설에 대한 중앙의 정책이 부재하였던 반면, 다른 지역에 비하여 상대적으로 발전한 사영분야를 배경으로 하여 저장성 및 저장성 산하 원저우시에서는 개혁개방 초기부터 사영분야 당조직 건설이 의미 있게 진행되고 있었다. 특히 개혁개방기 개체분야, 사영분야를 포함하는 비공유 경제의 급속한 발전을 대표해 왔던 원저우시는 사영분야에 대한 당조직 건설에 있어서도 적극적으로 움직였다.

14 전중 엔지니어링 기계공장은 1983년 건립되었는데, 당시 생산가치가 수백만 위안에 달하였다. 전중 엔지니어링 기계공장에 관해서는 熊仕葵(2012: 43) 참고.

15 원문에 따르면, 당시 전체 기업 중 당원이 없는 기업이 1,739개로 전체 기업의 69.28%였다. 이는 역으로 30.72%의 기업에 당원이 있었음을 의미한다.

2. 남순강화와 사영분야의 발전(1992~2000)

1) 중앙의 사영분야 팽창 용인

1989년 천안문사태 이후 주춤하였던 개혁의 열기가 1992년 덩샤오핑의 '남순강화(南巡讲话)' 이후 새로이 확산되면서 중국의 사영분야 정책은 큰 전환점을 맞이한다. 1992년 겨울의 남순강화를 통해 덩샤오핑은 "'자본주의'인가, '사회주의'인가의 판단기준은 사회주의 사회의 생산력 발전에 유리한가, 사회주의 국가의 종합국력 증가에 유리한가, 인민 생활수준의 개선에 유리한가가 주가 되어야 한다"고 언급하였고, 더욱 대담한 개혁개방 정책을 요구한 것이다.[16] 특히 1992년 공산당 14차 당대회(이하 14차 당대회) 이후 시장경제에 대한 이념적 논란이 종식되면서 사영분야는 급속도로 성장하기 시작하였다. 덩샤오핑의 남순강화에 영향을 받은 14차 당대회는 "사회주의와 자본주의의 추상적 논쟁에 스스로의 사상과 손발을 구속하면 안 된다"고 언급하면서 외국의 자본, 자원, 기술, 인재 및 유익한 보충의 사영경제를 사회주의를 위해 마땅히 이용해야 한다고 선언하였던 것이다.[17] 그 외에도 1997년 9월 공산당 15차 당대회(이하 15차 당대회)를 통해 중국 공산당이 비공유 경제의 지위를 공유제 경제의 유익한 '보충'에서 사회주의 시장경제의 '중요 구성요소(重要组成部分)'로 공식적으로 인정함에 따라 사영

16 邓小平, 「在武昌, 深圳, 珠海, 上海等地的谈话要点」, 『邓小平文选(第三卷)』, http://www.qstheory.cn/zl/llzz/dxpwjd3j/200906/t20090630_4690.htm(검색일: 2018.3.2.).

17 江泽民, 「加快改革开放和现代化建设步伐夺取有中国特色社会主义事业的更大胜利」, http://www.people.com.cn/GB/shizheng/252/5089/5106/20010430/456648.html(검색일: 2015.9.29.).

경제는 중국의 경제성장에 필수적인 요소로 규정되었다. 구체적으로, 15차 당대회는 "비공유제 경제는 사회주의 시장경제의 중요한 구성요소이다. 개체, 사영 등 비공유제 경제에 대하여 계속해서 격려하고 인도하여 건강한 발전을 하도록 한다. 이는 사람들의 다양화에 대한 요구, 취업 증가, 국민경제 발전 촉진에 중요한 역할을 할 것이다"라고 언급하였다.[18]

더 나아가 1999년 수정된 〈헌법〉 제11조는 "법률규정 범위 내의 개체경제, 사영경제 등 비공유제 경제는 사회주의 시장경제의 중요부분이며", "국가는 개체경제와 사영경제의 합법적 권리와 이익을 보호한다"는 점을 명시하였다.[19] 이를 통해 사영경제 등 비공유제 경제가 사회주의 시장경제의 중요한 구성요소임이 헌법의 형식으로 확정되었으며, 법을 통한 사영경제의 합법적 권리와 이익보호가 명시되었다. 이러한 당의 적극적 정책하에 사영분야는 더욱 발전하여 1997년 전국 개체공상호의 수는 2,851만 호, 종사인원은 5,442만 명, 사영기업의 수는 96만 개, 종사인원은 1,350만 명으로 급증하였다(Tsai, 2007: 55-57). 또한 사영분야의 총생산액은 3,922억 위안, 영업수익은 3,097억 위안으로, 1991년보다 각각 25.75배, 44.6배 증가하였다(黄健, 1998: 10).

이상과 같이 남순강화와 14차 당대회 이후 사영분야가 비약적으로 팽창함에 따라 사영분야 당조직 건설에 대한 탐색이 중앙 차원에서 시작되었다. 단적으로, 1994년 9월 28일 14기 4중전회에서 공산당은

18 新华网, 「高举邓小平理论伟大旗帜, 把建设有中国特色社会主义事业全面推向二十一世纪」, http://news.xinhuanet.com/zhengfu/2004-04/29/content_1447509.htm(검색일: 2015.9.28.).

19 新浪网, 「1999年3月15日第九届全国人民代表大会第二次会议通过中华人民共和国宪法修正案」, http://news.sina.com.cn/c/2003-12-30/13382504767.shtml(검색일: 2015.9.28.).

〈중공중앙의 당건설 강화에 관한 몇 가지 중대문제의 결정(中共中央关于加强党的建设几个重大问题的决定)〉을 통해, 당중앙은 "다양한 경제 요소의 발전과 이익관계의 조정 및 경영형식의 다양화에 따라 기층 당조직의 업무를 개진할 필요가 있으며, 각종 새로 건립된 경제조직과 사회조직이 갈수록 증가하여 당조직을 건설하고 당의 활동을 전개할 필요가 있다"고 지적하였다.[20] 그렇지만 사영분야의 당조직 건설에 대한 당중앙의 지침은 여전히 모호하였다. 당시 공산당은 기층 당조직 건설을 강조하면서 농촌향진 당위와 촌지부의 임무, 국유기업의 당조직, 학교의 당건설을 언급하였지만, 사영분야의 당조직 건설에 대한 부분은 언급하지 않았다. 이는 사영기업가의 입당이 공식적으로 금지되었던 당시 상황에 기인한 것으로 보인다. 다시 말해, 중국 공산당은 각종 새로운 경제조직이 급증한다는 점을 인식하고 있음에도 불구하고, 사영분야의 당 기층조직 건설에 대해서는 명확하게 언급하지 않은 것이다. 그 결과 2000년 9월 중공중앙조직부(中共中央组织部)는 개혁개방 이래 비공유제 경제가 신속하게 성장하여 사회주의 시장경제의 중요한 구성요소가 되었고, 전국의 사영기업이 약 158만 개, 개체공상호는 3,160만여 호, 종사인원은 모두 약 1.3억 명이 되었다고 언급하면서, 1999년 말까지 사영기업 중 당조직이 건설된 기업은 전체 기업 수의 1.5%에 불과하였음을 지적하였다.[21]

20 人民网, 「中共中央关于加强党的建设几个重大问题的决定」, http://www.people.com.cn/GB/shizheng/252/5089/5106/20010430/456590.html(검색일: 2015.9.28.).

21 中国共产党新闻网, 「关于在个体和私营等非公有制经济组织中加强党的建设工作的意见(试行)」, http://cpc.people.com.cn/GB/64162/71380/71382/71383/4844924.html(검색일: 2015.9.28.).

2) 지방의 당조직 건설과 중앙의 주목

한편으로, 남순강화는 지방의 경제성장에 큰 영향을 주었다. 특히 남순강화 이후 저장성 정부는 사영분야의 발전 촉진을 위한 일련의 정책을 내놓으면서 저장성의 사영경제는 더욱 신속하게 발전하였다(吕凯, 2008: 41). 1993년 저장성 당위원회와 성정부는 〈개체, 사영경제 건강발전 촉진에 관한 통지(关于促进个体, 私营经济健康发展的通知)〉를 통해, 사영분야에 대한 '5개 불가(五个不)' 정책(당의 기본노선을 흔들지 않으며, 국가의 특수 정책을 누리는 성 및 시와 비교하지 않으며, 자본주의인가 사회주의인가를 논쟁하지 않으며, 묵묵히 일하며 소문을 내지 않으며, 갖은 방법으로 어려움을 극복하며 낙담하지 않는다)과 '4개 무제한(四个不限)' 정책(발전비율 무제한(不限发展比例), 발전속도 무제한(不限发展速度), 경영방식 무제한(不限经营方式), 경영규모 무제한(不限经营规模))으로 사영분야의 발전을 격려하였다.[22]

또한 저장성 당위원회와 성정부는 15차 당대회에서 사영분야가 사회주의 시장경제의 중요 구성요소로 승인된 이후인 1997년 12월, 〈개체사영 등 비공유제 경제의 대대적 발전에 관한 통지(关于大力发展个体私营等非公有制经济的通知)〉를 통하여 비공유제 경제의 중요한 지위와 역할에 대한 인식의 진일보한 제고, 비공유제 경제 지도사상의 명확한 진일보한 발전, 현지에 부합하는 정책과 유형별 지도를 통한 비공유제 경제의 질적 성장, 정책의 개선을 통한 비공유제 경제의 공평한 경쟁을 위한 환경 창출, 과학기술 유형의 비공유제 경제발전의 적극 격려, 법에 의거한 관리의 강화를 통한 비공유제 경제의 건강한 발

22 浙江日报, 「基本经济制度在浙江创造奇迹」, http://zjrb.zjol.com.cn/html/2009-08/13/content_47574.htm?div=-1(검색일: 2015.10.1.).

전 인도, 비공유제 경제 업무 영도의 실질적 강화 등의 방침들을 제시하면서 개체 및 사영분야 등 비공유제 경제의 건강한 발전을 격려하였다.[23]

그 결과 2002년을 기준으로 당시 저장성에 존재하던 사영기업의 61.7%가 1990년대에 건립되었는데, 대부분 1992년 남순강화 이후에 등장한 것이었다(石仲泉 外, 2002: 66). 2000년 기준 저장성의 개체공상호는 1,588,643호, 종사인원은 2,723,835명, 총생산 또는 영업액은 3,372.01억 위안이었으며, 사영기업은 178,771개, 종사인원은 3,004,728명, 총생산 또는 영업액은 5,067.49억 위안이었다(李崇富, 赵智奎, 2007: 83-84). 또한 비공유제 경제의 부가가치는 1990년 166억 위안에서 2001년 3,466억 위안으로 20배 이상 증가하였고, 저장성 전체 GDP에서 비공유제 경제가 차지하는 비중 역시 1990년 18.5%에서 2001년 51.4%로 크게 증가하였다(吕凯, 2008: 40). 한편, 남순강화와 14차 당대회를 통해 '원저우 모델'이 자본주의인가 사회주의인가에 대한 논란이 불식되면서, 원저우시의 비공유제 경제 역시 더욱더 신속하게 발전하였다(管廷莲, 2009: 84). 이 시기 원저우 지방의 비공유제 경제는 2001년 시 전체 공업 총생산가치의 84% 이상, 수출 총액의 98.7% 이상, 납세금은 도시 재정 총수입의 72.7%를 차지할 정도로 급성장하였다(石仲泉 外, 2002: 68).

이상과 같은 사영분야의 급격한 발전에 발맞춰 저장성과 원저우시의 사영분야 당조직 건설 작업 역시 남순강화 이후 급속히 전개되

23 中共浙江省委·浙江省人民政府, 「中共浙江省委, 浙江省人民政府关于大力发展个体私营等非公有制经济的通知」, http://www.chinalawedu.com/news/1200/22016/22033/22513/2006/4/ma69923592146002498-0.htm(검색일: 2015.10.1.).

었다(吕凯, 2008: 41). 1990년대 초반 저장성은 '선조직건설 후규범'의 원칙을 수립하여 비공유제 기업의 당조직 건설을 전개하였다. 그 결과 1992년부터 1997년까지 5년간 저장성 사영기업 종사인원 중 당원은 6,437명에서 44,490명으로 5.9배 증가하였으며, 당조직 수 역시 19개에서 2,150개로 급증하였다(全国党建研究会非公有制经济组织党建研究专业委员会, 2010: 96).[24] 특히 1997년 9월 15차 당대회를 통해 사영분야가 사회주의 시장경제의 중요 요소로 인정받은 이후, 저장성의 사영분야 당조직 건설은 사영기업가의 입당 허용이 공식화되기 훨씬 이전부터 국가 지도부의 관심과 지지 속에 지속되었다.

예를 들어, 1998년 촨화 그룹(传化集团)에 저장성 최초의 사영기업 당위원회가 설립되었는데, 1999년 7월 신화사 기자인 선하이슝(慎海雄)은 '사영기업 저장 촨화 그룹 당조직 건설의 계시(私企浙江传化集团建立党组织的启示)'라는 기사를 성급 이상의 간부만 일람할 수 있는「국내 동향 교료지(国内动态清样)」에 발표하여 신경제조직에 어떻게 당 조직 건설을 강화할 것인가의 문제를 최초로 제기하였다.[25] 촨화 그룹 당조직 건설 기사에 대하여 당시 국가부주석이었던 후진타오(胡锦涛)는 "이러한 유형의 경험을 총결에 주의하고 공통점을 연구한다. 이것은 저장의 현실에 의미가 있을 뿐 아니라, 전국에도 긍정적인 역할을 한다"는 지시를 내렸다.[26] 더 나아가 2000년 장쩌민(江泽民)은 직접 촨화

24 浙江省工商业联合会,「浙江非公有制企业党建发展历程与基本经验(上)」, http://www.zjfic.org.cn/www/zjgs/2011/07/29/55929.htm(검색일: 2015.10.2.).

25 新华网,「新华社浙江分社总编辑慎海雄荣获第五届范长江新闻奖」, http://www.zj. xinhuanet. com/special/fanchangjiang/fan.htm(검색일: 2015.10.2); 浙江组织工作网,「传化: 一个党建基层样本的20年」, http://zzgz.zjol.com.cn/system/2015/07/02/020721991.shtml(검색일: 2015.10.2.).

26 浙江新闻,「浙江省建立党组织的非公企业19.06万家 居全国第一」, http://

그룹을 방문하여 당조직 건설 작업을 시찰하였다.[27]

또한 1999년 저장성 공상련 당조 서기(浙江省工商联党组书记) 샤이창(夏益昌)은 당시 민감한 주제였던 저장성의 사영기업가 입당 현황 분석과 사영기업가를 정치 체제 내로 수용할 필요성 등을 제시한 '저장 사영기업 표본 조사 데이터 및 분석(浙江私营企业抽样调查数据及分析)'이라는 연구보고서를 작성하여 저장성 당위원회에 제출하였다. 당시 저장성 당위원회 서기인 장더장(张德江)은 이 보고서를 매우 긍정적으로 평가하였고, 당중앙 또한 이 보고서를 계기로 사영기업가 입당 문제에 주목하게 되었다. 그에 따라 2000년 5월 후진타오와 장쩌민은 각각 사영기업의 당조직 건설 현황을 파악하기 위해 저장성을 시찰하였으며, 특히 장쩌민은 7개의 사영기업을 방문하여 당조직 건설 문제에 관한 특별조사(专题调研)를 실시하였다(김재철, 2004: 174-175).[28]

이상과 같은 당 지도부의 관심과 지지는 저장성의 사영분야 당조직 건설에 큰 힘이 되었다. 이에 따라 저장성 당위원회는 2000년 1월 〈비공유제 당건설사업 강화에 관한 약간의 의견(关于加强非公有制企业党建工作的若干意见)〉(이하 〈의견〉)을 제정하여 비공유제 기업 내 당조직의 역할 및 임무에 대하여 정의하였다. 저장성 당위원회의 〈의견〉에 따르면, 비공유제 기업의 당조직은 당의 비공유제 기업의 전투 보루이며, 직공 군중의 정치 핵심이고, 기업의 발전을 원조, 촉진, 감독, 협조하는 역할을 한다. 〈의견〉은 3년 동안 노력하여 50명 이상의 직공이 있

zjnews.zjol.com.cn/05zjnews/system/2012/06/01/018539446.shtml(검색일: 2015.10.2.).

27 浙江在线, 「党建也是生产力—传化集团党委先进事迹」, http://zjnews.zjol.com.cn/05zjnews/system/2011/05/25/017547593.shtml(검색일: 2015.10.2.).

28 新浪网, 「"私营企业主可以入党"源于商会一份调研报告」, http://finance.sina.com.cn/roll/20021204/0640285802.shtml(검색일: 2018.2.8.).

는 기업이 당원을 보유하고, 직공이 100명 이상인 기업의 80%가 당조직을 설립하게 한다는 목표를 제시하였다(今日浙江, 2000: 16). 그 결과 2002년 말까지 저장성에는 3명 이상의 당원을 보유한 16,081개의 비공유제 기업 중 당조직을 설립한 기업은 15,520개에 달하였으며, 직공 50명 이상의 기업 중 94.4%가 당원을 보유하였고, 직공 100명 이상의 기업 중 97.3%가 당조직을 건립하였다.[29]

이상과 같은 저장성 당위원회의 〈의견〉은 당중앙이 비공유제 기업에서의 당조직 역할을 정의하기에 앞서 이미 비공유제 기업에서의 당조직의 역할과 임무를 규명한 것으로서, 저장성의 〈의견〉에서 제시된 비공유제 기업에서의 당조직의 역할과 임무는 이후 2000년 9월 중공중앙조직부가 발표한 〈개체와 사영 등 비공유제 경제조직 내 당의 건설 강화 업무에 관한 의견(시행)[关于在个体和私营经济等非公有制经济组织中加强党的建设工作的意见(试行)的通知]〉(이하 〈의견(시행)〉) 및 2002년 수정된 〈공산당장정(共产党章程)〉(이하 〈당헌〉)의 그것과 유사하다.[30] 즉 중

29 中共浙江省委组织部, 「中共浙江省委组织部关于加强非公有制企业党建工作覆盖网建设的意见」, http://www.hkstrong.com/Dangjian/ShowNews.asp?NewsID=149(검색일: 2015.9.24.).

30 저장성의 2000년 1월 발표된 〈의견〉에 따르면, 기업 당조직의 주요 임무는 당의 노선, 방침, 정책을 선전 및 관철하고, 기업이 국가의 법률, 법규를 준수하고 의법경영을 하도록 인도 및 감독할 것, 경영자의 의법직권행사(법에 의거하여 직권을 행사하는 것)를 지지하고 기업발전의 중대한 문제에 대하여 의견 및 건의를 제시할 것, 생산경영을 둘러싸고 활동을 전개하며 각종 임무를 완수하기 위해 직공 군중을 단결하고 이끌어(带领) 기업 발전을 촉진할 것, 당원 교육, 관리 및 발전 업무를 수행하여 당원의 선봉 모범 역할을 발휘할 것, 공회, 공청단 등 군중조직을 이끌고, 직공의 합법 권익을 보호하며, 각방(各方)의 관계를 조정할 것, 사상정치 업무와 직공교육 업무를 전개하고, '사유(四有)' 직공 대오를 건설하며, 기업정신 문명을 촉진할 것 등으로 규정된다(今日浙江, 2000: 16). 여기서 사유직공이란, 이상이 있고(有理想), 책임감이 있고(有责任), 열정이 있고(有激情), 기술이 있는(有技能) 직공을 말

앙에서 사영분야 당조직 건설이 공식적으로 승인되기 이전에 이미 저장성에서 먼저 사영분야 당조직 건설이 추진되었으며, 비공유제 기업에서의 당조직의 역할과 임무가 규정되고 있었다고 볼 수 있다. 이러한 사례는 저장성의 사영분야에서의 당조직 건설 정책이 중앙의 지지하에 추진되었으며, 저장성의 성공한 경험을 중앙이 일정 부분 반영한 것임을 내포하는 것이다.

원저우시 역시 비공유 경제가 급성장하게 되자 비공유제 경제의

한다. 한편, 2000년 9월 중공중앙조직부에서 발표한 〈의견(시행)〉에서 제시하고 있는 비공유제 경제조직 내에서의 당건설 업무의 주요 원칙은 다음과 같다. ① 〈당헌〉 규정을 반드시 준수한다. 당원 수가 당조직 건설의 조건에 부합하는 기업은 마땅히 당의 조직을 건설해야 하며, 기업의 특정에 근거하여 당의 활동을 전개하고, 〈당헌〉에서 규정된 당의 기층조직의 기본임무를 완수한다. ② 반드시 비공유제 경제조직의 당건설 강화와 비공유제 경제의 발전을 유기적으로 결합시킨다. 사회주의 시장경제의 요구에 적응하고, 당원이 기업 내 두 가지 문명 건설에서 선봉 모범의 역할을 발휘하게 하고, 기업의 경제 효과를 높이고, 기업의 의법경영, 건강한 발전을 인도, 감독한다. ③ 직공의 합법적 권익에 대한 관심과 보호를 반드시 비공유제 기업 당조직 건설의 중요한 업무 중 하나로 간주한다. 군중과 밀접하게 연결되고, 군중 작업을 성공적으로 완성하여 직공에 대한 당조직의 영향력과 응집력을 끊임없이 강화시킨다. ④ 반드시 업무의 실제 효과에 중점을 둔다. 비공유제 기업의 실제상황에서 출발하여 사상해방, 과감한 모색, 과감한 혁신을 견지하여 업무 수준을 지속적으로 상승시킨다. 또한 2002년 수정된 〈당헌〉의 제32조는 비공유제 경제조직 내의 당 기층조직의 역할로, 당의 방침과 정책 관철, 기업의 국가 법률법규 준수 인도와 감독, 공회, 공청단 등 군중조직의 영도, 직공 군중의 단결과 응집, 각방의 합법적 권익보호, 기업의 건강한 발전 촉진 등을 규정하고 있다. 따라서 이상을 비교해 보면, 저장성 당위원회의 2000년 1월 〈의견〉에서 정의하고 있는 비공유제 기업에서의 당조직의 역할 및 임무와 중공중앙조직부가 발표한 2000년 9월 〈의견(시행)〉 및 2002년 수정된 〈당헌〉에서 규정하고 있는 비공유제 기업에서의 당조직의 역할 및 임무가 매우 흡사하다는 것을 알 수 있다. 즉 저장성의 사영분야 당건설 정책이 당중앙의 지지를 받으면서 당중앙의 사영분야 당건설 정책에 영향을 주었음을 암시하는 부분이다.

당조직 건설을 더욱더 과감하게 시도하였다. 1992년 7월 시 당조직부는 창난(苍南)현 롱강(龙港)진 농촌주식합작기업(农村股份合作企业)에 당조직 건설을 시범적으로 전개하였고, 롱강진의 경험을 토대로 1993년에 14개 향진으로 당조직 건설 시범구역을 확대하였으며, 1993년 한 해에만 462개의 합작기업에 당지부를 설립하였다.[31] 이러한 경험을 토대로 1994년 원저우시는 〈신경제조직 당건설 강화에 관한 의견(关于加强新的经济组织党的建设的意见)〉을 발표하여 주식 합작기업, 전문시장, 공업구, 주식제 기업, 사영기업 등 새로운 경제조직에 당건설을 추진하였다(熊仕葵, 2012: 43). 그 결과 1999년말 당시 원저우시의 개체공상호 21만여 개, 사영기업 8,726개, 외자기업 975개, 사영기업의 기초로 발전한 주식합작제 기업 2.8만여 개, 유한책임기업 1.7만여 개, 주식유한기업 42개 등에 1,350개의 비공유제 기업 당조직이 건설되었고, 11,616명의 당원이 소속되어 있을 정도로 원저우의 비공유제 경제분야 당조직이 급속히 증가하였다.[32] 이상과 같은 원저우시의 사영분야 당건설 작업 역시 15차 당대회에서 사영경제 분야가 사회주의 시장경제의 중요부분으로 인정받은 이후 국가 지도부의 지지를 받았다. 예를 들어, 2000년 장쩌민, 2001년 후진타오가 원저우시를 방문하여 원저우의 사영분야 당조직 건설을 고찰하였다.[33] 이러한 당 지도부의 격

31 温州史志网, 「既富时代特征, 又具区域特色—论温州近三十年非公有制企业党的建设」, http://www.wzdsw.gov.cn/Art/Art_19/Art_19_460.aspx(검색일: 2015.9.30.).

32 温州史志网, 「既富时代特征, 又具区域特色—论温州近三十年非公有制企业党的建设」, http://www.wzdsw.gov.cn/Art/Art_19/Art_19_460.aspx(검색일: 2015.9.30.).

33 温州史志网, 「既富时代特征, 又具区域特色—论温州近三十年非公有制企业党的建设」, http://www.wzdsw.gov.cn/Art/Art_19/Art_19_460.aspx(검색일: 2015.9.30.).

려와 지지는 원저우의 비공유제 분야 당건설 작업을 더욱 고무하였는데, 2000년 3월 원저우시는 〈비공유제 기업 당건설 진일보 강화에 관한 의견(关于进一步加强非公有制企业党建工作的意见)〉을 발표하여 원저우 사영분야의 당건설 작업을 더욱 강화하였다(熊仕葵, 2012: 43-44).

결론적으로 볼 때, 저장성과 원저우시의 사영분야 당조직 건설 정책은 당시 새롭게 부상하는 경제조직을 어떻게 체제 내로 포섭할 것인가를 고민하던 중앙의 관심을 받았고, 장쩌민, 후진타오 등 최고지도자들로부터 주목과 지지를 받았다. 이러한 중앙의 지지와 후원을 바탕으로 저장성과 원저우시는 사영분야에서의 당조직 건설에 박차를 가하였다.

3. 삼개대표 이후의 사영분야 정책(2000~)

1) 중앙의 사영기업가 입당 공식 승인

장쩌민, 후진타오, 시진핑(习近平) 시기를 거치면서 중국 공산당은 사영분야의 진입 영역 확대, 사유재산에 대한 보호, 더 공평한 대우의 보장 등 사영분야의 발전을 위한 일련의 정책을 지속적으로 제시함으로써 사영분야 발전을 촉진하였다.[34] 예를 들어, 2007년에는 〈소유권법(物权法)〉이 제정되어 국가, 집체, 개인의 물권 및 기타 권리인의 물권은 법률의 보호를 받으며 어떠한 단위나 개인도 이를 침해할 수 없다

34 中央政府门户网站, 「中共中央关于完善社会主义市场经济体制若干问题的决定」, http://www.gov.cn/test/2008-08/13/content_1071062.htm(검색일: 2015.9.30.).

고 명시함으로써 사유재산에 대한 권리를 강화하였다.[35] 또한 2013년 중국공산당 18기 중앙위원회 3차 전체회의에서 시진핑 정부는 공유제경제와 비공유제경제가 모두 사회주의 시장경제의 중요 부분이라는 점을 명시하면서, 비공유제 경제의 건강한 발전을 지지한다고 밝혔다.[36] 이상과 같이 개혁개방기에 지속되어 온 사영분야 발전 정책은 비공유제 분야로 하여금 중국의 경제와 사회에 중요한 존재로 성장할 수 있게 하였다. 그 결과 2015년 6월 말까지 전국의 사영기업은 1,879만 호, 개체호상호는 5,124만 호로 전체 시장 주체의 90% 이상을 차지하고 있으며, 비공유제 경제의 부가가치는 국내 GDP의 60% 이상을 차지하고, 신규 일자리 창출의 약 90%를 담당할 정도로 비공유제 경제가 성장하였다.[37]

이러한 사영분야의 성장에 따라 사영분야의 당조직 건설 역시 본격화되었다. 이 시기 사영분야 당조직이 안정적으로 발전할 수 있었던 가장 큰 요인은 국가의 사영기업가 공식적 입당허용과 사영분야 당조직 건설정책 형성이다. 2000년 2월 장쩌민은 광둥성을 시찰하는 과정에서 국가의 선진생산력 발전의 요구를 대표하고, 선진문화의 전진방향을 대표하며, 가장 광범위한 인민의 근본이익을 대표한다는 '삼개대표'를 최초로 제기함으로써 사영기업가의 입당을 이념적으로 정당화하였다(陈述, 2010: 440).[38] 이어 2001년 7월 1일 중국 공산당 80주년 대

35 中央政府门户网站, 「中华人民共和国物权法」, http://www.gov.cn/flfg/2007-03/19/content_554452.htm(검색일: 2015.9.30.).

36 新华网, 「中共中央关于全面深化改革若干重大问题的决定」, http://news.xinhuanet.com/2013-11/15/c_118164235.htm(검색일: 2015.9.30.).

37 学习时报, 「张茅: 加强党建工作促进非公有制经济发展」, http://www.cntheory.com/zydx/2015-08/ccps150814X9OO.html(검색일: 2015.9.30.).

38 中国网, 「2000年2月25日, 江泽民考察广东首次提出」, http://www.china.com.cn/zhuanti2005/txt/2003-06/25/content_5353656.htm(검색일: 2015.

회에서 〈7.1강화〉를 통해 당의 강령과 당헌을 인정하고, 당의 노선과 정책의 관철에 앞장서며, 당원 조건에 부합하는 우수 계층, 즉 민영과학기술의 종사인원과 기술인원, 외자기업의 관리기술인원, 개체호, 사영기업주, 중개조직 종사자, 자유직업자 등을 사회생산력 발전을 위해 공헌한 중국 특색의 사회주의 사업의 건설자라고 평가하면서 이들의 입당을 허용하여 사회에 대한 당의 영향력과 응집력을 확대한다고 선언함으로써 사영기업 종사자의 입당을 공개적으로 허용하였다.[39] 특히 2002년 공산당 16차 당대회(이하 16차 당대회)는 개체호, 사영기업주 등을 중국 특색의 사회주의 사업의 건설자라고 재차 평가하면서 삼개대표를 공식화하였다.[40] 또한 중국 공산당은 2002년 〈당헌〉을 수정하여 삼개대표를 맑스-레닌주의, 마오쩌둥 사상, 덩샤오핑 이론과 더불어 당의 행동 지침으로 삼았고, 이에 입각하여 사회 계층의 선진분자의 입당을 공식적으로 허용하였다.[41]

9.30.). 그에 따라 2000년 9월 중앙조직부는 〈개체와 사영 등 비공유제 경제 조직 중 당건설 작업 강화에 관한 의견(시행)[关于在个体和私营等非公有制经济组织中加强党的建设工作的意见(试行)]〉을 통해 비공유제 경제가 당조직 건설 작업에서 중요한 영역이며, 비공유제 당조직 건설강화와 비공유제 경제 발전 촉진의 유기적 결합을 추진할 것을 천명하였다. 中国共产党新闻网, 「关于在个体和私营等非公有制经济组织中加强党的建设工作的意见(试行)」, http://cpc.people.com.cn/GB/64162/71380/71382/71383/4844924.html(검색일: 2015.9.30.).

39 中国网, 「江泽民在庆祝中国共产党成立八十周年大会上的讲话」, http://www.china.com.cn/zhuanti2005/txt/2001-07/01/content_5042177.htm(검색일: 2015.9.30.).

40 财经网, 「中国共产党第十六次全国代表大会报告」, http://www.caijing.com.cn/2008-04-07/100055318.html(검색일: 2015.9.30.).

41 新华网, 「中国共产党章程(2002)」, http://news.xinhuanet.com/ziliao/2002-11/18/content_633225_2.htm(검색일: 2015.9.30.). 이를 통해 중국 공산당은 개혁기 새롭게 출현한 사회경제적 변화에 대응하여 집권정당으로서 지지기

이상과 같이 2002년 16차 당대회와 〈당헌〉의 수정을 통해 사영기업가의 입당이 공식화되면서 비공유제 분야 당조직 건설의 방침이 규명되었다. 또한 2002년 수정된 〈당헌〉 제32조에서도 공산당의 비공유제 경제 조직에 당조직을 통한 당의 방침과 정책 관철, 기업의 준법 감독, 군중 조직 영도, 직공 군중 단결과 모두의(各方) 합법적 이익보호 및 기업의 건강한 발전의 촉진 등을 공식적으로 명시하였다.[42] 더 나아가 2006년 〈기업법〉의 제19조는 "기업은 〈당헌〉의 규정에 의거하여 공산당의 조직을 설립하고 당의 활동을 전개한다. 기업은 당의 활동을 위해 필요한 조건을 제공한다"고 선언함으로써 비공유제 기업 내의 당건설을 의무화하였다.[43] 한편, 2012년 5월 중국 공산당은 〈비공유제 기업 당건설 작업의 강화와 개진에 관한 의견(시행)[关于加强和改进非公有制企业党的建设工作的意见(试行)]〉을 발표하여 비공유제 기업 당조직의 임무를 ① 당의 노선, 방침, 정책의 선전 및 관철, ② 직종 군중의 단결 및 응집, ③ 모두의 합법적 이익보호, ④ 선진 기업문화 건설, ⑤ 기업의 건강한 발전 촉진, ⑥ 당조직 스스로의 건설 강화 등으로 명문화하였다.[44] 이처럼 일련의 정책을 통해 비공유제 기업에서의 당조직의 활

반을 공고히 하는 한편, 과거 노동자, 농민, 지식인 등 인민의 이익을 대변하는 계급정당에서 국민 전체를 대표하는 국민정당(catch-all party)으로 변화하게 되었다(Jeong and Yoon, 2020; 조영남, 2006: 112).

42 新华网, 「中国共产党章程(2002)」, http://news.xinhuanet.com/ziliao/2002-11/18/content_633225_6.htm(검색일: 2015.9.30.).

43 中华人民共和国商务部, 「中华人民共和国公司法(2006年新公司法全文)」, http://www.mofcom.gov.cn/aarticle/swfg/swfgbl/201101/20110107349089.html(검색일: 2015.9.30.).

44 新华网, 「中共中央办公厅印发《关于加强和改进非公有制企业党的建设工作的意见(试行)》」, http://news.xinhuanet.com/politics/2012-05/24/c_112030742.htm(검색일: 2015.9.24.).

동과 역할은 중앙의 방침으로서 존재할 뿐만 아니라 법적인 보호를 받게 되었다. 또한 2012년 11월의 공산당 18차 당대회는 "비공유제 경제조직, 사회조직 당건설 작업의 역량을 강화하고, 전면적으로 각 영역 기층 당건설 작업을 추진한다"는 방침을 재천명하였고, "당조직과 당의 업무의 범위를 확대하여 발전의 촉진, 군중에 대한 서비스, 민심 응집, 조화 촉진의 역할을 충분히 발휘하게 한다"고 언급함으로써, 비공유제 당조직 건설 정책을 지속 및 발전시킬 것을 강조하였다.[45]

시진핑 정권에 들어서도 비공유제 분야 당건설 작업은 지속되고 있다. 특히 2015년 9월 발표된 〈중국공산당 통일전선 공작 조례(시행)[中国共产党统一战线工作条例(试行)]〉(이하 〈조례(시행)〉)는 비공유제 사영기업가에 대한 포섭이 지속된다는 점을 보여주고 있다. 즉 〈조례(시행)〉 제26조는 애국, 직업의식(敬业), 혁신, 법률준수, 성실, 공헌으로 경제인사를 이끌어 적합한(合格的) 중국 특색의 사회주의 건설자로 만들 것을 천명하였고, 제41조에는 각급 인대대표(人大代表) 후보와 각급 정협위원회(政协委员会)에 상당수의 비공유제 경제 인사를 배정한다고 규정함으로써, 국가의 사영기업가에 대한 포섭정책이 시진핑 시기에도 지속되고 있음을 확인해 주고 있다.[46] 또한 〈조례(시행)〉 제27조는 통전부, 공상련이 동급 당위원회의 안배에 의거하여 비공유제 당건설 작업에 참여할 것임을 규정함으로써, 당이 비공유제 기업 당조직 건설에 적극적으로 참여할 것이라는 점 역시 분명히 하였다.

45 Xinhua Net, 「Full text of Hu Jintao's report at 18th Party Congress」, http://news.xinhuanet.com/english/special/18cpcnc/2012-11/17/c_131981259_13.htm(검색일: 2015.9.30.).

46 中央政府门户网站, 「中共中央印发《中国共产党统一战线工作条例(试行)》」, http://www.gov.cn/zhengce/2015-09/22/content_2937054.htm(검색일: 2015.9.30.).

이처럼 시진핑 시기에도 비공유제 분야에 대한 포섭과 당조직 건설 작업이 지속적으로 유지됨에 따라 사영분야 당조직 건설의 범위가 크게 확대되었다. 그 결과 2015년 발표된 〈2014년 중국공산당 당내 통계공보(2014年中国共产党党内统计公报)〉에 따르면, 2014년 말까지 전국 297.3만 개의 비공유제 기업 중 157.9만 개의 기업이 당조직을 설립하였는데, 이는 비공유제 전체 기업 수의 53.1%에 해당한다.[47] 1999년 말 전체 비공유제 기업의 1.5%에만 당조직이 설립되었던 점과 비교하면, 상당히 빠른 시간 내에 사영분야 기층 당조직의 확장이 이루어졌음을 알 수 있다.

2) 지방의 사영분야 당조직 확대

한편으로, 2002년 16차 당대회 이후 흔들림 없이 비공유제 경제의 발전을 격려, 지지 및 인도한다는 당의 방침은 저장성의 비공유제 분야가 비약적으로 성장하는 데 크게 기여하였다. 2004년 저장성 당위원회와 성정부는 공동으로 〈민영경제의 새로운 비약 추동에 관한 약간의 의견(关于推动民营经济新飞跃的若干意见)〉(이하 〈의견〉)을 공포하여 저장성 비공유제 분야의 성장을 더욱 촉진하였다.[48] 〈의견〉은 대규모의 지식형·혁신형·전략형 민영기업가를 양성하고, 유명 브랜드, 핵심 기술, 종합 경쟁력을 가진 대형기업을 육성하며, 지속발전 능력과 시장 경쟁 우위를 가진 산업 집단을 만들어내고, 생산조직의 합리화, 재산권 구

47 党建网, 「最新统计数据: 中共党员8779.3万名」, http://www.dangjian.cn/sy/jjq/tt/201506/t20150630_2703843.shtml(검색일: 2015.9.24.).

48 市场导报, 「浙江十年: 非公经济奋勇前行」, http://www.zjscdb.com/detail.php?newsid=85560(검색일: 2015.10.4.).

조의 다원화, 기업관리의 현대화를 통해 민영경제 발전의 새로운 국면을 형성한다는 것을 목표로 삼았다. 이를 통해 2004년부터 2007년까지 저장성 생산 총액 및 저장성 세수 수입 총액에서 민영경제가 차지하는 비중을 매년 1% 상승시키는 것을 민영경제의 새로운 비약 목표로 삼았다.[49] 그 결과 2015년 6월 현재 저장성 사영기업 수는 120.2만 개, 전체 개체호 수는 299.3만 개로 증가하였다.[50]

이상과 같은 비공유경제의 안정적이고 비약적인 성장에 따라 저장성의 사영분야 당조직 건설 역시 안정적이고 비약적으로 발전하였다. 앞서 살펴본 대로, 중앙의 공식적 결정이 있기 이전부터 사영분야 기층 당조직 건설 작업에 착수하였던 저장성은, 삼개대표와 〈7.1강화〉 이후 사영경제의 당조직 건설에 대한 정책이 중앙 차원에서 본격적으로 수립되자 사영분야 기층 당조직 건설을 더욱더 광범위하게 확대하여 나갔다. 2003년 저장성 당위원회는 〈저장성 비공유제 기업 당조직 작업 임시규정(浙江省非公有制企业党组织工作暂行规定)〉을 제출하여 비공유제 기업에서의 당건설 작업의 규범과 제도를 확립하였다(马跃明, 祖轩, 2012: 35). 또한 같은 시기 저장성 당조직부는 〈비공유제 기업 당건설 작업 도달 네트워크 건설 강화에 관한 의견(中共浙江省委组织部关于加强非公有制企业党建工作覆盖网建设的意见)〉을 제출하여 "비공유제 기업의 건강한 발전에 유리하고, 당원의 교육관리에 유리하며, 당조직과 당원의 역할 발휘에 유리하다는 원칙하에, 각종 유연한 형식을 적용하

49 浙江政务服务网, 「中共浙江省委, 浙江省人民政府关于推动民营经济新飞跃的若干意见」, http://www.zjkjt.gov.cn/news/node03/detail0304/2004/0304_1665.htm(검색일: 2015.9.24.).

50 浙江省工商局新闻中心, 「浙江工商发布上半年市场主体数据分析」, http://gsj.zj.gov.cn/zjaic/jrgs/gsyw/201507/t20150723_138189.htm(검색일: 2016.12.10.).

여 당조직을 설립하고 비공유제 기업의 당조직 건설 속도를 증가시킨다"는 방침을 세웠다. 이에 따라 저장성 각 지역은 기업의 규모와 당원의 규모 등 실제 상황에 근거하여 비교적 큰 규모의 비공유제 기업을 중점으로 하여 효과적인 당조직 건설 방법과 경로를 모색하였다(李崇富, 赵智奎, 2007: 92). 이어 2012년 저장성 당위원회는 〈저장성 비공유제 기업 당조직 작업 규정(시행)[浙江省非公有制企业党组织工作规定(试行)]〉을 통해, 당조직이 비공유제 직공 군중에서 정치핵심 역할을 하고 기업 발전에서 정치선도의 기능을 수행할 것을 명시함으로써, 비공유제 기업에서의 당조직의 활동을 명확히 규정하였다. 그 결과 2014년 저장성 지역 비공유제 기업의 당조직과 업무의 도달(覆盖)률은 95%에 이르며, 4.8만 개에 당조직이 설립되었고, 당원은 52.8만 명에 이르렀다.[51]

이 시기 원저우시의 당건설 작업 역시 더욱더 광범위하게 발전하였다. 2006년 원저우시는 당시 후진타오 정부의 중요 슬로건인 조화사회에 착안하여 〈'활력조화기업' 건설을 목표로 하는 비공유제 기업 당의 선진성 건설 강화에 관한 의견(关于以建设"活力和谐企业"为目标 加强非公有制企业党的先进性建设的意见)〉을 발표하여 2~3년의 노력을 통해 50명 이상의 직공이 있는 기업에 당조직을 만들고, 30명 이상의 직공이 있는 기업에 당원이 존재하게 하며, 20명 이상의 직공이 있는 기업에 입당적극분자가 있도록 만든다는 방침을 세웠다.[52] 또한 2012년에는 당중앙의 〈비공유제 기업 당건설 작업의 강화와 개진에 관한 의견

51 浙江在线新闻网站, 「浙江非公党建继续走在全国前列 党建更注重打"青春牌"」, http://zjnews.zjol.com.cn/system/2014/12/26/020433690.shtml(검색일: 2015.9.25.).

52 中共温州市委组织部, 「关于以建设"活力和谐企业"为目标 加强非公有制企业党的先进性建设的意见」, http://www.wzdj.gov.cn/system/2007/08/22/100383014.shtml(검색일: 2015.10.5.).

(시행)[关于加强和改进非公有制企业党的建设工作的意见(试行)]〉 정책을 구체적으로 이행하기 위해 〈원저우시 비공유제 경제 조직과 사회조직 당건설 작업 3년 행동계획(温州市非公有制经济组织和社会组织党建工作三年行动计划 2012~2014年)〉을 수립하여 진행하였다.[53] 이러한 일련의 정책을 통해 2014년 원저우시 비공유제 기업에는 당위원회 12개, 당총지부 40개를 포함한 2,000개의 당조직이 수립되었으며, 3명 이상의 당원이 있는 비공유제 기업에서의 당조직 건설률은 99.72%에 달하게 되었다.[54] 즉 2014년 당시 중앙 차원에서는 전체 53.1%의 비공유제 기업에 당조직이 설립되었다는 점을 감안하면, 저장성과 원저우시의 비공유제 기업 당조직 건설은 굉장히 높은 수치를 기록한 것이었다. 결과적으로 저장성과 원저우시의 적극적인 사영분야를 포함하는 비공유제 분야 기층 당조직 건설 정책은 이들 당조직의 확장에 유리한 환경을 제공하였다.

4. 사영분야 당조직 건설과 중앙-지방 상호작용

개혁개방 이후 중국 공산당은 스스로를 "노동자 계급의 선봉대이며 중국 각 민족 이익의 충실한 대표이자 사회주의 사업의 영도 핵심"에서 2002년 16차 당대회 이후 "중국 노동자 계급의 선봉대이며 동시에 중국 인민과 중화민족의 선봉대, 중국 특색의 사회주의 사업의 영도

53 温州市经济合作网, 「温州市非公有制经济组织和社会组织党建工作三年行动计划(2012~2014年)」, http://jhb.wenzhou.gov.cn/art/2013/3/19/art_10032_102475.html(검색일: 2015.10.5.).

54 企业报道, 「温州特色的非公党建」, http://www.ceccen.com/html/2014-03-19/2014-03-19_1395187653.html(검색일: 2015.10.5.).

핵심이며, 중국의 선진 생산력의 발전 요구, 중국 선진문화의 전진 방향, 광범위한 인민의 근본 이익을 대표"하는 조직으로 정의하면서, 계급투쟁과 공산주의의 실현을 추구하는 정당에서 다양한 계층의 이익을 대변하는 정당으로 자신의 정체성을 변화시켰다. 특히 중국 공산당은 사영분야의 당조직 건설을 통해 사영기업가에 대한 포섭전략을 강화하고 있다. 따라서 중국 공산당의 사영분야 당조직 건설 정책변화는 개혁개방기 중국의 국가-사회관계를 이해하는 중요한 연구주제이다.

일반적으로, 전국적 차원에서 개혁개방기 새롭게 부상하는 사영기업가를 포함한 경제엘리트를 지배체제에 흡수하는 포섭전략(inclusion strategy)으로서의 사영분야 당조직 건설은 2000년 삼개대표의 제기를 통해 본격적으로 등장한 것으로 이해된다. 즉 사영기업가의 입당을 허용하고 정당화한 삼개대표가 2000년 발표되고 이어 2002년 제16차 당대회의 당헌 수정 및 2003년 제10기 전국인대 제1차 회의의 헌법 수정을 통해 국가의 공식 지도이념이 된 이후, 공산당의 사영분야 당조직 건설을 통한 포섭이 전국적 차원에서 추진된 것이다. 본 장에서는 저장성 및 저장성 원저우시의 사영분야 당조직의 형성과 발전과정에 대한 고찰을 통해, 사영기업가에 대한 중국 공산당의 포섭 정책이 중앙에서 본격적으로 추진되기 훨씬 이전부터 다른 지역에 비하여 사영분야 발전이 급속히 진행된 일부 지방에서 우선적으로 전개되었다는 사실을 보여주고 있다. 즉 본 장은 사영분야에서의 당조직 건설에 대한 중앙 차원의 명확한 정책 또는 지침이 1990년대 중반까지 부재했던 것과는 달리, 저장성 및 원저우시에서는 다른 지역에 비하여 상대적으로 빠른 사영분야의 발전을 배경으로 하여 개혁개방 초기부터 외자기업, 상품시장, 사영기업 등 비공유제의 당조직 건설이 본격적으로 진행되어 왔다는 사실을 확인해 주고 있다.

동시에 저장성 및 원저우시의 사례는, 사영기업가에 대한 중국 공산당의 포섭 정책이 사영분야 발전이 급속히 진행된 일부 지방에서 우선적으로 전개되었을 뿐만 아니라, 장쩌민의 삼개대표와 2002년 당헌 수정은 이러한 지방 차원에서의 사영분야 포섭정책을 지지 및 승인하여 중앙 차원에서 확대 적용한 것임을 보여주고 있다. 앞서 살펴본 바와 같이, 저장성 촨화 그룹의 성공적인 사영분야 당조직 건설에 대한 후진타오의 지지와 장쩌민의 시찰, 원저우 사영분야 당조직 건설에 대한 장쩌민, 후진타오 등 국가 지도자들의 시찰이 이를 증명한다. 이처럼 중앙보다 이른 시기부터 사영분야에 대한 당조직 건설 정책이 추진 및 실행되어 온 일부 지역의 경우, 사영분야에 대한 당조직 건설을 통한 포섭정책이 매우 이른 시기부터 본격적으로 수립되어 왔으며, 추후에 중앙의 지지와 승인을 받게 되었다.

이상과 같은 저장성 및 원저우시의 사영분야 당조직의 형성과 발전과정은, 국가의 다양한 층위에서 사영분야의 당조직 건설과 관련하여 상이한 인식과 정책이 존재하여 왔으며, 이러한 차이가 중앙의 정책형성과 지방의 실제 관행 사이의 상호작용에 어떻게 반영되고 있는가를 잘 보여주고 있는 사례이다. 즉 저장성과 원저우시의 사례는 지방 차원에서 선행적으로 전개된 사영분야 당조직 건설의 관행이 중앙 차원에서 탄력적으로 수용되었으며, 동시에 중앙의 적극적 지지를 통해 지방(저장성과 원저우)의 사영분야 당조직 건설이 전면적으로 확대되어 온 과정을 잘 보여주고 있다. 결과적으로 저장성 및 원저우시의 사례는 중국의 국가-사영기업가 관계 분석을 위해서는 중앙의 정책변화에 대한 고찰뿐만 아니라, 지방 차원에서 전개된 사영기업가 및 사영분야 관련 정책에 대한 검토 및 이에 대한 중앙의 인식, 그리고 중앙과 지방 간의 상호작용 등에 대한 분석이 필요함을 강조하고 있다.

제4장

제1공작위원회의 형성과 발전

본 장에서는 웨칭 기업가들의 베이징 진출과 정착 및 그 과정에서 형성된 사영분야 당조직의 형성 및 발전과정에 대해서 분석하고자 한다.[1] 1995년 10월 1일, 베이징시(北京市) 펑타이구(丰台区) 징원시장(京温市场)에서는 6명의 원저우 웨칭(温州乐清) 출신 기업가 당원에 의해 당지부가 설립되었다. 이는 베이징에 수립된 최초의 외래인구(外来人口) 당지부였다.[2] 제3장에서 살펴본 바와 같이, 1995년 당시는 사영분야에 대한 국가의 포섭정책이 본격적으로 수립되지 않은 상태였으며, 당중앙은 2000년 '삼개대표' 발표와 2002년 삼개대표의 〈당헌〉 삽입으로 사영분야의 체제 내 포섭을 공식화하였다.[3] 그렇다면 이처럼 국가의 사영분야 포섭이 공식화되지 않고 중앙의 사영분야 당조직 건설

1 이하의 내용은 필자의 공저 논문인 Jeong and Yoon(2020)의 내용을 수정, 보완한 것이다.

2 人民网, 「要问北京外来人口第一个建立党支部的是谁?这个荣誉属于乐清人—深度关注: 走进红色"浙江村"」, http://dangjian.people.com.cn/GB/12125850.html(검색일: 2015.9.15.).

3 2000년 2월 장쩌민은 광둥성을 시찰하는 과정에서 국가의 선진생산력 발전의 요구를 대표하고, 선진문화의 전진 방향을 대표하고, 가장 광범위한 인민의 근본이익을 대표한다는 '삼개대표'를 최초로 제기하였다. 中国网, 「2000年2月25日, 江泽民考察广东首次提出」, http://www.china.com.cn/zhuanti2005/txt/2003-06/25/content_5353656.htm(검색일: 2015.9.30.).

정책이 부재한 상황에서, 1995년 웨칭 출신의 기업가들을 중심으로 베이징에 당지부가 설립될 수 있었던 요인은 무엇인가? 또한 웨칭인들이 기반이 된 사영분야 당조직이 2010년대까지 베이징에서 발전할 수 있었던 이유는 무엇인가? 넓은 의미에서 사영분야 당조직 형성과 발전이 국가-사영기업가 관계에 시사하는 바는 무엇인가?

본문은 베이징에 설립된 제1공작위원회의 발전 사례를 통해 사영분야 당조직의 형성과 발전 요인을 분석한다. 먼저, 사영분야 당조직이 형성되기 이전까지 베이징에 진출한 웨칭 출신 기업가들의 발전과정을 검토하여 사영분야 당조직이 건립된 배경에 대해서 살펴볼 것이다. 베이징에 진출한 이주민 기업가들은 자신들에게 적대적인 베이징 지방정부와 갈등을 경험하였고, 이에 대한 해결책으로 당조직의 설립을 추진하였다.

두 번째로, 베이징에서 웨칭 출신의 사영기업가들이 당조직의 형성과 발전에 어떠한 역할을 수행하였는지 분석한다. 후술하겠지만, 웨칭 출신의 사영기업가들은 사영분야 당조직의 설립부터 현재까지 발전과정에 적극적으로 개입하였다. 특히 당조직의 유지가 어려워질 수 있는 상황에서도 관영언론과의 인터뷰, 상급기관과의 소통 등을 통해 당조직을 발전시켜 왔다.

세 번째로, 웨칭 사영기업가들의 사영분야 당조직 건설과정에서 나타나는 지방정부와 사영기업가들 간의 관계에 대해서 검토한다. 앞서 언급한 대로, 1990년대 중반에는 국가 차원의 사영분야 포섭과 사영분야 당조직 건설의 전략은 부재한 상황이었지만, 고향인 웨칭시의 상급기관인 원저우시(温州市) 차원에서는 사영분야에 대한 당조직 건설 작업이 1990년대에 이미 전개되고 있었으며,[4] 베이징에 진출한 웨

4 1981년 9월, 기존의 원저우 지역(温州地区)과 원저우시(温州市)는 통합되어

칭 출신의 기업가들은 고향 당조직과 긴밀한 관계를 가지고 있었다. 웨칭 정부는 베이징에 진출한 기업가들을 고향 경제성장을 이끌 잠재적 재원으로 인식하였고, 이들에게 필요한 서비스를 제공하고자 노력하였다. 본문에서는 제1공작위원회 사례를 중심으로 이러한 다양한 요인들이 사영분야 당조직의 발전과 국가-사영기업가 관계에 어떻게 영향을 미치는지를 분석하고자 한다.

1. 웨칭 기업가의 베이징 진출

웨칭 출신 기업가들의 베이징 진출과 성장과정은 개혁개방과 그에 따른 유동인구의 증가라는 시대적 흐름과 밀접한 관계가 있다. 개혁개방 이후 농가생산책임제(家庭联产承包制)의 도입과 확대는 농촌의 집체경제로부터 농민을 해방시켰고, 농촌의 잉여노동력이 도시로 일자리를 찾아 이동하게 되는 계기가 되었다(陈勇, 秦宏宇, 2015: 2). 또한 개혁초기 베이징시는 건축업 노동력 부족과 가사 서비스 노동력 부족의 문제를 해결하기 위해 개체호가 베이징에 진입하여 상업, 요식업, 수리업 등 제3차산업에 종사하는 것을 격려하였고, 상업 종사자의 베이징에서의 사업 유치를 통해 베이징의 경제를 더욱 발전시키고자 하였다.

원저우시(温州市)로 개편되었으며, 시관현체제(市管县体制)를 실시하게 되었다(张仁寿, 李红, 1990: 5). 원저우 정부에 따르면, 2019년 현재 원저우시는 루청(鹿城), 룽완(龙湾), 어우하이(瓯海), 동터우(洞头) 4개의 구(区)와, 루이안(瑞安), 웨칭(乐清), 룽강(龙港) 3개의 현급시(县级市), 용자(永嘉), 핑양(平阳), 창난(苍南), 원청(文成), 타이순(泰顺) 5개의 현(县) 등을 관할하고 있다. 따라서 원저우시의 정책은 원저우 산하의 웨칭시에 직접적인 영향을 주었다. 温州市人民政府,「区划人口」, http://www.wenzhou.gov.cn/col/col1217817/index.html(검색일: 2019.11.8.).

구체적으로 베이징 정부는 1985년 〈제3차산업의 빠른 발전, 인민 생활의 '몇 가지 어려움'의 해결에 관한 몇 가지 의견(关于加速发展第三产业, 解决人民生活"几难"的几点意见)〉을 발표하여 상업, 서비스업 등의 제3차산업 발전과 다양한 소유제의 발전을 촉진하였고, 같은 해 10월 〈외지기업과 개인의 베이징에서 제3차산업 창업에 관한 약간의 규정(关于外地企业和个人来京兴办第三产业的若干规定)〉을 통해 외지기업과 개인이 베이징에서 제3차산업 창업이 "수도경제를 번영시키고, 인민의 생활을 편리하게 하는 역할"을 한다는 것을 인정하였다. 개혁개방 초기 베이징 정부의 정책은 유동인구의 베이징 진입을 가속화하였다(黄匡时, 2008: 47; 鲍思顿, 段成荣, 2001: 4).

베이징에 농촌 잉여노동력을 위한 다수의 일자리가 제공 됨에 따라 전국 각지의 농민들이 도시로 유입되었다. 타지에서 고향을 떠나 베이징으로 이주해 온 유동인구는 베이징의 차오양(朝阳), 하이덴(海淀), 펑타이(丰台) 등 근교 지역에 '신장촌(新疆村),' '안후이촌(安徽村),' '허난촌(河南村),' '푸젠촌(福建村)' 등의 동향관계에 기반을 둔 집단거주지(移民村落)를 형성하였다(刘海泳, 顾朝林, 1999: 497).[5] 그 결과 1978년 21만 명이었던 베이징의 유동인구는 1985년 64만 명으로 급증하였고, 1988년에는 131만 명에 달하였다(王举 外, 1993: 35).

원저우인(温州人), 특히 그중에서도 웨칭인(乐清人)이 중심이 된 저장촌(浙江村) 역시 이러한 시대적 흐름 속에서 형성되었다. 베이징의 저장촌은 1980년대 중반 이후 펑타이구 난위안향 따훙먼 지역에 10여 개의 촌에 대부분의 원저우인과 기타 소수의 타지인이 집단 거주한 공간을 의미한다. 저장촌은 경제활동과 생활이 동시에 이루어지는 준사

5 개혁기 베이징에 정착한 다양한 유동인구의 집단거주지에 대해서는 『小康』 杂志(2007), 정종호(2008a), Jeong(2011) 등의 논의를 참고.

구(准社区)를 형성하였고, 저장촌 내부에는 생산가공의 수공업 공장과 대형 백화점, 독자적으로 운영되는 청과물 시장과 스스로가 설립한 유아원, 진료소, 이발소, 운송대리 서비스 등을 갖추고 있었다. 이처럼 저장촌 내부에는 완전한 자급자족적 생산, 판매, 서비스의 네트워크가 형성되었다(王春光, 2000: 110).

저장촌의 유래에는 다양한 이론(異論)이 존재하나, 일반적으로 1983년 베이징에 진출한 루 씨 형제를 시초로 간주한다.[6] 1983년, 원래 네이멍구(内蒙古) 바오터우(包头)에서 의류 판매로 큰 재미를 보지 못하였던 루비저(卢毕泽), 루비량(卢比良) 형제가 고향으로 돌아오는 길에 베이징 치엔먼(前门) 일대의 번화가에서 물건 판매를 시작하였다. 바오터우에서 큰 인기를 끌지 못하였던 이들의 의류는 베이징에서 큰 인기를 끌었고, 가져온 물건들은 순식간에 동이 나 버렸다. 이를 계기로 루 씨 형제는 베이징의 난위안향에 남아 농민의 집을 임대하여 의류 생산 작업을 시작하였다(王春光, 1995: 34-35; Zhang, 2001: 64-65).[7] 의류 사업이 갈수록 번창함에 따라 루 씨 형제의 친척들과 고향의 사람들이 이들을 따라 베이징 난위안향에 들어와 의류 가공업에 종사하게 되었는데, 이들 루 씨 형제가 바로 웨칭 출신의 기업가들이었고, 이들로부터 저장촌의 형성이 시작되었다.[8] 의류에 대한 베이징 시민의 높

6 저장촌의 유래에 관한 설명에 대해서는 정종호(2000), 王春光(1995), 项飚(2000) 등 참고.

7 이에 대하여 샹뱌오(项飚, 1996)는 다른 관점을 보인다. 샹뱌오에 따르면, 1982년 루 씨 형제 일행은 바오터우에서의 의류 판매로 이미 총자산이 약 10만 위안에 이를 정도로 이미 성장하였다. 다만, 1983년 루비저가 원단을 사기 위해 베이징에 왔을 당시 의류에 대한 수요가 상당함을 인지하고, 베이징 시장이 더 큰 잠재력이 있다고 판단한 일행은 무시위안(木樨园) 일대에 정착하였다.

8 1980년대 당시 베이징 주민은 식사의 어려움(吃饭难), 의류의 부족(穿衣

은 수요를 인지한 전국 각지의 원저우인들 또한 저장촌으로 유입되었고, 저장촌 일대에 정착한 원저우인들은 대부분 의류 생산과 원단 판매에 종사하였다(谢良兵, 刘震, 2008: 88-89).

한편으로, 1980년대 중반 베이징시의 국유기업, 상점의 개혁 정책은 당시 영세한 저장촌의 이주민 기업가들의 성장에 촉매제로 작용하였다. 베이징 정부는 1984년 5월 연이윤 20만 위안 이하의 소규모 국유기업들이 매대(柜台)를 개체호에 임대하는 것을 허용하였고, 1987년에는 국유상점과 집체상점의 매대 임대를 승인하였다. 그 결과 1988년 말 4,469개의 국유기업이 매대 공간 임대정책을 실시하였다(胡兆量, 1997: 29; 王汉生 外, 1997: 61-62). 의류에 대한 높은 수요와 도시 경제 개혁이라는 시대적 상황 속에서 저장촌의 규모는 1985년 약 1,000여 명에서 1989년 약 30,000명에 이를 정도로 급증하였다(千庆兰, 陈颖彪, 2003: 63; 孟延春, 曹广忠, 1997: 7).

1988년부터 1990년까지의 '가죽재킷 열풍(皮夹克热)'은 저장촌의 발전을 더욱 추동하였다. 당시 동유럽의 상인들은 저장촌을 직접 방문하여 원저우인들이 제작한 가죽재킷을 대규모로 구매해 갔으며, 가죽재킷에 대해 급격한 수요의 증가는 저장촌의 의류제작 명성이 더욱 높아지는 계기가 되었다. 특히 베이징 가죽재킷의 60~70%가 저장촌에서 생산될 정도로 가죽재킷 생산의 중심지로 발돋움하였다(潘文博,

难), 수리의 어려움(修补难), 서비스 부족(服务难) 등으로 인해 사회적 서비스에 대한 요구가 높아졌으며, 시민의 서비스 요구와 청년 일자리 문제를 해소하기를 원했던 베이징 정부는 개체호 경제에 대해 제한을 완화하는 정책을 추진하였다. 그러나 베이징시의 개체호는 유통업이나 음식업에 편중되어 있었기 때문에 의류 부족의 문제는 여전히 해소되지 않았다. 이러한 의류에 대한 수요는 루비저 등 원저우 출신 사업가들에게 기회를 제공하였던 것이다. 이에 대해서는 严新明, 孙景珊(2002: 125) 참고.

1997: 24-25). 한편으로, 이 시기 저장촌 내 주민들의 생활 수요를 충족시킬 수 있는 독립적인 서비스 제공의 체제가 수립되기 시작하였다. 1988년 저장촌 내 최초의 유아원이 설립되었고, 1989년 식료품 매장이 형성되었으며, 1990년 이후에는 진료소, 이발소, 수리점 등이 들어서게 되었다(项飚, 1998: 58).

1992년 남순강화 이후 베이징 지방정부와 원저우 지방정부의 협력과 투자를 통해 저장촌 내부에 대규모의 도매시장들이 설립되었다(项飚, 1996: 105; Ma and Xiang, 1998: 576). 1992년 최초의 공식 도매시장인 무시위안 경공업 도매시장(木樨园轻工业品批发市场, 이하 무시위안 도매시장)이 수립되었고, 1995년에는 펑타이구 공상국(丰台区工商局)과 원저우시 공상국(温州市工商局)이 공동으로 투자하여 설립한 징원 경공업 도매시장(京温轻工业品批发市场, 이하 징원시장)이 들어서게 되었다(千庆兰, 陈颖彪, 2003: 63; 项飚, 1998: 59; Liu and Liang, 1997: 100). 5층으로 구성된 징원시장에는 모두 1,600개의 매장이 진입하였고, 교역액은 30억 위안 이상, 펑타이구에 상납하는 세수만 매년 1억 위안에 이를 정도로 펑타이구 산업의 핵심으로 자리 잡았다(高毅存, 2006: 98).

저장촌의 경제적 성장과 함께 저장촌 내의 인구 역시 빠른 속도로 증가하였다. 1990년 이후 저장촌의 인구는 매년 50%씩 증가하여 1994년 말에는 외래인구가 96,000명에 이르게 되었다. 이는 베이징 현지인구 14,000명의 약 7배에 달하는 수치였다(王汉生 外, 1997: 58). 갈수록 팽창하는 인구와 서비스에 대한 수요를 충족하기 위해 상당한 자본을 축적한 일부 원저우인들은 현지의 향(乡), 촌(村), 생산대(生产队)와의 협상을 통해 토지를 대규모로 임대하고 그 위에 연립주택을 설립하여 다른 원저우인들에게 임대하는 형태의 공동거주지인 대원(大院)을 건설하였다(项飚, 1998: 58). 1995년 저장촌에는 46개의 대원이 존재하였다. 대원은 인구 3만 명을 수용하였으며, 치안, 교육, 의료, 편의시설, 우편,

오락 서비스 등을 제공하였다(정종호, 2000: 145; 项飚, 1998: 58). 저장촌의 형성, 도매시장의 설립, 경제적 성장은 저장촌이 점차 베이징 시민에게 점차 받아들여지고 있다는 점을 의미하였다(Liu and Liang, 1997: 100).

그렇지만 저장촌이라는 외지인에 의한 독립적인 공간의 발전은 베이징 현지 정부에 큰 부담으로 작용하였고, 저장촌의 기업가들은 베이징 정부와의 갈등을 계속해서 경험하였다. 저장촌을 포함한 유동인구 집단거주지는 베이징 공안국(公安局), 공상행정관리국(工商行政管理局), 교육국(教育局), 위생국(卫生局) 등 베이징시 관련부처들에게 골칫거리였다. 외래 유동인구가 급증하게 되자, 베이징시는 이들에게 공급할 공공재의 부족, 외래인구 기업가의 무허가 경영문제, 외래인구 자녀의 진학 문제, 외래인구의 가족계획관리 문제, 외래인구 집단거주지 위생관리 문제 등의 사회문제를 고심할 수밖에 없었기 때문이다(本刊记者, 1995). 1980년대 후반 펑타이구 지방정부 관계자는 저장촌 유동인구의 가족계획 문제에 관한 보고서를 통해 베이징에 새롭게 유입되는 유동인구가 일련의 새로운 종합적인 관리 문제를 야기한다는 점을 지적하였다(张颖, 1989). 저장촌의 유동인구 급증이 지역사회 질서유지에 심각한 문제를 야기한다고 인식한 베이징 지방정부는 저장촌의 유동인구를 대대적으로 추방하는 작업을 1986년부터 1995년까지 수차례 실시하였다(李琼英, 2013: 139). 그렇지만 1995년까지 베이징시 정부는 유동인구에 대한 체계적인 정책을 가지지 못하였던 상황이었으며, 저장촌의 팽창과 인구 급증에 대한 효과적인 대책 또한 부재하였다(冯晓英, 2008; 黄匡时, 王书慧, 2009). 따라서 베이징 정부의 추방작업은 큰 성과를 거두지 못하였다.[9]

9 여기에는 저장촌 주민들 사이의 긴밀한 네트워크가 중요하게 작용하였다. 동향관계에 기반을 둔 긴밀한 인적 네트워크를 가지고 있던 저장촌 주민들

저장촌의 치안 악화 문제 역시 베이징 정부와 저장촌의 기업가들 간의 긴장을 야기하는 요인이었다. 저장촌에서는 절도와 사기, 갈취, 주먹다짐이 빈번하게 발생하였고, 조폭 파벌이 형성되어 주민의 안전을 위협하는 등 치안상 심각한 문제가 발생하였다(丁晓璐, 1994; 公平, 1994; Zhang, 2001: 137-158). 저장촌 치안문제의 개선을 위해 펑타이구 정부는 1992년 공상, 세무, 공안, 노동, 가족계획 등 다양한 부서의 약 300여 명으로 구성된 저장촌 공작팀을 구성하여 저장촌의 법제(法制) 개선을 시도하였으나, 큰 성과를 거두지 못하였고 치안은 여전히 혼란하였다(项飚 外, 1993: 26). 단적으로, 1994년 한 해에만 살인사건 11차례(11명 사망), 절도 금액은 50만 위안에 달하였으며, 치안 범죄사건 520건, 구류조치 인원 348명, 억류조사를 받은 인원은 981명에 이르렀다(李武魁, 张艾薇, 1996: 49). 이처럼 치안이 혼란하자 저장촌 주민들은 현지의 파출소를 불신하여 자체 방범조직을 만들고 경비를 고용하여 스스로를 보호하였다(丁晓璐, 1994).

한편으로, 고향 당정기관들이 저장촌의 문제를 해결하기 위해 개입하였다. 원저우시 공안국은 웨칭(乐清)과 용자(永嘉) 지방에서 2명의

은 추방작업 시 단체로 베이징 외곽지역으로 도피하였다가 추방작업이 마무리되면 저장촌에 다시 돌아와 생업에 종사하는 일을 되풀이하였다. 이 과정에서 이해관계가 일치하는 베이징 현지 주민들과의 연대가 발생하였다. 저장촌 주민들에게 방을 빌려주었던 베이징 현지 주민들은 저장촌 주민들이 지불하는 임대료가 매우 중요한 경제적 소득이었기 때문에 저장촌 주민들의 도피 이후 귀환을 환영하였다. 이러한 베이징 현지주민의 태도는 저장촌이 사라지지 않고 살아남아 발전하는 데 큰 영향을 주었다. 저장촌 촌민들의 긴밀한 네트워크에 대해서는 林蓉(2009: 34-35) 참고. 베이징 주민과 저장촌 주민 간의 연대에 관해서는 唐灿, 冯小双, 「中国农民工第十五篇: 外来人口与城乡结合部地区的利益一体化关系」, http://www.china.com.cn/chinese/zhuanti/mingong/347800.htm(검색일: 2017.8.27.) 참고.

공안을 파견하여 펑타이구 공안국과 공동으로 '연합방범대(联防队)'를 편성, 저장촌 치안문제를 해결하고자 하였다. 그러나 연합방범대는 베이징 현지 정부 및 파출소(派出所)의 비협조적인 태도, 인력부족, 저장촌 내의 핵심 인물과의 갈등 등으로 인해 큰 효과를 보지 못하였다(项飚, 2000: 382-388). 또한 웨칭 정부의 경우, 펑타이구에 주징연락처(驻京联络处)를 설치하여 저장촌 내부의 웨칭인들의 문제에 개입하고자 하였다. 1992년 설립된 주징연락처는 저장촌의 웨칭 출신 이농민들이 베이징 거주를 위해 필요한 임시 거주증(暂住证), 취업증명서(就业证), 영업허가서(营业执照), 유동인구 가족계획 증명서(流动人口计划生育证明) 등의 각종 증명 및 서류의 발급을 도와주는 것은 물론, 펑타이구 정부와의 중재를 담당하였다. 특히 주징연락처는 웨칭 출신의 기업가들이 불법 이농민 신분으로 합법적 지위를 가지지 못한 상황에서 이들의 경영상의 합법성을 보장하고자 하였다(정종호, 2008b: 202). 이처럼 베이징에 진출한 이주민 기업가들의 고충을 해결하기 위해 저장촌 문제에 개입하고자 했던 고향정부들의 노력은 고향의 저장촌 기업가들에 대한 큰 관심을 암시하였다.

또한 원저우 기업가들은 경제적인 문제로 수차례 베이징 현지 정부와 갈등을 경험하였다. 1992년 건설된 무시위안 도매시장의 최초 매대 임대관리비는 한 달 30위안이었다. 그러나 펑타이구 공상부문은 1993년 2월 갑자기 관리비를 200위안에서 400위안으로 올리려고 하였고, 이에 반발한 저장촌 이주민 기업가들은 집단적으로 반발, 영업을 거부하였다. 펑타이구 공상국은 웨칭 주징연락처의 중재를 통해 사업자 대표와 협상을 하였고, 매대임대료 인상을 대폭 감소하는 것으로 결정하였다(项飚, 1998: 59; 项飚, 2002: 272; 정종호, 2002: 301-302).

1994년 음력 6월에는 펑타이구 공상부서가 "더 이상 추가비용을 받지 않는다"는 기존의 계약을 뒤엎고 모든 매대 임차인에게 4,000위안의 '매대 장식비'를 요구하였다. 이에 매대 임차인인 저장촌의 이주민 기업가들은 집단으로 반발하여 2만 위안의 소송비를 모아 항저우(杭州)의 저장성법원(浙江省法院)에서의 소송을 준비하였다. 그러자 이에 놀란 펑타이구는 장식비를 받지 않기로 결정을 번복하였다(项飚, 2002: 272; 정종호, 2002: 301-302). 이처럼 저장촌 기업가들은 경제적인 문제로 베이징 현지 정부와 갈등을 경험하였고, 자신의 권익을 보호하기 위해 노력하였다. 특히 이 과정에서 연락처를 통한 웨칭 정부의 개입과 중재는 고향정부와 저장촌 기업가 간의 긴밀한 연대가 형성되고 있음을 암시하며, 소송을 통해 권익보호를 달성하고자 했던 기업가들의 시도는 법을 통한 권익보호 의식이 점차 저장촌에 자리 잡고 있음을 의미한다.

결론적으로, 1980년대 초반부터 1990년대 중반까지 베이징 저장촌은 개혁개방이라는 시대의 흐름 속에서 성장하였다. 그러나 그 성장이 결코 순탄한 것만은 아니었다. 베이징 저장촌의 원저우 기업가들은 유동인구 관리문제, 사회치안 문제, 경제적 문제 등으로 베이징 지방정부와 갈등을 경험하였고, 고향정부와의 연대, 법을 통한 저항 등의 방식으로 극복해 가고자 노력하였다. 이 시기 나타난 고향정부의 저장촌 이주민 기업가들에 대한 우호적 태도와 고향정부-기업가 간의 긴밀한 유대 형성은 향후 웨칭 기업가들의 베이징에서의 사영분야 당조직 설립에 중요한 요인이 되었다.

2. 웨칭 기업가의 당조직 설립

1995년 10월 1일 베이징 최초의 '유동당원 당조직'이 저장촌에 설립되었다. 당조직 건설에 관여했던 한 관계자의 인터뷰에 따르면, 당시 당조직은 평타이구 정부와 징원시장을 둘러싼 분쟁 속에서 기업가들이 이익보호를 위한 수단으로 설립되었다.[10] 그에 따르면, 당조직을 설립을 주도한 6명의 사영기업가들은 과거 웨칭의 당원이었고, 웨칭 당조직과 긴밀한 관계를 가지고 있었다. 이러한 특수한 관계는 웨칭의 후원하에 당지부를 형성하는 데 결정적으로 작용하였다.

1995년 당시 징원시장이 정식으로 건립된 이후 징원시장의 영업이익이 예상을 초과하자 저장촌 이농민 사업가들과 평타이구 정부 간의 경제적 이해를 둘러싼 갈등은 더욱 확대되었다. 평타이구 정부는 징원시장에서 사업활동을 하는 원저우인들에게 5년 동안 낮은 매대 임대료를 보장했지만, 징원시장이 이들의 예상보다 더욱 번영하게 되자 기존의 약속을 뒤집고 임대료를 2배로 올리겠다고 통보하였다.[11] 징원시장의 웨칭 기업가들은 이 문제를 해결하기 위해 모여서 상의하려 했지만, 평타이구 지방정부는 이들의 모임을 '혼란을 초래하기' 때문에 금지하였다.

평타이구에 의해 모임이 금지되자, 웨칭 기업가들은 당지부의 설립을 생각하게 되었다. 당지부는 3명 이상의 당원이 모이는 경우 성립이 가능하고, 당지부가 설립이 되면 '당헌학습(学习党章)'을 위한 사람들의 모임이 가능해지기 때문이다.[12] 당시 웨칭 출신 기업가들은 고향 당조직이 저장촌에서의 당조직 설립에 큰 관심을 가지고 있었다는 것을 알고 있었다. 1995년 당시 당지부 창립을 주도한 다른 사영기업가인 우 선생의 경우, 필자와의 인터뷰에서 당시 상황을 다음과 같이 회고하였다.

10 사영기업가 당지부 서기 인터뷰(2015.8.10.).

11 사영기업가 당지부 서기 인터뷰(2015.8.10.).

12 사영기업가 당지부 서기 인터뷰(2015.8.10.).

1993년 내가 베이징으로 사업을 하러 왔을 때, 나는 웨칭 지방 모현(县)의 당 간부였다. 당시 현 당서기는 내가 베이징으로 사업을 하러 간다고 하자, 나에게 잘 가라는 인사와 함께, 우스갯소리로 베이징에 가면 그곳(저장촌)에 당조직을 설립할 수 있는지 알아보라고 하였다. 이 한마디의 우스갯소리가 나중에 현실이 되었다.[13]

이러한 상황에서 당시 당원 출신이었던 6명의 기업가들이 저장촌 당지부 설립을 주도하였고, 웨칭시에 관리를 요구하였다. 웨칭시에서는 '정(郑)' 씨를 파견하였고, 이에 따라 베이징 최초의 유동당원 지부인 웨칭(乐城) 주징(驻京) 당지부가 설립되게 되었다.[14] 저장촌의 사업가들은 '당조직'의 명의로 펑타이구 공상부서와 교섭을 진행하였고, 교섭에서 승리할 수 있었다. 그 이후 저장촌의 당지부는 대화, 학습, 모임의 장소이자, 저장촌의 사영기업가들의 '집(家)'이 되었다.[15]

한편, 1995년 저장촌의 철거가 매우 중요한 현안으로 부상하였고, 저장촌의 철거를 둘러싼 베이징 지방정부와 원저우 지방정부 간의 대립이 첨예하게 나타났다. 먼저, 1995년 저장촌에 대한 부정적인 인식은 언론을 통해 전국적으로 확대되었다. 중국중앙텔레비전(中国中央电视台, CCTV)의 집중취재(焦点访谈) 프로그램을 통해 '저장촌'의 실태가 보도된 것이다. 그에 따라 1995년 1월 8일 외지인이 만연한 따훙먼 일대 5개 촌에 2,000여 명의 간부를 동원하여 "합법적인 것을 보호하고(保护合法), 불법적인 것은 금지하고(取缔非法), 범죄는 소탕한다(打击犯

13 사영기업가 당지부 서기 인터뷰(2015.8.10.).

14 당위원회 핵심 관계자 인터뷰(2015.8.10.); 사영기업가 당지부 서기 인터뷰(2015.8.10.).

15 사영기업가 당지부 서기 인터뷰(2015.8.10.).

罪)"는 정책을 선전하고 치리정돈(治理整顿) 작업을 전개하였다(李武魁, 张艾薇, 1996: 49).

또한 1995년 중국의 유동인구 관리정책은 전국유동인구관리공작회의(全国流动人口管理工作会议) 이후 '전방위적 사회관리'로 전환되었고, 이러한 흐름 속에서 베이징시의 유동인구 정책 또한 큰 변화를 겪게 되었다(王道勇, 郧彦辉, 2011). 베이징시는 "규모통제(规模控制), 엄격관리(严格管理), 서비스강화(加强服务), 의법보호(依法保护)"의 유동인구 관리방침을 수립하는 한편, 10여 개의 규정들을 제정하여 유동인구의 호적(户籍), 치안, 거주, 노동, 사업경영, 위생, 가족계획 관리에 관한 법규체계를 수립하였다. 또한 1995년 5월 시정부는 법제판공실(法制办), 공안, 건설위원회(建委), 노동, 공상, 계획(规划), 주택(房地), 위생, 가족계획 등 17개 부처의 지도자들로 구성된 베이징 외래인구 관리업무 영도소조(北京外来人口管理工作领导小组)와 판공실을 수립하고, 산하의 각 구, 현, 향 등에도 그에 상응하는 조직기관을 설립하여 유동인구 관리를 체계화하였다(李程伟, 2001: 40; 王祥进, 2006: 76; 冯晓英, 2008: 68).

베이징시의 유동인구 정책변화는 저장촌에 직접적인 영향을 주었다. 1995년 6월 펑타이구 공안국은 저장촌을 사회 불안의 주요 원인으로 지적하고, 저장촌에 대한 대규모의 정리작업(清理整顿)이 불가피함을 주장하였다. 9월 초 리펑(李鹏) 총리는 내부문서를 통해 저장촌에 관한 보고를 접한 이후, 저장촌에 대한 '즉각적인 조치'를 지시하였다(정종호, 2000: 150-151). 당시 저장촌은 더럽고, 혼잡하고, 열악한(脏乱差), 사회질서가 혼란한 지역으로 악명이 높았고,[16] 외래인구 집단거주

16 乐清市对外联络工作领导小组办公室, 乐清市人民政府办公室对外联络科 编, 「对外联络工作月报(第一期)」(1995年 11月 8日), p. 14. 정종호 교수 제공 미공개 정부문서.

지에서의 외래인구와 현지인의 비율이 무려 8:1에 달할 정도로 심각한 불균형을 이룬 상태였기 때문에, 펑타이구는 저장촌을 주요 정리대상으로 지적하였던 것이다.[17]

상황이 이렇게 되자, 웨칭시는 저장촌의 5만 명가량의 웨칭 출신 기업가를 보호하기 위해 움직였다.[18] 웨칭시는 시 당위원회 부서기(市委副书记) 상칭(尚清)을 조장으로 하며, 부시장(副市长) 천아이전(陈爱珍), 시 당위원회 상무위원 겸 공안국장 저우자오서(周招社)를 부조장으로 하고, 시 당위원회 조직부, 선전부, 시 계획경제위원회(计经委), 경제위원회(经委), 농업경제위원회(农经委), 대외경제무역위원회(外经委), 가족계획위원회(计生委), 도시건설위원회(城建委), 공안국, 공상국, 재정세무국(财税局), 인사국, 노동국, 계획과 국토자원관리국(规土局), 향진기업국, 민정국, 인민은행(人行), 공상련 등 관련 부처의 인사들을 구성원으로 하는 대규모의 대외연락업무 영도소조(对外联络工作领导小组)를 설립하였다.[19] 대외연락업무 영도소조는 저장촌의 기업가를 포함한 웨칭시의 외출 유동인구의 합법적 권익을 보호하기 위해 노력하였다.[20] 웨칭시는 외출인구가 유입지에서 무시당하거나 권리가 침해되는 것을 막기 위해 이들의 경제·사회 발전에서의 공헌을 선전하였는데, 외출인

17 「陈爱珍副市长在全市流动人口管理暨对外联络工作会议上的讲话」(1995年 10月 6日), p. 9. 정종호 교수 제공 미공개 정부문서.

18 乐清市对外联络工作领导小组办公室, 乐清市人民政府办公室对外联络科 编, 「对外联络工作月报(第一期)」(1995年 11月 8日), p. 13.

19 「陈爱珍副市长在全市流动人口管理暨对外联络工作会议上的讲话」(1995年 10月 6日), p. 7.

20 대외연락업무 영도소조의 활동원칙, 업무 중점사항에 대해서는 乐清市对外联络工作领导小组办公室, 乐清市人民政府办公室对外联络科 编, 「对外联络工作月报(第二期)」(1995年 12月 5日), pp. 2-4. 정종호 교수 제공 미공개 정부문서.

구의 정치·사회적 지위를 개선함으로써 이들이 웨칭시의 경제건설과 사회 각종사업에 적극적인 역할을 할 것을 기대하였기 때문이다(정종호, 2000: 149).[21]

베이징의 저장촌 정리 작업은 웨칭시뿐만 아니라 저장성 당정기관, 원저우시 당정기관의 주요 지도자들의 이목을 끌었다. 이에 따라 웨칭시 지도부는 대외연락업무 영도소조가 나서서 베이징 현지조사를 전개할 것을 요구하였다.[22] 그에 따라 웨칭시는 시 당위원회 부서기 상칭의 주재로 1995년 10월 6일 대외연락공작회의(对外联络工作会议)를 개최하였으며, 시 당위원회 상무위원(市委常委)이자 대외연락업무 영도소조 부조장이며 공안국장인 저우자오서 등 다섯 명을 베이징의 저장촌으로 파견하기로 결정하였다(정종호, 2000: 153).[23]

그에 따라 저우자오서 일행은 베이징 저장촌을 방문하여 현지상황을 조사하였고, 펑타이구 정부 및 공안관계자와 만나 저장촌의 관리, 치안, 경영, 생활, 위생, 가족계획 등에 관한 의견을 듣고 앞으로의 저장촌 관리 강화 방안, 베이징에 있는 원저우 출신 기업가들의 합법적 권익보호 등의 문제를 논의하였다.[24] 이에 대해 펑타이구 정부와 공안 측은 저장촌 기업가들의 경제적 성과를 인정하고, 법률을 준수하는 대원과 원저우인은 추방되지 않는다는 점을 약속하였고, 웨칭시 공안

21 「陈爱珍副市长在全市流动人口管理暨对外联络工作会议上的讲话」(1995年 10月 6日), p. 6.

22 「陈爱珍副市长在全市流动人口管理暨对外联络工作会议上的讲话」(1995年 10月 6日), p. 9.

23 乐清市对外联络工作领导小组办公室, 乐清市人民政府办公室对外联络科 编, 「对外联络工作月报(第一期)」(1995年 11月 8日); 「陈爱珍副市长在全市流动人口管理暨对外联络工作会议上的讲话」(1995年 10月 6日), pp. 9-10.

24 乐清市对外联络工作领导小组办公室, 乐清市人民政府办公室对外联络科 编, 「对外联络工作月报(第一期)」(1995年 11月 8日), pp. 13-14.

국과 평타이구 공안국 간의 '우호 결의'를 맺는다는 것에 동의하였다(Jeong, 2002: 38). 한편으로, 저우자오서 일행은 저장촌 내의 기업가와의 좌담회를 개최하여 원저우 출신 기업가들에 대한 관리와 합법적 권익 보호 등의 문제에 대해서도 논의하여, 현재 이들이 겪는 문제와 향후 베이징시의 '저장촌' 정돈계획에 대해 파악하였다. 그 외에도 저우자오서 일행은 베이징에서 성공한 원저우 출신의 지도자, 과학계와 신문계의 유명인사를 만나 이들이 웨칭 출신 기업가들의 합법적 권익 보호를 위해 도움을 줄 것을 요청하였다(Jeong, 2002: 38-39).[25]

철거가 임박한 11월 15일 웨칭 시장과 원저우 시장이 베이징을 방문하여 대원의 소유주들과 대책회의를 가졌고, 17일에는 베이징의 저장성 연락사무소를 통해 대원의 철거를 설날(春节) 이후로 연기해 줄 것을 요청하였다(정종호, 2000: 155). 이러한 원저우 출신의 기업가-고향정부 간의 연대를 통한 철거문제의 개입은 베이징 정부를 당혹케 하였고, 베이징 정부는 리펑 총리의 결정사항임을 강조하여 저장성 정부에 더 이상 개입을 중단하라고 경고하였다(정종호, 2000: 156). 그에 따라 저정성 당정기관은 더 이상 이 문제에 개입할 수 없었고, 1995년 12월 저장촌에 존재하였던 대원들은 베이징 정부의 의도대로 모두 철거됨에 따라 저장촌은 공터가 되었다(정종호, 2000: 156; Zhang, 2001: 185).

이렇게 저장촌은 역사의 뒤안길로 사라지는 듯하였다. 그러나 저장촌의 철거일로부터 불과 3개월 이후인 1996년 3월, 베이징을 떠났던 기업가들은 다시 과거 저장촌이 있던 따홍먼 지역으로 되돌아오기 시작하였고, 1996년 5월에는 과거 저장촌 지역에 베이징 난위안향 궈위안촌(果园村)의 투자로 '따홍먼 의류상가(大红门服装城)'가 설립되었다.

25 乐清市对外联络工作领导小组办公室, 乐清市人民政府办公室对外联络科 编, 「对外联络工作月报(第一期)」(1995年 11月 8日), p. 14.

그 이후 약 20개의 대형 의류 도매시장이 따홍먼 일대에 연이어 건립되었고, 1996년 11월에는 다시 대원이 등장하였다(项飚, 2002: 258, 271; 谢良兵, 刘震, 2008: 90.).

이러한 저장촌의 부활에는 고향 당정기관과 웨칭 이주민 기업가들 간의 긴밀한 협력이 큰 역할을 하였다. 저장촌 철거 저지에 실패한 웨칭 대외연락업무 영도소조의 관계자들은 베이징 펑타이구의 판사기구(办事机构)의 역량과 업무를 강화한다는 방침을 수립하였고,[26] 웨칭 출신의 기업가들을 보호하는 데 노력을 아끼지 않았다. 또한 원저우시, 웨칭시의 관료들은 저장촌 유동인구 대표, 원저우 출신 부동산 개발 기업 대표 등과 함께 '북방 저장 상업단지 준비위원회(北方浙江商业城筹备委员会)'(이하 준비위원회)를 조직하여 새로운 보금자리(北方浙江商业城)를 찾기 위한 계획을 수립하였다(Jeong, 2002: 45). 당시 허베이(河北) 산허(三河)시는 옌자오 개발구(燕郊开发区)로 저장촌 유동인구의 유치하기 위해 매우 적극적이었고, 이들에게 다양한 혜택을 약속하였다. 준비위원회는 원저우 정부의 중재 하에서 산허시 대표와 협상을 하였고, 원저우 시장이 직접 산허시를 방문하여 산허시 지도부와 담판을 지었다(Jeong, 2002: 45-46). 그 결과 대원의 철거 이후 주거지역을 잃은 기업가들은 대규모로 옌자오로 이동하였다(정종호, 2000: 158-159). 이처럼 고향 지방정부는 저장촌 철거 이후 기업가들이 이주할 대안을 마련하기 위해 노력하였고, 이는 저장촌 기업가들이 흩어지지 않고 옌자오로의 집단적으로 이주할 수 있도록 지원하였다. 옌자오로 이주한 기업가들은 베이징 및 펑타이구 정부의 유동인구에 대한 정책변화, 펑타이구 주민의 암묵적인 환영 등으로 인해 다시 따홍먼 지역으로 돌아오게

26 乐清市对外联络工作领导小组办公室, 乐清市人民政府办公室对外联络科 编, 「对外联络工作月报(第二期)」(1995年 12月 5日), p. 4.

되었다(Zhang, 2001: 188-201).

1995년 저장촌의 철거를 경험한 웨칭 출신의 기업가들은 당조직의 필요성을 더욱 절실하게 인식하였다.

> 대청리(大清理, 즉 1995년 겨울의 저장촌 철거) 이후 우리는 기존의 방식으로는 저장촌이 지속될 수 없음을 인식했다. (중략) 소속된 행정조직이 없는 저장촌 사람들이 베이징에서 생존하기 위해서는 자체관리(自我管理), 자체교육(自我教育), 자체 서비스(自我服务)가 필요하였다. 이를 달성하기 위한 가장 중요한 방법은 당의 지도를 통하는 것이다. (중략) 저장촌의 당조직 건설은 당시 소수에 불과한 베이징에 있는 웨칭 공산당원들의 절박한 요구일 뿐만 아니라, 수만 명에 달하는 베이징에 있는 웨칭인들의 공통된 염원이었다.[27]

요컨대, 베이징 펑타이구 당국과 갈등을 경험하던 웨칭 출신 기업가들은 자신들에게 우호적인 고향 당정기관의 협력을 통해 당조직을 건설하고 자신의 권익을 보호할 수 있었다. 또한 저장촌 철거 경험을 통해 이들은 베이징에서 지속가능한 경영활동을 위해서는 당원 신분을 확보하는 것과 당의 지도를 받을 수 있도록 당조직에 편입되는 것이 중요한 과제임을 깨닫게 되었던 것이다.

1995년 대청리 이후 저장촌이 존재한 펑타이구 따홍먼 일대는 '더럽고, 혼잡하고, 열악한' 지역이라는 오명을 벗어버리고, 20여 년의 발전 끝에 '도시 남부의 왕푸징(城南王府井)'이라 불릴 정도로 유명한 시장이자, 세계 상인들의 주목을 받는 거대한 시장이 되었다.[28] 따홍먼

27 Jeong and Yoon(2020), pp. 940-941에서 재인용.

28 新浪网, 「北京浙江村整顿前后: 八个裁缝老师奠基浙江村」, http://zj.sina.com.

일대의 의류산업은 1일 화물처리량 2,000여 톤에 달하였고, 연 교역액은 500억 위안을 초과하였다. 이는 베이징 지역의 의류업 교역액 전체의 절반에 해당하는 수치였다. 또한 따홍먼 일대에는 45개의 시장이 존재하였고, 직접 종사자 수가 57,000여 명에 이를 정도로 번영한 공간이 되었다.[29] 웨칭 출신의 기업가들은 현대적인 기업제도와 경영방식 도입을 통해 재산권 구조의 혁신, 생산기술과 제품 품질의 개선의 성과를 이루어 냈으며, 베이징시의 도시재개발 정책에 적극적으로 참여하면서 번영을 이어나갔다. 또한 이들은 이 과정에서 과거의 영세한 가정기업에서 벗어나 사영기업가로 발돋움하였다(정종호, 2008a; 정종호, 2008b; Jeong, 2014). 1995년 저장촌 철거 이후 웨칭 출신 기업가들의 재도약은 사영분야 당조직의 발전과도 밀접한 관련이 있다.

1995년 6명의 당원에 의해 최초의 당지부가 설립된 이래 당조직은 점차 발전하였는데, 1998년 웨칭시는 주징연락처(驻京联络处)에 임시 당위원회(临时党委)를 설립하였다. 연락처와 임시당위원회의 주요 임무는 베이징에서 일하고 상업에 종사하는 광범위한 사람들을 대상으로 조직교육을 강화하고, 서비스 업무를 처리하는 것이었다. 2000년 8월, 웨칭시 주징연락처 당위원회(乐清市驻京联络处党委, 이하 베이징 연락처 당위원회)가 공식적으로 설립되었다. 당시 베이징 연락처 당위원회는 1명의 전임 서기, 1명의 전임 조직위원, 5명의 상업종사 인원이 당

cn/news/czzs/2014-03-21/0055177149.html(검색일: 2017.10.6.). 2003년 당시 저장촌은 평균 1일 화물처리량 1,600톤, 연평균 거래액 300억 위안, 베이징 의류 업계 교역액의 54.5%을 차지하였다. 新华网, 「北京“浙江村”: 一个外来人口“飞地”的传奇」, http://news.sina.com.cn/c/2003-10-02/1744856713s.shtml(검색일: 2017.10.6.).

29 人民网, 「大红门地区业态两年内转型 所有仓储物流外迁」, http://politics.people.com.cn/n/2015/1104/c70731-27775688.html(검색일: 2017.10.6.).

위원회 위원을 겸직하는 형태로 구성되었다.[30] 2000년 베이징 연락처 당위원회는 산하에 8개의 당지부와 400여 명의 유동당원을 거느린 기층 당조직으로 발전하였다.[31]

1990년대 후반, 웨칭 출신 사영기업가들이 베이징에 당조직을 설립하고 당조직의 규모를 확대할 수 있었던 것은 고향인 원저우 지방 특유의 개념과 문화가 뒷받침되었다. 제3장에서 살펴본 바와 같이, 당시 원저우 정부는 삼개대표의 공식화 이전부터 사영분야 당조직 건설을 적극적으로 추진하였다. 이러한 원저우시의 영향에 따라 원저우시 산하의 웨칭시 역시 주식 합작기업, 전문시장, 공업구, 주식제 기업, 사영기업 등 신경제조직의 당건설에 적극적이었고, 동시에 외지에 진출하여 상업에 뛰어든(下海) 유동당원 관리를 위한 당조직 건설을 적극 모색하였다. 예를 들어 웨칭시의 홍차오진(虹桥镇)의 경우, 1996년 2월까지 3년 동안 신경제조직에 16개의 당지부를 설립하였고,[32] 1995년에는 스자좡(石家庄)에 임시 당지부를 설립하였다.[33]

웨칭 사영기업가들은 베이징에 당지부를 설립하고 발전시키는 과정에서 '유동당원(流动党员)'이라는 개념을 매우 유용하게 이용하였다. 중국 공산당에 따르면, 유동당원은 "직업 혹은 거주지 변화 등의 원인에 의해 비교적 오랜 기간 동안 정식적 조직관계의 소재 당조직 활동에 참가할 수 없는 당원"으로 정의된다(郑绍保, 2007: 95). 1995년 당시

30 乐清外出流动党员第一工作委员会, 「中共乐清市外出流动党员第一工作委员会简况 暨在京非公经济党建工作中的探索」.

31 人民网, 「党建引领非公企业发展(基层党建创新与实践)」, http://paper.people.com.cn/rmrb/html/2007-11/20/content_32976782.htm(검색일: 2017.10.9.).

32 赵乐强, 「脚踏实地 开拓创新 为建设社会主义现代化的新虹桥而努力奋斗—在中国共产党虹桥镇第十次代表大会上的工作报告」(一九九六年二月九日), p. 5.

33 中共虹桥镇委, 虹桥镇人民政府, 「虹桥镇一九九五年工作报告」, p. 6.

당지부를 설립한 사영기업가들은 모두 베이징에서 상업에 종사하는 웨칭인들이었고, '유동당원'이라는 개념에 착안하여 당지부를 설립하였다.[34] 당시 '유동당원 당지부'라는 개념은 중국에서는 신선한 것이었는데, 이는 당시 지역적 특색에 따라 전국 각지에 흩어져 상업에 종사하였던 웨칭 특유의 문화가 반영된 것이었다.[35]

유동당원 당조직의 설립에는 중앙의 규정이 뒷받침되었다. 개혁개방 이후 당원의 장기 외출이 증가하고, 그에 따라 원적지에서의 당조직 생활을 상당 기간 이어나가지 못하고, 당의 교육업무와 관리업무가 제대로 전개되지 못하는 경우가 빈번하게 발생하면서, 이러한 유동당원의 관리와 감독의 강화에 관한 필요성이 점차 부각되기 시작하였다.[36] 그에 따라 1990년대 초반부터 유동당원을 관리하기 위한 정책들이 논의되기 시작하였다.[37]

34 사영기업가 당지부 서기 인터뷰(2016.3.15.).

35 사영기업가 당지부 서기 인터뷰(2016.3.15.).

36 학계에서도 1990년대 초반부터 유동당원에 관한 논의가 본격화되었다. 예를 들어, 1993년 중공중앙선전부 산하의 『당건(党建)』지는 '외출유동당원에 관한 관리(加强对外出流动党员的管理)'라는 글을 통해 각 지역의 유동당원의 관리 경험을 공유하였고, 姚呈明(1994)은 시 도시로 이주한 농촌출신 노동력을 공식적으로는 '유동인구'라 칭하였듯이, '농촌 및 지식인 당원 출신의 유동인구'를 유동당원이라고 정의하면서 유동당원 교육관리의 실질적 적용을 강조하였다. 1990년대 초중반 유동당원에 대한 학계의 논의에 관해서는 王超(2015), 朱孟光(2015) 등 참고.

37 예를 들어, 1993년 베이징시 조직부는 8호 문건(京组发[1993]8号文件)을 제정하여 유동당원의 관리에 대한 방법을 모색하였고, 같은 시기 샤먼(厦门)시 역시 유동당원을 관리하기 위해 〈유동당원관리 강화에 관한 임시규정(关于加强流动党员管理的暂行规定)〉을 제정하였다. 베이징시의 유동당원 관리정책에 관한 내용은 『베이징지부생활(北京支部生活)』 1994년 제2기 「유동당원 관리에 새 규정이 생기다(管好流动党员有了新规定)」를, 샤먼시의 유동당원 관리정책은 中共厦门市委组织部(1993) 참고.

1994년 중공중앙조직부는 〈당원 유동 중 조직관계 관리 강화에 관한 임시규정(关于加强党员流动中组织关系管理的暂行规定)〉(이하 〈임시규정〉)을 발표하였다.[38] 〈임시규정〉에 따르면, 3명 이상의 당원이 집단으로 외출하고 상대적으로 밀집된 지역에 있는 경우, 원적지의 당조직은 이들 내에 당소조 또는 당지부(또는 임시 당지부)를 설립할 수 있다.[39] 따

38 中共中央组织部, 「关于加强党员流动中组织关系管理的暂行规定」, http://cpc.people.com.cn/GB/64162/71380/71387/71591/4855143.html(검색일: 2015.11.6.).

39 당의 상급조직과 기층조직 간의 예속 관계에는 크게 세 가지 원칙이 존재한다. 당의 활동 전개 및 당조직의 전투 보루 역할 발휘에 유리할 것, 당원의 교육관리·감독 강화 및 당원의 선봉·모범 역할 발휘에 유리할 것, 단위의 각종 임무 달성을 보증하고 촉진하는 데 유리할 것 등이 바로 그것이다. 이러한 원칙에 입각하여 각 당 기층조직은 소재지 상급 당조직의 영도를 받는 속지관리(属地管理), 업종(行业) 혹은 체제의 직속 상급 당조직의 관리를 받는 업종관리(行业管理) 두 가지 형태로 상급기관과 관계를 가진다. 비공유제 경제조직하의 당 기층조직은 일반적으로 속지관리를 원칙으로 관리된다. 2000년 9월 중국 공산당 조직부가 발표한 〈개체 및 사영경제 등 비공유제 경제조직 중 당의 건설 강화에 관한 의견(시행)[关于在个体和私营经济等非公有制经济组织中加强党的建设工作的意见(试行)]〉에 따르면, 비공유제 분야의 기층조직은 당조직 활동 전개에 유리할 것, 기업 발전에 유리할 것이라는 원칙 하에 상급 조직과 예속관계를 가진다. 비공유제 경제조직의 당조직은 일반적으로 촌, 향진, 도시가도(사구) 당조직에 의해서 영도되며, 기업규모가 크고, 당원이 많은 경우 소재지 시, 현(시, 구) 당위원회의 직접적 영도를 받을 수 있다. 또한 비공유제 경제가 비교적 발전한 지방의 경우, 업무의 필요에 의해 현(시, 구) 비공유 경제 당공작 위원회를 수립하여 현(시, 구)의 파견기구로서 비공유제 경제조직 당건설 작업을 영도할 수 있다. 특히 2012년 발표된 〈비공유제 기업의 당건설 작업 강화와 개선에 관한 의견(시행)[关于加强和改进非公有制企业党的建设工作的意见(试行)]〉에서 중국 공산당은 영도 기구와 관리 체제를 더욱 개선하였다. 2012년 〈의견(시행)〉에 따르면, 현급 이상의 지방 당위원회가 비공유제 기업 당건설 기구를 설립하고, 일괄적으로 비공유제 기업 건설 작업에 책임질 것을 명시하였다. 조건이 갖춰진 지역의 경우 단독적으로 실제 업무 기구를 세우고 내부에 기율검사 기구를 세울 수 있으며, 조건이 갖춰지지 않은 지역의 경우 관련 직능

라서 유동당원들은 조직관계를 현재 소재지로 이전하지 않고, 원소재

부서에 위탁이나 부속(挂靠)되어 인사를 편제받고 경비를 보장받아서 소통과 협력, 검사 독촉, 심사평가 등의 제도를 수립할 수 있다. 비공유제 기업이 상대적으로 밀집한 각종 개발구(원구)의 경우 기업 위원회 혹은 종합당위원회를 설립하여 비공유제 기업의 당건설 작업을 책임진다. 대규모로 분산된 규모 이하의 기업에 대해서는 향진(가도), 촌(사구) 당조직이 구획화(区域化), 네트워크화 관리를 실행하게 된다. 한편, 비공유제 기업의 당조직은 업종 귀속관리의 형태로도 상급 당조직과 예속관계를 가질 수 있다. 2012년 〈의견(시행)〉은 전문성, 업종적 성격이 강한 기업의 경우 관련 부서 혹은 업종 협회(行业协会), 상회에 위탁하여 당조직을 건설, 귀속관리를 전개할 것을 명시하였다. 업종 귀속관리는 주관부서 당조직이 업종의 상이한 특수성에 근거하여 비공유제 기업 당조직이 자신의 실제적 수요에 근거하여 활동하는 것을 지도함으로써 당건설 작업의 효율을 높일 수 있다. 이러한 유형의 예속관계는 공상행정 관리 부서 당조직이 통일적으로 개체공상호의 당조직을 관리하는 형태, 개체노동자협회 혹은 시장에 건설관리 기구에 의해 설립된 당조직이 개체공상호 중의 당원을 관리하는 형태, 외무계통(外贸系统) 당조직이 통일적으로 '삼자'기업 당조직을 관리하는 형태, 기업 항목 심사 등록 중 확정된 행정 주관 부서 당조직이 비공유제 기업 당조직을 관리하는 형태 등의 유형이 있다. 그 외에도 대형 비공유제 기업의 경우, 비공유제 기업 당건설 업무에서 기업 당조직의 예속관계가 변하지 않은 상황에서 상급 당위원회가 기업 당조직에 중점적 관리와 지도를 하여 속지의 당위원회와 같이 비공유제 기업 관리를 전개하는 이중관리의 예속관계 역시 존재한다. 베이징 저장촌의 제1공작위원회의 경우, 상술한 사영분야 당조직 건설 관련 규정들이 제시한 상급 당조직과의 예속관계 원칙의 예외적 사례에 속한다. 속지관리의 규정대로라면, 베이징 펑타이구 당조직의 관리를 받아야 하지만, 이들은 자신들의 고향인 웨칭시 당조직의 관리를 받는다. 이는 자신들이 유동당원임을 내세워 고향정부의 후원 속에 당조직을 설립한 결과이다. 일반적인 사영분야 당조직 건설 규정은 中国共产党新闻网, 「关于在个体和私营经济等非公有制经济组织中加强党的建设工作的意见(试行)的通知」, http://cpc.people.com.cn/GB/64162/71380/71382/71383/4844924.html(검색일: 2017.9.5.); 人民网, 「中共中央办公厅印发《关于加强和改进非公有制企业党的建设工作的意见(试行)》」, http://politics.people.com.cn/GB/17981152.html(검색일: 2017.9.5.) 참고. 사영분야 당조직 건설 규정의 해석에 관해서는 郑绍保(2015: 8), 孙支南, 韦洁亮(2012: 82)의 내용 참고.

지 당조직이 이들 유동 당원들 사이에서 당소조 또는 조직부를 설립해서 이들을 관리하거나 재외판사처(驻外办事处)의 당조직에 위탁, 관리를 할 수 있었다(郑绍保, 2007: 5-6). 당시 중공중앙조직부는 〈임시규정〉을 통해 유동하는 당원이 당의 조직활동에 참여하고 당조직의 교육과 감독을 받으며 선봉 모범 역할을 할 수 있도록 유도하였고, '유동당원 활동증(流动党员活动证)' 제도를 시행하여 장기간 고향을 떠난 유동당원을 관리하고자 하였다.[40]

웨칭 출신 사영기업가 당원들은 자신들이 '유동당원'임을 내세워 고향의 후원하에 당조직을 설립, 고향 당조직의 관리를 받도록 하였고, 이는 사영기업가와 웨칭 당조직을 구조적으로 연결시키게 되었다. 사영기업가들은 믿을 수 있는 고향 당조직과 연계를 통해 자신의 이익을 보호받을 수 있게 되었고, 웨칭 당조직은 이들을 자신의 체제 내로 편입함으로써 웨칭시의 영향력을 베이징에서도 발휘할 수 있게 되었던 것이다.

한편으로, 베이징 연락처 당위원회는 삼개대표를 통해 사영기업가의 입당이 공식적으로 승인된 이후 사영기업가 당원 교육과 관리, 지역사회 치안유지, 사영기업가들의 준법정신 함양, 사회봉사활동 등 다양한 활동을 전개하였다.[41] 이러한 노력의 결과, 2002년 웨칭시 당조직부 산하의 '웨칭 직속기관 공작위원회(乐清直属机构工作委员会)'로부터 '선진 기층 당조직(先进基层党组织)'으로 명패를 수여받는 등 상급

40 中国共产党新闻网, 「关于加强党员流动中组织关系管理的暂行规定」, http://cpc.people.com.cn/GB/64162/71380/71387/71591/4855143.html(검색일: 2015.12.21.); 中国共产党新闻网, 「中共中央组织部关于试行《流动党员活动证》制度的通知」, http://cpc.people.com.cn/GB/64162/71380/71387/71591/4855153.html(검색일: 2015.12.21.).

41 이에 관한 상세한 내용은 제6장에서 다룬다.

기관으로부터 인정을 받게 되었고,[42] 당위원회의 지위 역시 상승하여 2009년에는 정식당원으로의 전환을 직접 심사할 수 있는 권한을 가진 일급 당위원회(一级党委)로 발전하였다.[43] 2010년 베이징 연락처 당위원회는 산하에 22개의 당지부와 1,000여 명의 당원을 거느린 거대한 기층조직이 되었다.[44]

그러나 베이징 연락처 당위원회는 국가정책에 의해 시련을 경험한다. 2010년 1월 19일 국무원 판공청은 베이징에 있는 현급 판사처(办事处)의 철거를 명령한 것이다. 〈각지정부 주 베이징 판사기구관리 강화와 규범에 관한 의견(关于加强和规范各地政府驻北京办事机构管理的意见)〉이라고 명명된 이 문서는 웨칭시의 베이징 연락처를 포함하는 현급 정부가 베이징에 설립한 연락처들의 철거를 요구하였다.[45] 당시 베이징 연락처는 당위원회와 '이위일체(二位一体)'로 연락처 주임이 당위원회 서기를 겸임하고 있었다.[46] 따라서 국무원의 베이징 연락처 철거명령은 당위원회에 곤란을 초래하였다. 국무원의 명령은 당시 10만 명이 넘는 베이징의 웨칭인 및 1,000여 명의 당원 관리와 당조직 건설 작업의 기반에 큰 타격을 주는 것이었기 때문이다. 이에 대응하여 웨칭 출

42 당위원회 핵심 관계자 인터뷰(2015.8.10.).

43 당위원회 핵심 관계자 인터뷰(2015.8.10.).

44 乐清外出流动党员第一工作委员会, 「乐清市驻北京党委简况」; 人民网, 「要问北京外来人口第一个建立党支部的是谁?这个荣誉属于乐清人—深度关注: 走进红色"浙江村"」, http://dangjian.people.com.cn/GB/12125850.html(검색일: 2015.9.15.).

45 中央政府门户网站, 「国务院办公厅关于加强和规范各地政府驻北京办事机构管理的意见」, http://www.gov.cn/zwgk/2010-01/29/content_1522398.htm(검색일: 2017.9.5.).

46 人民网, 「要问北京外来人口第一个建立党支部的是谁?这个荣誉属于乐清人—深度关注: 走进红色"浙江村"」, http://dangjian.people.com.cn/GB/12125850.html(검색일: 2015.9.15.).

신 사영기업가와 당위원회는 상급기관과의 긴밀한 소통, 관영 언론에 호소하는 전략으로 어려움을 극복하였다.

먼저 베이징 연락처 당위원회는 웨칭의 당조직들과 적극적으로 소통하였다. 국무원의 현급 판사처 연락처 철거 통보를 받은 웨칭시 당위원회는 이 문제를 심각하게 인식하였다. 따라서 웨칭 시장 및 시의 주요 당간부들이 직접 연락처를 방문하였고, 조직부 부장 및 조직부의 주요 간부들이 베이징 현지조사, 사영기업가 당원들과의 대화를 통해 사태를 파악하고자 하였다. 웨칭시 간부들과 베이징의 사영기업가 당원들은 대화를 통해 베이징에 "집이 필요하다(要求一个家)"는 점에서 공감대를 형성하게 되었다.[47]

한편으로 베이징 연락처 당위원회는 인민일보와의 인터뷰를 통해 자신의 활동 현황을 널리 알려 상급 당정기관의 지지를 확보하였다. 예를 들어, 2010년 7월 당시 웨칭시 베이징 연락처의 서기와 일부 당원은 인민일보와의 인터뷰를 통해 재징(在京) 당위원회의 활동에 대하여 전면적으로 소개하였다. 인민일보는 웨칭시 베이징 연락처와 산하의 당지부들의 활동을 긍정적으로 평가하였다. 당조직이 수립되기 이전 저장촌은 폭력(打架斗殴), 절도와 강도, '더럽고, 혼잡하고, 열악함'의 대명사였으나, 당조직의 형성과 발전은 이 지역을 무법천지의 '회색지대'에서 당성(党性)이 충만한 '적색지역'으로 변화시켰다는 것이다. 인민일보는 베이징 연락처 당위원회가 따홍먼 지역의 안정과 발전에 적극 기여함으로써 웨칭인의 이미지를 새롭게 만들었다고 평가하였다.[48]

47 乐清外出流动党员第一工作委员会, 「凝心聚力 开拓创新 为非公党建工作开好新的局面」.

48 관련 기사는 人民网, 「要问北京外来人口第一个建立党支部的是谁?这个荣誉

베이징 연락처 산하 당지부들의 활동에 대한 관영 언론의 긍정적 태도는 상급 당위원회의 이목을 끌었고, 주요 간부의 지지를 받게 만들었다. 인민일보의 기사를 접한 저장성 당위원회 조직부장, 원저우시 당위원회 조직부장은 이 문제에 주목하였고, 각각 지시를 내려서 베이징 연락처가 철거된 대신 유동당위원회(流动党委) 건설을 용인하는 지침을 내렸다.[49] 상급기관의 지지와 후원하에 2011년 3월 웨칭시는 과거 주징연락처와 베이징 연락처 당위원회를 대신하는 '웨칭 외출유동당원 제1공작위원회(乐清外出流动党员第一工作委员会)'(이하 제1공작위원회)를 설립하였다.

한마디로 웨칭 출신 사영기업가들에 의해 구성된 사영분야 당조직의 안정적 성장에는 다양한 요인들이 복합적으로 작용하였다. 웨칭 지방정부의 사영분야 당조직 설립정책과 중앙의 유동당원 관련 규정의 수립, 웨칭 지방의 유동당원 개념의 적극 활용은 삼개대표 이전에 베이징에 사영분야 당조직이 형성, 발전하는 중요한 정책적 기반이었다. 또한 2000년 삼개대표의 선언과 사영기업가 입당의 승인은 사영분야 당조직이 크게 발전하는 중요한 이념적 기반이 되었다. 한편으로, 기층의 사영기업가 당원들 역시 당조직의 발전에 큰 역할을 하였다. 사영기업가 당원들은 베이징 연락처 철거라는 위기의 상황에서 상급기관의 당간부, 당조직과의 대화를 통해 당위원회의 필요성을 설득하였고, 관영 언론을 통해 당조직의 정당성을 호소하였다. 즉 당조직의 유지와 보호의 과정에서 당조직과 당원들은 중앙의 정책을 비난하는

属于乐清人—深度关注: 走进红色"浙江村"」, http://dangjian.people.com.cn/GB/12125850.html(검색일: 2015.9.15.)

49 乐清外出流动党员第一工作委员会, 「凝心聚力 开拓创新 为非公党建工作开好新的局面」.

것이 아닌 당조직의 필요성과 정당성을 널리 알려 상급기관의 지지를 얻는 방법을 선택했다. 중앙의 의도를 거스르지 않고 자신에게 우호적인 상급 당정기관의 후원을 얻는 전략을 통해 사영기업가 당원들은 자신에게 필요한 '집'을 보호할 수 있었던 것이다.

3. 제1공작위원회의 현황과 구성

2015년 현재 제1공작위원회 산하에는 26개의 당지부와 약 1,500여 명의 당원이 존재한다. 당지부들 가운데 14개는 유동당원의 유출소재지 향진 등 고향의 허가에 의거하여 조직되었고, 12개는 베이징에서 업무에 종사하는 기업, 시장 등 현지 근거지(就近)에 의거하여 현지 당위원회(제1공작위원회)의 승인으로 조직되었다.[50] 당조직은 당원의 교육, 유동인구 관리 강화 등에서 중요한 역할을 수행한다.

당의 기층조직은 업무의 수요와 당원의 수에 근거하여 상급기관의 승인을 득한 이후 기층위원회, 총지부위원회(이하 총지부), 당지부위원회(이하 당지부)를 구성할 수 있다. 통상적으로 정식당원이 3명 이상, 50명 이하의 기층 단위는 당지부를 구성하며, 당원이 50명 이상, 100명 이하인 단위는 총지부위원회를 구성하고 산하에 몇 개의 지부위원회를 구성할 수 있다. 정식당원이 100명이 넘는 곳에서는 상급 당조직의 승인하에 당 기층위원회를 구성할 수 있으며, 당 기층위원회는 산하에 총지부위원회나 지부위원회를 구성할 수 있다. 즉 지부와 총지부의 상부에는 당의 기층위원회가 존재하는데, 당 기층위원회는 공산당

50 당위원회 핵심 관계자 인터뷰(2015.8.10.); 乐清外出流动党员第一工作委员会,「乐清市探索加强在京非公经济党建工作」.

〈표 4-1〉 제1공작위원회 산하 26개 당지부 명칭과 승인 주체

당지부 명칭	승인 주체	당지부 명칭	승인 주체
京乐党支部	제1공작위원회	乐成街道驻京党支部	유출 소재지 향진
京温市场党支部	제1공작위원회	城东街道驻京党支部	유출 소재지 향진
大红门商贸城党支部	제1공작위원회	城南街道驻京党支部	유출 소재지 향진
京都轻纺城党支部	제1공작위원회	虹桥镇驻京党支部	유출 소재지 향진
五金机电城党支部	제1공작위원회	虹桥镇南岳驻京党支部	유출 소재지 향진
石家庄党支部	제1공작위원회	虹桥蒲岐驻京党支部	유출 소재지 향진
南小街党支部	제1공작위원회	芙蓉镇外出北京第一总支	유출 소재지 향진
乐西党支部	제1공작위원회	芙蓉镇外出北京第二总支	유출 소재지 향진
环球众人众轻纺市场党支部	제1공작위원회	芙蓉镇外出北京第三总支	유출 소재지 향진
乐东党支部	제1공작위원회	大荆驻京联合党支部	유출 소재지 향진
乐商党支部	제1공작위원회	柳市镇驻京党支部	유출 소재지 향진
京南党支部	제1공작위원회	柳市镇象阳驻京党支部	유출 소재지 향진
		北白象镇驻京党支部	유출 소재지 향진
		淡溪镇驻京党支部	유출 소재지 향진

출처: 관련 인사와의 인터뷰.

의 기층 단위의 종합적인(总的) 영도기관으로 존재한다.[51] 제1공작위원회의 경우, 산하 3개의 총지부를 제외한 대부분의 조직이 지부 형태를 보인다.[52] 총지부들은 본래 당원 인원 50명을 초과한 푸룽전(芙蓉镇)

51 당지부 산하에는 당지부의 일부로 당소조(党小组)가 존재한다. 당소조는 당원의 학습, 조직생활 및 기타생활 전개에 편리를 위해 당원의 수와 분포 상황에 따라 구성된다. 이에 대해서는 金钊, 王政堂(2015: 20), 本书编写组(2012: 25-26), 杨德山, 赵淑梅(2014: 102), 张荣臣(2013: 12-13), 卫志民, 管永前(2015: 23-29), 本书编写组(2017: 36-37) 참고.

52 사영기업가 당지부 서기 인터뷰(2016.3.15.).

지부가 상급기관에 신청하여 설립되었다.[53]

제1공작위원회는 서기, 부서기, 기율검사위원(纪检委员), 조직위원(组织委员), 통일전선위원(统战委员), 선전위원(宣传委员), 자선위원(慈善委员), 연락위원(联络委员) 등 8명으로 구성되어 있다.[54] 당위원회의 위원들은 매년 연말에 평의(评议)를 통해 유임이 가능하다. 평의에서는 당위원회 위원의 자기 자신에 대한 평가, 청중의 당위원에 대한 평가가 실시된다. 만일 당위원회 위원이 평의에서 제시된 청중의 부정적 평가와 단점에 대하여 무시하고 계속 자신의 문제점을 보완하지 않으면 당위원회위원의 직위가 박탈된다. 그렇지만 당원들이 계속 동의하는 한 당위원회 위원들은 길게는 10여 년 이상 유임할 수 있다.[55]

반면, 제1공작위원회 산하 지부(支部)들의 경우 3년에 1회 선거를 통해 위원이 선출된다. 선출되는 과정에서 세대교체가 발생하기도 하며, 기존 인사가 유임이 되기도 한다.[56] 당지부 서기의 선거에서 개인의 경제적 실력이 가장 중요하게 작용한다. 성공한 사영기업가들에게

53 사영기업가 당지부 서기 인터뷰(2016.3.16.); 사영기업가 당지부 서기 인터뷰(2015.8.4.).

54 당의 기층위원회는 당원 대회 또는 대표대회를 통해 구성되며, 총지부위원회와 지부위원회는 당원 대표대회를 통해 구성된다. 당의 기층위원회의 매회 임기는 3~5년이며, 총지부위원회, 지부위원회의 매회 임기는 2~3년으로 규정된다. 당의 기층위원회는 당의 기층 대표대회 폐회 기간 동안 기층의 일상 업무를 책임진다. 또한 대표대회를 통해 선출된 당 기층위원회는 〈당헌〉 및 〈중국공산당 기층조직 선거작업 임시조례(中国共产党基层组织选举工作暂行条例)〉에 의거하여 서기와 부서기를 선출한다. 〈중국 공산당 기층조직 선거작업 임시조례〉의 전문은 本书编写组(2015: 402-407), 기층 당조직의 구성에 관해서는 郑绍保(2015: 14), 石国亮(2015: 12-13), 本书编写组(2012: 18-19) 참고.

55 사영기업가 당지부 서기 인터뷰(2016.3.16.).

56 사영기업가 당지부 서기 인터뷰(2016.3.16.).

당지부의 서기직은 가장 중요한 신분으로 인식된다(项飙, 2017: 92). 당서기가 됨으로써 원저우시 당원 대표대회의 대표가 되거나, 당과 국가의 고위 지도자와 인맥을 형성하는 등 상류사회의 인정을 받을 수 있기 때문이다.

일반적으로 당지부위원회의 명단은 상급 당조직이 당원과 업무의 수요에 의해서 결정하는데, 주로 3~5명으로 구성되며 7명을 초과하지 않는다. 당지부위원회는 서기, 부서기 이외에 일반적으로 조직위원, 선전위원, 기율검사위원으로 구성된다. 위원의 수가 적은 경우 겸임을 할 수 있으며, 일부 위원은 경우에 따라서는 구성되지 않을 수도 있고, 업무의 필요에 따라 군중위원, 통일전선위원, 비밀보호위원 등을 구성할 수 있다.[57] 제1공작위원회 산하 당지부의 경우, 당지부위원회는 서기, 부서기, 기율검사위원, 조직위원, 선전위원 등 5명으로 구성되며, 당지부의 상황에 따라서 서기가 다른 위원직을 겸직하는 경우도 있다.[58]

제1공작위원회는 "당위원회가 당지부를 지도하고, 지부가 당원을 지휘하고, 당원이 상호(商户)를 지도한다"는 방침을 통해 당원이 베이징 현지와 고향 웨칭 경제사회의 상호 발전에 기여하도록 노력하고 있다.[59]

57 통상적으로 당원이 7~15명인 지부의 위원회는 3명으로 구성되며, 15명 이상인 경우 위원회는 5~7명으로 구성된다. 당원이 7명 이하인 경우 위원회를 설립하지 않고 서기 1명만을 임명하며, 필요한 경우 부서기 1명 또는 지부간사 1명을 임명한다. 자세한 논의는 石国亮(2015: 13), 本书编写组(2012: 17), 张荣臣(2013: 9), 本书编写组(2015: 94-95), 金钊(2015: 222) 등 참고.

58 사영기업가 당지부 서기 인터뷰(2016.3.15.); 사영기업가 당지부 서기 인터뷰(2016.3.31.).

59 乐清外出流动党员第一工作委员会, 「中共乐清市外出流动党员第一工作委员会简况 暨在京非公经济党建工作中的探索」.

4. 제1공작위원회 사례의 시사점

베이징에 진출한 웨칭 출신 사영기업가들에 의한 제1공작위원회의 설립과 발전 사례는 국가-사영기업가 간의 관계에 많은 점을 시사한다.

먼저, 사영분야의 당조직 형성과정을 살펴볼 때, 사영기업가의 포섭이 국가적 정책의 주도만으로 이루어진 것이 아님을 알 수 있다. 제3장에서 검토한 바와 같이, 개혁개방이 우선적으로 전개된 지역을 중심으로 사영분야에 대한 포섭이 중앙에서 '삼개대표'를 선언하기 이전부터 먼저 진행되었고, 중앙은 이들 지역의 경험에 주목하고 적극적인 지지를 보냈다. 이처럼 사영기업가의 포섭과 사영분야 당조직 건설에서 지방의 정책 역시 중요한 요소로 작용하였다. 또한 한편으로 지방 정책의 영향하에 사영기업가들 역시 자신의 이해관계에 따라 자발적으로 당조직을 설립하여 국가에 편입되는 행위를 보였다. 베이징에 진출한 웨칭 출신 사영기업가들은 자신들에게 적대적인 입장을 보인 펑타이구 당정기관에 대응하고자 자신에게 우호적인 고향 당정기관과 연대를 통해 당조직을 설립하였다. 사영기업가의 적극적인 당조직 건설 개입은 사영분야 포섭정책을 국가 중심적인 하향식 관점뿐만이 아닌 상향식 관점에서도 분석할 필요가 있음을 시사한다.

두 번째로, 개혁기 국가-사영기업가 관계는 국가의 통일되고 유기적이며 단일한 행동에 의해서 형성된 것이 아님을 알 수 있다. 제1공작위원회의 설립과 발전과정은 지방정부 간의 첨예한 대립, 사영기업가들과 고향 당정기관 간의 연대 등 다양한 동학이 국가-사영기업가 관계에 나타남을 보여주는 중요한 사례이다. 베이징 현지 정부의 입장에서 웨칭 출신의 사영기업가들은 사회 혼란과 치안을 어지럽히는 존재였지만, 고향 당정기관의 관점에서 베이징에 진출한 사영기업가들은 향후 고향 발전에 기여할 수 있는 잠재적인 경제적 성장의 중요한 재원이었고, 고향정부는 이들의 사회경제적 지위를 보호해야 할 필요성을 인식하였다(Jeong, 2002: 37). 이러한 지방정부들 사이의 입장 차이는 사영기업가들의 전략적 선택의 폭을 넓혀주었다.

세 번째로, 제1공작위원회의 사례는 사영기업가들이 자신의 권익 보호를 위한 수단으로 공산당을 선택할 수 있음을 보여준다. 사영기업가들은 당조직을 설립하여 자신의 권리를 침해하는 지방정부에 대응하였다. 따라서 제1공작위원회의 사례는 사영기업가가 법에 의거한 저항(依法抗争)뿐만 아니라 당에 의거한 저항(依党抗争) 역시 추진할 수 있음을 보여주는 중요한 사례이다. 향후 당을 통한 저항이라는 권익보호의 양태에 대한 더 많은 연구 역시 필요할 것으로 보인다.

마지막으로, 제1공작위원회의 사례는 당조직을 통한 사영기업가들의 권익보호는 중앙의 명령에 직접적으로 저항하지 못한다는 한계를 보여준다. 1995년 리펑 총리의 저장촌 철거명령, 2010년 국무원의 현금 연락처 철거명령 등 중앙의 지시에 대해서 사영기업가들은 직접적으로 자신의 이익을 침해하는 중앙의 결정에 반대의견을 공개적으로 표하지 못하였다. 다만, 사영기업가 당원들은 언론을 이용하거나 상급기관과의 긴밀한 소통을 통해 중앙의 의사를 거스르지 않는 수준에서 자신의 이익을 보호하는 차선책을 모색하였다. 이러한 중앙의 권위에 도전하지 않으면서 이익의 극대화를 추구하는 사영기업가의 전략은 개혁기 중국의 국가-사영기업가 관계가 서구의 그것과 달리 대립적이지 않음을 암시한다. 한편으로, 제1공작위원회의 사례는 국가-사영기업가 관계에서 중앙의 권위가 매우 강력한 것은 사실이지만, 미시적으로 보면 사영기업가들이 중앙의 권위에 도전하지 않고도 원하는 바를 추구할 수 있음을 보여준다. 이러한 제도적 융통성과 탄력성이 국가-사영기업가 관계의 또 다른 특징이라고 볼 수 있다.

제5장

제1공작위원회의 당원 충원과정

중화인민공화국의 건국 이래 공산당은 자신의 정체성 인식 변화에 따라 입당대상을 지속적으로 변화시켜 왔다.[1] 개혁개방 이전 계급정당으로서 공산당은 타인을 착취하는 집단을 입당대상에서 배제하여 왔으며, 노동자, 농민, 군인 및 혁명분자를 충원대상으로 규정하여 왔다. 또한 당 스스로 "노동자 계층의 선진부대이자 노동자 계급조직의 최고형식" 또는 "무산계급의 정당, 무산계급의 선진분자에 의해 구성되며, 무산계급과 혁명군중의 계급의 적에 대한 전투를 영도하는 생기 넘치는 선봉대 조직"임을 자처함으로써 계급투쟁과 공산주의의 실현을 추구하는 정당임을 천명하였다. 이는 제8차에서 제11차 당대회에 걸쳐 수정된 〈공산당장정(共产党章程)〉(이하 〈당헌〉)에 명시된 공산당의 정의와 충원대상에서 잘 나타난다.

한편, 개혁개방 이래 중국 공산당은 더 이상 계급투쟁과 공산주의의 실현을 추구하는 정당이 아닌 다양한 계층의 이익을 대변하는 정당으로 자신의 정체성을 변화시켰다. 개혁개방 이후 공산당은 스스로를 "노동자 계급의 선봉대이며, 중국 각 민족 이익의 충실한 대표이자

1 이하의 내용은 필자의 공저 논문인 Yoon and Jeong(2018)의 내용을 수정, 보완한 것이다.

사회주의 사업의 영도 핵심(12~15차 당대회)"에서 "중국 노동자 계급의 선봉대이며 동시에 중화인민공화국과 중화민족의 선봉대, 중국 특색의 사회주의 사업의 영도 핵심이며, 중국의 선진 생산력의 발전 요구, 중국 선진문화의 전진 방향, 광범위한 인민의 근본 이익을 대표(16차 당대회 이후)"하는 조직으로 정의하면서 과거 계급정당에서 더욱 광범위한 인민을 대표하는 정당으로 위상을 전환하는 한편, 다양한 계층의 이익의 대변자를 자처하고 있다. 특히 중국 공산당은 삼개대표 선언 이후 개혁기 새롭게 부상한 계층인 사영기업가 계층의 입당을 공식적으로 허용, 체제 내로 포섭함으로써 사회 내에서 공산당의 영향력 확대를 추진하였다(Goodman, 2016). 본문에서 검토하는 제1공작위원회를 통한 사영기업가들의 입당 역시 16차 당대회를 기점으로 비약적으로 증가하였다.[2]

그러나 사영기업가의 체제 내 포섭이 반드시 공산당에 좋은 것만은 아니다. 기존 연구들은 공산당의 사영기업가 포섭과 입당의 용인은 공산당 입장에서 체제 내에 다양한 세력을 끌어들임으로 체제의 안정을 취할 수 있지만, 역으로 기존 공산당과의 가치관을 공유하지 않는 집단을 체제 내로 끌어들임으로 잠재적인 분열의 위기를 초래할 수 있는 위험한 전략이라고 경고한다(Dickson, 2003; Han, 2015). 이러한 당내 분열의 잠재적 위험에 대응하여 시진핑 시기 공산당은 당원의 충원과 정부터 당원의 순결성을 강조하며 매우 엄격한 기준을 적용하여 충원을 전개하고 있다.

필자는 이하에서 사영기업가의 입당과정을 분석하여 사영기업가의 입당과정에서 나타나는 국가-사영기업가 관계의 동학을 검토하고

2 사영기업가 당지부 서기 인터뷰(2015.8.5.)

자 한다. 구체적으로, 시진핑 시기의 엄격한 당원 충원과정이 사영기업가의 포섭에 미치는 영향과 입당과정을 거친 사영기업가들이 체제 옹호의 세력으로 변화되는지를 파악하고자 한다. 이를 위해 본문에서는 이하의 질문을 제시한다.

먼저, 중국 공산당은 어떠한 기준으로 사영기업가를 충원하는가? 중국 공산당은 삼개대표 이후 사영기업가 및 새로운 계층에서의 '선진분자'의 입당을 공식화하였다. 그러나 한편으로 당원의 질적인 수준을 보장하기 위해 18차 당대회 이후 당원 충원에 대한 엄밀한 검증의 절차를 마련하였다. 본문에서는 삼개대표 이후 공산당의 충원정책 변화 분석을 통해 공산당이 원하는 당원으로서 적합한 인재를 분석하고, 기층에서 사영기업가의 충원과정에는 어떻게 반영되는지를 파악하고자 한다.

두 번째로, 기층의 사영분야 당조직이 선호하는 충원대상은 중앙의 관점과 일치하는가? 이를 검토하기 위해서는 두 가지 층위에서의 평가가 필요하다. 먼저, 당지부와 당위원회 등 기층 사영분야 당조직에서 실제로 충원과정에서 중앙의 의도에 맞는 검증 절차를 전개하는가를 파악할 필요가 있다. 만일 당지부와 당위원회에서의 검증 절차가 중앙의 방침에 부합한다면, 이는 중앙의 충원정책이 기층에서 반영되고 있음을 의미한다. 한편으로, 사영기업가 충원과정에서 기층의 동료 사영기업가 당원들이 어떠한 인사를 선호하는지를 검토할 필요가 있다. 기층 당조직의 사영기업가 당원들은 입당을 희망하는 사영기업가들이 동료 당원으로서 적합한지를 관찰, 심사하는 입장에 있다. 따라서 입당 후보자 선별과정에서 사영기업가 당원들이 충원대상으로서 공산당 중앙에서 요구하는 정치적 신념이 투철한 인재를 선호하는지를 살펴볼 것이다. 이 기준이 일치할수록 중앙의 의도대로 사영기업가 충원이 전개되고 있으며, 이미 당원이 된 사영기업가가 체제 안에 효과적으로 포섭되었음을 의미한다.

세 번째로, 입당과정에서 정치적 검증을 거친 사영기업가는 공산당에 대해 높은 정치적 충성을 보이는가? 만일 사영기업가들이 엄밀한 정치적 심사를 거쳐 입당을 하게 되었다면, 이들은 자신의 물질적 이익보다 공산당에 대해 더욱 정치적 충성을 보일 것이다. 과연 당원이 된 사영기업가가 자신의 물질적 이익보다 공산당에 대한 헌신과 충성을 더욱 중시하는지를 검토할 것이다.

궁극적으로 당중앙의 사영기업가 당원 충원정책이 공산당-사영기업가 관계에 미치는 영향은 무엇인가? 다시 말해, 현재 더욱 엄격해진 사영기업가 충원정책은 사영기업가들의 정치적 태도에 어떠한 영향을 줄 것인가? 그 이유는 무엇인가? 등의 문제를 분석하는 것을 본문의 목적으로 한다. 이상의 질문을 통해 공산당의 사영기업가 충원정책의 변화가 국가-사영기업가 관계에 미치는 영향을 평가하고자 한다.

본문에서는 구체적으로 제1공작위원회 및 산하 당지부들의 사영기업가 충원 사례를 중심으로 사영기업가의 입당과정과 입당과정에서 나타난 당지부 및 당위원회의 역할을 분석함으로써 사영기업가의 입당이 실제로 공산당에 부합하는 인재를 올바르게 충원하고 있는가, 당중앙의 의도와 바람대로 정치적 순결성을 갖춘 사영기업가들이 새롭게 충원되는가를 분석한다.

이를 통해 본문에서는 다음과 같은 주장을 제기하고자 한다. 첫째, 시진핑 시기 더욱 엄격해진 당원 충원정책으로 인해 입당 희망자의 입당은 매우 어려워지게 되었다. 시진핑 정권은 당의 순결성과 입당의 엄밀성을 강조하고 있으며, 그에 따라 당원의 충원은 매우 엄격한 기준을 거치게 되었다. 제1공작위원회의 사영기업가의 충원은 국가의 방침대로 매우 엄격한 과정을 거치는데, 특히 입당지원자의 과거의 정치적 경력과 현재의 정치적 사상에 대해 최소 2년 이상의 끊임없는 검증을 거치게 된다. 또한 공산당에 입당 가능한 후보자의 수를 국가 차원에서 엄격히 통제함에 따라 기층의 제1공작위원회를 통해 충원되는 사영기업가 당원의 수는 감소하였다. 엄밀한 입당 절차와 입당 가능인원의 제한은 입당을 희망하는 사영기업가의 수를 감소시켰는데, 이러한 사영기업가 입당정책 변화는 삼개대표 이래 사영기업가를 체제 내로 포섭하고자 하였던 공산당의 전략을 약화시킬 수 있는 요인이다.

둘째, 기층 차원 당원 충원과정에서 평판과 사업의 규모가 입당 승인에 중요하게 작용한다. 입당과정에서 당지부는 강력한 권한을 행사할 수 있으며, 이는 비공식적 인맥이 충원과정에서 개입할 수 있는 여지를 제공한다. 이미 당원이 된 사영기업가들은 자신의 동료 당원으로 자신의 사업의 발전에 도움을 줄 수 있는 사회적·상업적으로 검증된 사영기업가를 선호한다. 사회적 평판이 좋고 실력이 있는 사영기업가의 입당은 당지부를 중심으로 성공한 사영기업가들의 네트워크 형성과 상호 연대를 강화시키는 효과를 가져온다.

셋째, 중앙의 엄격한 입당기준에도 불구하고 사영기업가의 입당 동기는 여전히 정치적인 요인보다 경제적인 요인이 더욱 크게 작용한다. 사영기업가들의 입당 동기는 당중앙이 요구하는 공산주의에 대한 헌신보다는 자신의 사업체 및 이익에 대한 보호가 더 크게 작용한다. 이처럼 제1공작위원회의 사영기업가 당원 충원 사례는 공산당의 정책이 기층 사영기업가들의 이해관계와 복잡하게 맞물려 집행되고 있음을 보여준다.

1. 공산당의 충원정책 변화와 입당규제 강화

시진핑 정권으로의 권력승계가 공식화된 18차 당대회를 전후하여 공산당은 새롭게 충원되는 당원에 대한 검증을 더욱 강조하게 되었다. 개혁개방 이후 공산당은 입당대상을 점차 확대하여 왔고, 다양한 계층의 이익을 대변할 필요성이 더욱 증가하였다. 그에 따라 당원의 수는 급증하였고, 당원의 출신 배경 역시 다양해지게 되었다. 급격한 당원의 양적 증가에 의해 제대로 검증되지 않은 인원이 당원으로 충원되는 문제, 과거와 달라진 현실에 부합하는 입당의 규정이 필요해진 시대적 상황 등의 문제가 본격적으로 논의되었고, 이는 시진핑 시기 입당의 규제를 더욱 강화하게 된 요인으로 작용하였다.

개혁개방 이후 공산당은 입당대상을 더욱 확대하였다. 1978년 공산당은 당의 임무를 계급투쟁에서 4개 현대화의 추진으로 전환하였고(Gold, 1989: 192), 경제성장과 삶의 질 개선을 정당성의 근간으로 삼게 되었다(Chen and Dickson, 2010). 당의 중점이 경제성장으로 전환됨에 따라서 공산당은 입당대상 범위를 확대하였다. 먼저, 공산당은 1982년 12차 당대회를 통해서 지식인의 입당을 허용하였으며(Li, 2001b), 사영분야의 위상 역시 갈수록 격상되자 공산당은 2002년 16차 당대회 이래 사영기업가를 포함한 '기타 사회 계층의 선진분자'의 입당을 공식적으로 허용하였다. 특히 장쩌민이 〈7.1강화〉에 언급한 당원 조건에 부합하는 우수 계층인 민영과학기술의 종사인원과 기술인원, 외자기업의 관리기술인원, 개체호, 사영기업주, 중개조직 종사자, 자유직업자 등의 입당을 허용하여 당의 사회 내에서의 영향력 확대를 추구하였다.[3]

3 中国网,「江泽民在庆祝中国共产党成立八十周年大会上的讲话」, http://www.

또한 공산당의 입당대상 확대는 개혁개방 이후 중국 사회의 계층 구조 변화 때문이기도 하였다. 개혁기 중국의 사회경제적 변화는 마오쩌둥 시기 '두 개의 계급과 하나의 계층(노동자 계급, 농민계급과 지식인 계층)' 형태에서 다양한 계층의 출현을 야기하였다(陆学艺, 2002; 김윤태, 2009). 이처럼 새롭게 형성된 사회 계층 구성원 중 우수한 인재를 당내로 포섭시키는 것은 당의 계급 기초 강화 및 군중 기초의 확대, 당의 사회 영향력 개선, 당의 선진성과 사회안정 유지 등에 필요한 과제가 되었다(陈永春, 2003: 42). 그에 따라 당원의 수는 비약적으로 증가하였으며,[4] 당내에 전통적인 공산주의적 신념을 온전히 받아들이지 못하는 집단의 입당이 문제시되었다. 입당한 당원 중 일부는 중국 특색의 사회주의 신념을 믿기 때문이라기보다, 공산당원 신분이 주는 다양한 혜택에 더 많은 관심을 가지고 입당을 하였다고 지적되었다.[5] 특히 사영기업가 등 개혁개방과 시장경제의 발전 이후 당에 입당한 인사들은 공산주의 신념을 공유하지 않을 수 있으며, 이는 잠재적인 당의 분열요소로 간주되었다(Han, 2015; Dickson, 2003).

두 번째로, 과도한 양적 성장에 따라 제대로 검증되지 않은 인원의 입당문제가 부각되었다. 중국 공산당은 당원 수가 8,000만 명을 넘어서는 외형적 성과를 이루었지만, 당원의 수가 급증하면서 당원의 입당과정에서 좋은 인재와 나쁜 인재가 섞여 들어오는(泥沙俱下) 현상과 부정 풍조가 형성되는 문제가 발생하였다. 그 결과 "조직적으로는 입

china.com.cn/zhuanti2005/txt/2001-07/01/content_5042177.htm(검색일: 2015.9.30.).

4 求是网, 「新形势下怎样发展党员」, http://www.qstheory.cn/CPC/2014-06/24/c_1111284246.htm(검색일: 2016.1.1.).

5 求是网, 「扎实做好保持党的纯洁性各项工作」, http://www.qstheory.cn/zxdk/2012/201206/201203/t20120315_145649.htm(검색일: 2016.1.1).

당했으나 사상적으로는 입당하지 않은(组织上入党, 思想上没入党)" 당원에 의한 당의 이미지 훼손 문제가 발생하였고, 공산당 입당 희망 인원에 대한 엄격한 검증이 필요하게 되었다.[6]

마지막으로 시대의 변화에 따른 새로운 입당규정의 필요성이 제기되었다. 개혁개방의 심화와 시장 경제발전에 의해 당의 건설 임무 역시 크게 변화할 수밖에 없었다. 그러나 기존 당원 충원의 주요 정책인 〈중국 공산당 당원충원 업무세칙(시행)[中国共产党发展党员工作细则(试行)]〉(이하 〈세칙(시행)〉)은 1990년에 제정되었고, 그에 따라 지난 20여 년 간의 중앙의 요구, 당원 충원과정에서 나타난 새로운 문제, 각종 지방의 당원 충원 경험을 반영하지 못하는 한계 등을 가지고 있었다.[7]

그에 따라 공산당 지도부는 18차 당대회를 전후하여 당의 순결성과 입당의 엄격한 기준을 강조하게 되었다. 2012년 1월 후진타오는 중국 공산당 제17기 중앙기율감찰위원회 제7차 전체회의(中国共产党第十七届中央纪律检查委员会第七次全体会议)에서 당의 순결성 유지를 강조하였다. 이는 당원의 순결성 유지가 역사적으로 볼 때 공산당의 장기 집권의 중요한 기반이었고, 향후의 지배정당성 유지에도 큰 영향을 미치기 때문이었다.[8] 이러한 맥락에서 시진핑 역시 2012년 3월 입당 동기에 대한 진지한 분석과 엄격한 기준과 절차를 통해 새롭게 충원되는 당원의 수준을 보장하여 "병을 가진 채로 입당(带病入党)"하지 못하도

6 新华网, 「发展党员新《细则》解读: 严把党员"入口"关」, http://news.xinhuanet.com/legal/2014-06/30/c_126690368.htm(검색일: 2016.1.1.).

7 人民网, 「中组部负责人解读《中国共产党发展党员工作细则》」, http://theory.people.com.cn/n/2014/0612/c40531-25137583.html(검색일: 2016.1.1.).

8 求是网, 「胡锦涛: 切实做好保持党的纯洁性各项工作 深入推进党风廉政建设和反腐败斗争」, http://www.qstheory.cn/zywz/201201/t20120110_134027.htm(검색일: 2016.1.1.).

록 해야 한다고 강조하였다.[9] 또한 시진핑은 18차 당대회 직후인 2013년 1월 중앙정치국 회의를 통해 새로운 형세하에서의 당원 충원과 관리 업무에 대한 전문적 연구를 편성하였다. 그 결과 2013년 2월 중공중앙판공청은 〈새로운 형세하에서의 당원 충원과 당원관리 업무 강화에 관한 의견(关于加强新形势下发展党员和党员管理工作的意见)〉(이하 〈의견〉)을 발표하여 당원 충원에 대하여 "총량통제, 구조개선, 질적개선, 역할발휘(控制总量, 优化结构, 提高质量, 发挥作用)"라는 16자 방침을 제시하는 한편, 당원의 충원에서 정치적 기준을 최우선으로 삼을 것을 언명하였다. 또한 향후 10년간 연평균 당원 총수의 순수 증가율을 1.5%로 유지하며, 계획적이고 단계적으로(有步履地) 당원을 충원한다는 방침 또한 제시하였다.[10]

더 나아가 중국 공산당은 2014년 5월 28일 〈중국공산당 당원충원 업무세칙(中国共产党发展党员工作细则)〉(이하 세칙〉)을 발표하였다.[11] 〈세칙〉은 2013년 발표된 〈의견〉에서 발표된 16자 방침과 당원의 충원에서 정치적 기준을 최우선 순위로 둔다는 방침을 재천명하였다. 또한 〈세칙〉은 당 기층조직이 맑스주의 신앙, 공산주의 각오 및 중국 특색의 사회주의 신념을 가지고 사회주의 핵심 가치관을 자발적으로 실천하는

9 求是网, 「扎实做好保持党的纯洁性各项工作」, http://www.qstheory.cn/zxdk/2012/201206/201203/t20120315_145649.htm(검색일: 2016.1.1.). 당원의 순결성이 공산당의 지배정당성에 미치는 영향에 관한 중국 내의 논의에 대해서는 中共中央组织部党建研究所课题组(2013), 王伟(2012), 赵周贤, 刘光明(2012), 赵士红(2012), 曾金多(2012), 刘宗洪(2012) 등 참고.

10 「关于加强新形势下发展党员和党员管理工作的意见」. 전문은 中国共产党发展党员工作细则学习读本编写组(2014: 135-144)를 참고하였다.

11 〈세칙〉의 전문은 中国法制出版社(2014), 발표 일자에 관해서는 人民网, 「中组部负责人解读《中国共产党发展党员工作细则》」, http://theory.people.com.cn/n/2014/0612/c40531-25137583.html(검색일: 2016.1.1.) 참고.

선진분자를 입당시킬 것을 명시하였다.[12] 그리고 〈세칙〉은 정치심사의 기준과 내용의 엄격성을 강화하고, 정치심사를 받지 않거나 정치심사에 불합격되는 인원의 입당을 금지하였다. 이는 과거 발표되었던 〈세칙(시행)〉이 공산주의 각오를 가진 선진분자의 입당 허용을 명시한 것과 비교하면 〈세칙〉에서는 더욱 정치적으로 엄밀한 기준으로 충원대상을 선별할 것을 선언한 것이었다.[13]

한편으로, 〈세칙〉은 당원 충원 절차의 세부적인 내용을 명시하였다. 〈세칙〉은 입당신청, 입당적극분자(入党积极分子)의 확정, 충원대상(发展对象)의 확정, 예비당원(预备党员)의 접수 및 심사 등 각각의 과정에서 세부적인 절차를 명시하였고, 이를 통해 충원되는 당원의 수준을 확보하고자 하였다.[14] 마지막으로 〈세칙〉은 당원 충원과정에서의 기율을 더욱 강화하였다. 〈세칙〉 제41조는 당원 충원과정에서의 기율 위반 부정행위에 대해서는 엄격한 조사와 처리를 명시하였다. 또한 기준을 지키기 않고 과정을 이행하지 않으며, 심사 기한을 넘기거나 배양 심사에 과실을 저지르는 경우 엄격하게 관리하지 못한 당조직과 당사자에 대한 처벌을 명시하였다.[15]

결론적으로 시진핑 시기 공산당은 새롭게 충원되는 당원의 질을 강조하였다. 공산당은 충원과정에서 정치적 기준을 최우선으로 강조했으며, 충원되는 당원의 정치적 사상에 대한 지속적인 검증을 추구하

12 〈中国共产党发展党员工作细则〉 第2条; 〈中国共产党发展党员工作细则〉 第3条; 〈中国共产党发展党员工作细则(试行)〉의 전문은 中国共产党新闻网, 「中国共产党发展党员工作细则(试行)」, http://cpc.people.com.cn/GB/64162/71380/71387/71591/4855120.html(검색일: 2016.1.1.) 참고.

13 〈中国共产党发展党员工作细则〉 第16条.

14 人民网, 「中组部负责人解读《中国共产党发展党员工作细则》」, http://theory.people.com.cn/n/2014/0612/c40531-25137583.html(검색일: 2016.1.1.).

15 〈中国共产党发展党员工作细则〉 第41条.

고 있다. 이를 통해 당의 순결성과 선진성을 유지하고 군중 사이에서 선봉 역할을 바르게 수행함으로써, 당의 이미지를 개선하고 당의 지배 정당성의 강화를 도모하는 것이다. 시진핑 시기 당원 충원의 양보다 질의 중시 정책에 따라 전국 각지의 입당과정 역시 매우 엄격하게 진행되게 되었다.[16] 그렇다면 이러한 공산당의 충원정책은 사영기업가의 입당에 어떻게 반영되는가? 이하에서는 제1공작위원회의 실제 충원 사례를 통해 실제 사영기업가의 입당정책을 분석하겠다.

2. 제1공작위원회의 사영기업가 입당과정

삼개대표 이후 제1공작위원회와 산하 당지부를 통해 충원된 당원은 최근 10여 년 동안 약 600명에 이르고 있는데, 대부분 사영기업가 출신이다.[17] 〈표 5-1〉과 같이 제1공작위원회에서의 당조직 입당과정은 크게 '입당신청 → 입당적극분자 → 충원대상 → 예비당원 → 정식당원'의 과정으로 나누어지며, 최근 중앙의 충원방침 변화에 따라 사영기업가의 입당은 당지부와 당위원회의 철저한 검증 속에서 전개되고 있다.

입당은 최소 2~3년의 시간을 필요로 하며, 입당 전 과정에서 입당신청자는 당지부와 당위원회를 통해 끊임없이 자신의 과거의 정치경력과 현재의 정치사상을 검증받는다. 이하에서는 제1공작위원회 관계자 및 일반당원들과의 인터뷰, 그리고 제1공작위원회의 사영기업가

16 전국 각지의 기층에서의 "병을 가진 채로 입당"하는 문제를 근절하기 위한 노력들은 陈钰滢(2014), 梁竞赢(2015), 张全胜, 柴高原(2015), 杨睿(2015), 吴兰, 杨睿(2014) 등 참고.

17 당위원회 핵심 관계자 인터뷰(2015.8.10.).

〈표 5-1〉 제1공작위원회의 당원 충원과정

단계	주요 과정
입당신청과 입당적극분자 확정	입당신청서(入党申请书) 제출
	추천서 제출
	당지부의 입당신청자 조사와 여론 수렴
	당위원회의 입당신청자 베이징 현지에서 생업종사 및 거주여부 관련자료 검토와 승인
	입당적극분자 확정
입당적극분자 심사와 충원대상 확정	입당적극분자에 대한 배양연락인(培养联系人) 지명
	입당적극분자에 대한 교육 및 평가(考察)
	당지부의 입당적극분자에 대한 당 내외 여론 조사
	당지부위원회(党支部委员会)의 입당적극분자에 대한 토의와 승인
	당위원회의 입당적극분자에 대한 정치적 심사
	충원대상 확정
충원대상의 예비당원 전환	충원대상에 대한 입당소개인(入党介绍人) 확정
	충원대상에 대한 교육 및 평가
	〈중국공산당 입당지원서(入党志愿书)〉 제출
	당지부위원회의 충원대상의 예비당원 전환에 대한 검토
	지부대회(支部大会)를 통한 충원대상의 예비당원 전환여부 의결
	당위원회의 충원대상의 예비당원 전환여부에 대한 검토
	예비당원 전환 승인
예비당원의 정식당원 전환	예비당원의 당소조(党小组) 편입
	예비당원에 대한 일상적 교육 및 평가
	입당 선언
	정식당원 전환 신청
	당소조의 의견 제시
	지부의 정식당원 전환에 관한 당 내외 의견 청취
	지부위원회의 정식당원 전환 토의
	지부대회에서의 정식당원 전환 표결
	당위원회의 정식당원 전환에 대한 심사와 승인
	자료(档案) 보관

출처: 당위원회 관계자 및 당지부 서기들과의 인터뷰, 그리고 中共乐清市乐成街工作委员会의『发展党员工作手册』의 내용을 바탕으로 재구성.

입당에 관한 내부문건을 기초로 하여, 제1공작위원회와 산하 당지부의 충원과정 및 주요 특징을 검토하고자 한다.

1) 입당신청과 입당적극분자 확정

입당 절차는 입당을 희망하는 사영기업가가 당지부에 입당신청서를 제출함으로써 시작된다. 입당신청자는 ① 입당신청의 이유와 입당의 동기, ② 입당신청자의 정치신념, 성장이력, 사상, 업무학습 등에 대한 정보, ③ 입당 태도와 결심, ④ 기타 당조직에 필요한 설명 등을 입당신청서에 기재한다.[18] 입당신청서를 작성한 이후 입당대상자는 자기소개서(自传)를 작성하는데, 여기에는 개인의 경력뿐만 아니라 정치적 입장을 진술한다. 특히 문화대혁명, 1989년 천안문사태에 대한 사상적 태도를 명확히 밝혀야 한다.[19] 또한 입당신청자는 해당 지부의 당원으로부터 추천서를 받아서 당지부에 제출해야 하는데, 제1공작위원회의 경우 지부 내 사영기업가 당원들의 추천을 받는 경우가 일반적이다.[20]

입당신청자에 대하여 당지부는 당안을 작성하고, 입당신청자와의 면담을 통해 입당동기, 정치사상, 경력 및 가정 상황, 학습 상황을 파악한다.[21] 당지부는 입당신청자와의 면담 이후, 신청자의 소속 당조직 관련자들(단위의 당소조, 기타 당소조, 당원 및 단위 지도자)과 당 외부 군중의 의견을 접수, 평가하며 회의를 통해 입당신청자를 입당적극분자로 받아들일지를 결정한다. 당지부는 입당적극분자로 분류된 입당신청자의

18 中共乐清市乐成街工作委员会, 『发展党员工作手册』, p. 1.

19 中共乐清市乐成街工作委员会, p. 4.

20 당위원회 핵심 관계자 인터뷰(2015.8.10.).

21 中共乐清市乐成街工作委员会, p. 6.

자료와 회의기록을 상급기관인 당위원회(제1공작위원회)에 전달한다.[22] 당위원회의 심사를 통과한 입당신청자는 입당적극분자(入党积极分子)가 된다. 입당신청자가 입당적극분자가 되기까지 통상 3~5개월의 시간이 소요된다.[23]

2) 입당적극분자 심사와 충원대상 확정

이 단계에서 당지부와 당위원회는 입당적극분자가 충원대상으로서 적합한지 여부를 다각도로 검토한다. 특히 당지부는 입당적극분자에 대한 교육을 책임지는 동시에 당원으로서 적합한지 여부를 끊임없이 검토하며, 당위원회는 입당적극분자가 충원대상으로 적합한지에 대한 정치적 검증을 전개한다.

첫째, 당지부는 입당적극분자를 교육시키는 역할을 한다. 당지부는 입당적극분자에게 당의 기본지식, 당의 기본노선, 당의 우수한 전통과 작풍 등에 대한 지식을 제공하며, 어떻게 하면 합격한 당원이 되는가를 교육한다. 또한 당지부는 입당적극분자를 당 내부활동에 참여시키고, 입당적극분자에게 일정 업무를 주어 당의 업무를 숙지시킨다.[24] 둘째, 당지부는 입당적극분자를 교육하고 파악할 배양연락인(培养联络人)을 지정한다. 두 명의 정식당원으로 구성된 배양연락인은 입

22 中共乐清市乐成街工作委员会, pp. 6-7. 당위원회는 웨칭시의 충원 규정인 〈충원되는 당원의 질적 수준 개선을 위한 사전 업무에 관한 약간의 의견(关于做好发展党员质量关前置工作的若干意见)〉에 따라 입당신청자에 대하여 심사를 진행한다. 만일 입당신청자의 원적지(原籍)가 당위원회의 관할이 아닌 경우, 원적지에 공문을 보내어 심사의 협력을 구해야 한다.

23 당위원회 핵심 관계자 인터뷰(2015.8.10.).

24 中共乐清市乐成街工作委员会, p. 8. 또한 당지부는 입당적극분자에게 사상보고를 요구하여 스스로가 정치적 성과(表现)에 대하여 보고하도록 한다.

당적극분자에게 필요한 당 지식을 제공한다. 배양연락인은 당의 기본 지식을 제공하며, 입당적극분자를 교육하는 동시에 당지부에 입당적극분자가 충원대상에 적합한지에 관한 의견을 제시한다.[25] 셋째, 당지부는 입당적극분자에 대하여 6개월에 1회 정기심사를 실시하여 당원의 조건에 부합하는 인물인지를 심사한다. 당지부는 입당적극분자의 정치적 각오, 사상품성, 입당동기, 업무학습 및 사회적 성과(表现) 등의 항목에서 입당적극분자가 얼마나 발전이 있었는지를 평가한다.[26] 심사 이후 당지부는 배양연락인의 의견에 근거하여 입당적극분자에 대한 분석을 진행하며, 배양연락인을 통해 입당적극분자의 문제점과 보완점을 지적하고, 구체적인 개선방안을 제시한다.[27] 1년 이상 배양교육을 받은 입당적극분자는 당지부로부터 충원대상으로서 적합한지 여부를 평가받는다.[28] 당지부는 입당적극분자의 당의 노선 및 정책에 대한 태도, 정치경력, 문화대혁명과 1989년 천안문사태 등 중대 정치투쟁에서의 성과(表现), 직계 가족 및 본인과 밀접한 사회 인맥의 정치적 상황 등을 평가한다.[29]

당지부의 입당적극분자 심사가 이루어진 이후에는 당위원회의 입

25 中共乐清市乐成街工作委员会, pp. 7-8; 乐清外出流动党员第一工作委员会, 「乐清市探索加强在京非公经济党建工作」.

26 당지부의 심사는 입당적극분자와의 직접 대화, 입당적극분자의 보고 청취, 좌담회 개최를 통한 군중의 의견 청취 등 다양한 형태로 전개된다. 中共乐清市乐成街工作委员会, p. 9.

27 中共乐清市乐成街工作委员会, p. 10.

28 中共乐清市乐成街工作委员会, p. 11.

29 당지부의 심사는 ① 배양연락인의 의견 청취, ② 입당적극분자 소속 단위 당소조의 의견 청취 및 당지부 기타 당소조로부터의 의견 청취, ③ 당외 군중 의견 청취, ④ 지부위원회의 토론, ⑤ 입당적극분자의 평가에 문제가 없는 경우 당위원회에 보고의 순서로 진행된다. 中共乐清市乐成街工作委员会, pp. 11-12.

당적극분자에 대한 정치심사가 전개된다. 정치적 심사의 방법은 당사자와의 대화, 관련 당안자료 열람, 관련 단위 인사를 통한 정보 파악 및 서신을 통한 조사 등이 있다. 특히 제1공작위원회를 통해서 입당을 신청하는 사영기업가는 대부분 웨칭 출신의 유동인구이기 때문에 정치심사 시에는 호적 소재지에 공문을 보내어 의견을 구한다.[30] 이상의 심사 및 평가를 통과한 입당적극분자는 당위원회의 집체교육과 필기시험에 참가한다. 집체교육을 이수한 입당적극분자는 당위원회가 주관하는 필기시험에서 80점 이상을 받아야 한다. 당위원회의 심사(考察)가 끝난 이후에도 입당적극분자는 일정 시간 동안 문제를 일으키기 않고, 지부 내 학습과 작업에 적극 협력하며, 사회공헌에 적극적으로 참여하는 모습 등을 보이는 경우에야 비로소 충원대상이 될 수 있다.[31] 입당적극분자가 충원대상으로 전환되는 데에는 통상 1년 반 이상의 시간이 소요되는데, 이 기간 동안 당지부와 당위원회는 입당적극분자가 충원대상으로 적합한지 여부를 끊임없이 검토한다.[32] 또한 당위원회는 입당적극분자에 대하여 1년에 1회 정리 작업을 하여 부적합한 인원을 추려낸다.[33]

3) 충원대상의 예비당원 전환

당위원회의 심사를 통과하여 충원대상이 된 입당희망자는 당위원회가 발송한 '중국공산당 입당지원서(中国共产党入党志愿书)'를 작성하여 예

30 당위원회 핵심 관계자 인터뷰(2015.8.10.).

31 당위원회 핵심 관계자 인터뷰(2015.8.10.).

32 당위원회 핵심 관계자 인터뷰(2015.8.10.).

33 中共乐清市乐成街工作委员会, p. 10.

비당원으로 전환 절차를 실시한다.[34] 한편으로, 당지부는 충원대상이 공시된 이후에도 충원대상에 대한 교육과 감시를 실시하여 충원대상이 예비당원이 되기에 적합한지를 지속적으로 검토한다.

첫째, 당지부는 충원대상에게 2명의 정식당원을 입당소개인(入党介绍人)으로 지정하여 충원대상에 대한 교육과 감찰을 전개한다. 입당소개인은 앞서 언급한 배양연락인과 유사하게 충원대상을 평가하면서 동시에 교육하는 역할을 수행한다. 구체적으로 입당소개인은 충원대상의 당 지식, 입당동기, 정치각오, 사상, 성품, 현실적 퍼포먼스, 개인 경험 및 가정 구성원과 관계가 밀접한 주요 사회 인맥 등의 상황을 파악해서 당조직에 보고한다. 동시에 입당소개인은 충원대상에게 당의 강령, 장정, 당원의 조건, 당원의 권리와 의무 등에 대한 교육을 진행하고, '입당지원서' 작성을 지도한다.[35] 입당소개인은 충원대상이 예비당원으로 승인된 이후에도 교육과 도움을 제공하는 한편, 주기적으로 당조직에 해당 예비당원의 배양, 교육, 심사 현황을 보고하는 역할을 한다.[36]

34 中共乐清市乐成街工作委员会, pp. 17-18. 입당지원서는 충원대상에 대한 당조직의 심사의 주요 의거가 되며, 당조직의 심사과정 전반이 기록되기 때문에 당조직과 충원대상은 이를 조심히 다루어야 하며, 특히 충원대상은 입당지원서를 신중히 작성해야 한다. 충원대상은 '입당지원서'를 작성하기 이전에 반드시 상급 당조직의 승인을 먼저 득해야 하며, 상급 당조직이 시기상조라고 판단하거나 충원대상에 대한 정황파악이 제대로 이루어지지 않은 경우 충원대상은 입당지원서를 제출할 수 없다.

35 한편으로, 입당소개인은 입당지원서의 '입당소개인의 의견'란에 자신의 의견을 작성하여 충원대상의 예비당원 전환에 영향력을 발휘한다. 中共乐清市乐成街工作委员会, pp. 16-17.

36 일반적으로 과거 배양연락인을 담당했던 당원이 입당소개인의 임무를 담당하거나, 정치사상이 투철하고 당의 기본지식에 능통하며 당성이 투철하고 당원의 모범역할을 할 수 있는 당원이 입당소개인의 역할을 수행한다. 반

둘째, 당지부는 충원대상의 입당 적합성 여부를 지부위원회와 지부대회를 통해 검토한다. 지부위원회는 좌담회, 개별 면담 등 다양한 수단으로 당내외 인사들의 충원대상에 대한 의견을 수집하며, 조직위원을 파견해 입당동기, 당에 대한 인식과 태도 및 기타 필요한 사항을 파악한다. 또한 지부위원회의를 개최하여 충원대상이 기재한 '입당지원서' 및 관련 자료를 검토한다. 지부위원회는 충원대상의 정치 경력, 현재의 퍼포먼스, 가정 주요 구성원과 사회 인맥 현황, 충원대상에 대한 배양, 교육, 심사 기록 및 당소조 또는 공청단 조직의 추천 의견 등에 대해서도 심사를 진행한다. 지부위원회는 토론을 통해 충원대상에 관한 의견을 나누며, 만일 문제가 없다고 판단되면 지부대회를 개최하여 지부의 전체 당원들에게 해당 충원대상의 예비당원 전환에 동의하는지 여부를 의결한다.[37] 지부대회에서 참석한 유권자 정식당원의 절반 이상의 승인을 얻은 충원대상은 예비당원 전환 절차를 계속 진행할 수 있다.[38] 지부대회를 통해 충원대상을 예비당원으로 받아들이는 것이 결정되면, 당지부는 관련 자료를 당위원회에 제출한다.[39]

면, 예비당원이나 당의 조사(察看) 처분에서 당원 권리가 회복되지 못한 당원, 그리고 충원대상의 직계 가족 등은 일반적으로 입당소개인이 될 수 없다. 中共乐清市乐成街工作委员会, pp. 16-17; 당위원회 핵심 관계자 인터뷰(2015.8.10.).

37 지부대회에서는 ① 충원대상의 당에 대한 인식, 입당동기, 이력, 가족 및 사회 인맥 상황과 기타 설명이 필요한 문제에 대하여 논의하고, ② 입당소개인이 충원대상의 상황을 설명하여 입당이 가능한지에 대한 자신의 의견을 밝히며, ③ 지부위원회가 충원대상에 대한 심사 상황에 대하여 보고를 하고, ④ 당원들과 충원대상이 입당 가능한지를 토의한 후 무기명 투표를 진행한다. 中共乐清市乐成街工作委员会, pp. 19-20.

38 中共乐清市乐成街工作委员会, p. 21.

39 구체적으로 당지부는 충원대상의 입당지원서 항목에 관련사항을 기입하고, 입당신청서, 정치심사 자료, '입당적극분자 배양고찰 등록표(入党积极分子

당위원회에서는 당지부에서 제출한 입당지원서 및 기타 자료에 대하여 심사를 전개하고, 당 내외 인사의 의견을 청취하며, 조직위원을 파견하여 충원대상과의 대화를 통해 충원대상이 당원 자격에 부합하는지를 심사한다. 조직위원은 충원대상의 당에 대한 인식, 입당 동기 및 당의 노선과 방침 및 정책에 대한 태도, 정치적 사건에 대한 관점을 파악하며, 동시에 충원대상이 당의 기본지식을 제대로 파악하고 있는지를 확인한다. 조직위원과 충원대상과의 대화 내용은 입당지원서 관련 항목란에 기입되어 당위원회에 보고된다. 조직위원의 대화가 끝난 이후 당위원회는 집단회의와 표결을 통해 충원대상을 예비당원으로 받아들일지를 결정한다.[40] 당위원회의 회의 내용은 충원대상의 입당지원서 관련 항목에 기재되며, 당지부에 그 결과가 통보된다. 당위원회의 심사에 합격한 충원대상은 예비당원이 될 수 있다.

4) 예비당원의 정식당원 전환

승인을 받은 예비당원은 소재 단위 당지부에 편입되며, 지부대회에서의 공식 선언 이후 당소조에 편입된다.[41] 예비당원은 표결권, 선거권, 피선거권을 제외하면 정식당원과 동등한 자격을 가진다.[42] 예비당원은 정식당원으로 전환되기까지 보통 1년의 기간 동안 입당소개인을 통한

培养考察登记表)' 등의 자료를 당위원회에 제출함과 동시에 종합 보고서를 별도로 작성하여 제출한다. 中共乐清市乐成街工作委员会, p. 22.

40 中共乐清市乐成街工作委员会, p. 23.

41 中共乐清市乐成街工作委员会, p. 24. 당지부의 서기나 조직위원은 예비당원으로 승인된 당원과 대화 및 교육을 통해 이들이 자발적으로 당의 규정을 따르고, 예비기간 동안 당조직의 심사를 받아 예정된 시기에 정식당원이 될 수 있도록 노력한다.

42 당위원회 핵심 관계자 인터뷰(2015.8.10.).

교육과 감시, 당조직의 교육과 관리를 받으며, 당지부와 당위원회의 검증과 승인을 통해 정식당원이 된다. 입당소개인은 예비당원의 사상, 업무, 학습 및 당원의무의 이행여부를 관찰 및 심사하여 매 분기마다 당지부에 보고한다. 예비당원 스스로도 이 기간 동안 6개월에 한 번씩 당지부에 서면으로 사상보고를 해야 한다. 한편으로, 당조직은 예비당원에게 사상정치 교육, 집단 교육, 그리고 당내생활을 전개하여 예비당원의 공산주의 신념, 입당동기, 당성을 강화한다. 동시에 당조직은 예비당원에게 사회업무 및 군중업무를 분담시키고 이를 평가한다.[43] 이상과 같은 1년의 예비기간 동안 어떠한 문제도 일으키지 않은 예비당원은 정식당원으로의 전환을 신청한다.

예비기간 이후 당소조는 예비당원의 정식당원 전환에 관한 의견을 지부에 제출하고, 지부는 당 내외 군중의 의견을 수렴한다. 지부위원회는 당소조의 의견 및 당 내외 군중의 의견을 검토하는 한편, 그동안의 예비당원에 대한 평가에 근거하여 예비당원의 정식당원 전환에 관한 의견을 논의하고, 만일 문제가 없는 경우 지부대회로 의제를 넘긴다.[44] 지부대회는 예비당원의 정식당원 전환 여부를 유권자 당원의 투표를 통해 결정한다.[45] 예비당원은 지부대회에 참석한 유권자 정식

43 中共乐清市乐成街工作委员会, p. 28.

44 中共乐清市乐成街工作委员会, pp. 28-29.

45 지부대회는 ① 예비당원 본인이 예비기간 동안의 자신의 퍼포먼스를 설명하고, ② 입당소개인이 예비당원에 대한 배양, 교육, 심사 보고 및 예비당원의 정식당원 전환에 관한 의견을 제출하고, ③ 당소조가 예비당원의 예비기간 동안의 퍼포먼스에 대한 평가를 제시하고, ④ 지부위원회가 예비당원에 대한 교육 및 심사 상황에 대한 의견과 예비당원의 정식당원 전환에 대한 의견을 발표한 이후, ⑤ 집단토론을 전개하며 선거를 통해 예비당원의 정식당원 전환 여부를 결정한다. 中共乐清市乐成街工作委员会, pp. 29-30; 당위원회 핵심 관계자 인터뷰(2015.8.10.).

당원 수의 절반 이상의 찬성을 받아야 정식당원 절차를 지속할 수 있다.[46]

지부대회를 통해 예비당원의 정식당원 전환이 결정된 이후 지부위원회는 '입당지원서' 내 관련 항목에 관련 결의 내용을 기입하고, 지부 서기의 서명과 직인을 날인한 이후 당위원회에 제출하여 심사를 받도록 한다.[47] 당위원회는 당지부에서 제출한 예비당원 전환에 관한 문건을 검토하는 한편, 예비당원의 정식당원 전환에 결격사유가 있었는지를 파악하기 위해 고향 원적지에 공문을 다시 보내어 조사한다. 이는 예비당원 시기 해당 인사가 결격사유를 일으켰는지에 대한 검토의 필요성 때문이다.[48] 만일 문제가 없다면 예비당원은 정식당원으로 승인되어 당원으로서의 선거권, 피선거권, 표결권을 가지게 된다. 예비당원에서 정식당원으로 전환되는 과정에서 통상 1년 이상의 시간이 소요된다.[49]

3. 제1공작위원회의 충원과정 평가

이상에서 살펴 본 제1공작위원회의 충원과정은 다음과 같은 몇 가지 중요한 특징을 보여주고 있다. 첫 번째 특징은 충원 제도와 관련이 있다. 즉 제1공작위원회와 산하 당지부들은 엄격한 충원 제도를 수립하여 실천하고 있는데, 이는 18차 당대회를 전후하여 당의 순결성과 당

46 中共乐清市乐成街工作委员会, pp. 28-30.
47 中共乐清市乐成街工作委员会, p. 30.
48 당위원회 핵심 관계자 인터뷰(2015.8.10.).
49 당위원회 핵심 관계자 인터뷰(2015.8.10.).

원의 질을 강조하면서 새롭게 충원되는 당원에 대한 엄격한 기준과 검증을 강화하고 있는 당중앙의 지침과 부합하고 있는 것이다. 먼저, 당지부는 입당신청 초기뿐만 아니라 입당신청자가 입당적극분자가 된 이후부터 정식당원에 이르기까지의 모든 과정에서 입당 후보자를 교육 및 감독하는 책임을 수행함으로써, 중앙이 우려하는 "병을 가진 채로 입당"하는 행위가 나타나지 않도록 노력하고 있다. 당지부는 입당 후보자를 당지부의 학습 및 작업 등에 참여시키고, 입당 후보자가 정식당원이 될 때까지 끊임없이 검증하고 평가한다. 따라서 입당 후보자는 지부내에서 문제를 일으키지 않고 학습 및 작업에 협력하고, 지부의 사회공헌활동에 적극적으로 참여해야만 당지부로부터 좋은 평가를 받아 정식당원이 될 수 있다.[50]

당지부는 입당 희망자가 당지부 혹은 당위원회의 업무에 협력하지 않거나, 당원이 마땅히 할 일을 하지 않거나, 사회에 공헌하지 않는다고 판단되는 경우 "사상이 단정치 못하다(思想不端正)"는 평가를 내리며, 입당 희망자가 당국가 정책을 비판하거나, 사회 불공평이 심하다 또는 부패문제가 심각하다 등의 부정적인 발언을 하는 경우 역시 "단정하지 못한 발언"이라고 간주하여 해당인원에 부정적인 평가를 내리게 된다. 이처럼 사상 관념이 단정하지 못한 것으로 평가되는 인원들은 6~7년이 되었는데도 정식당원으로 전환되지 않은 채로 남아 있다.[51]

당위원회 역시 입당신청인이 "병을 가진 채 입당하는가"에 대해 철저한 심사를 전개한다. 우선, 당위원회는 '입당신청' 단계에서 입당을 신청한 사영기업가에 대한 검증을 실시한다. 당위원회는 관할 지

50 당위원회 핵심 관계자 인터뷰(2015.8.10.).

51 당위원회 핵심 관계자 인터뷰(2015.8.10.).

역 내 당지부로부터 입당신청자의 영업허가서(베이징에서 일하는지 증명을 위해), 베이징에서의 차량 소유 여부, 베이징에서의 부동산(房产) 소유 여부, 베이징에서의 사회보장 등록 여부 등의 자료를 받아 검토한다. 만일 사람이나 사업체가 베이징에 없고, 부동산이 베이징에 없는 경우 입당은 거부된다. 이를 통해 실제로 사람이 현지에 존재하지 않지만 현지에서 일하는 것으로 위장해서 입당하는 '비과해(飞过海)' 현상을 차단한다.[52]

또한 당위원회는 입당 후보자에 대한 정치적 검증을 두 차례 진행한다. 먼저, 입당적극분자가 충원대상인지 여부를 파악하는 과정에서 정치적 검증을 실시한다. 당위원회의 주요 충원대상은 베이징에 있는 웨칭 사영기업가이기 때문에, 당위원회는 '서신 증명서류(函调证明材料信)'를 원적지인 웨칭에 보내 입당적극분자에 대한 세부적인 조사를 실시한다.

이 단계에서의 검증은 크게 세 가지 층위, 4개부서의 협력하에 이루어진다. 먼저, 고향 촌 당지부의 도장과 촌 당지부 서기의 서명이 필요하다. 이는 입당적극분자가 베이징에서 사영분야에 종사하기 이전에 과거 촌에서의 정치적 퍼포먼스는 어떠했는가와 촌서기는 해당 입당적극분자의 입당에 동의하는지를 확인받기 위함이다. 만일 고향 촌 서기의 승인과 지지를 얻게 된다면, 고향의 향 또는 가도 판공실의 심사를 받는다.

고향의 향 또는 가도 차원에서는 해당 입당적극분자가 과거 당과

52 당위원회 핵심 관계자 인터뷰(2015.8.10.). 당위원회는 당지부의 자료를 토대로 입당신청자를 심사하여 이에 통과한 사람은 입당적극분자로 분류하고 '입당적극분자 배양고찰 등록표(入党积极分子培养考察登记表)'를 작성한다. '입당적극분자 배양고찰 등록표' 및 관련 문서는 당지부의 조직위원이 관리한다.

정부의 정책을 성실히 수행하였는지를 평가한다. 구체적으로 가도의 계획생육판공실에 공문을 보내어 국가의 가족계획 정책을 준수하였는지를 심사한다. 산아제한이 풀리기 이전에 국가의 정책에 따르면 남아를 출산한 이후에는 또 다른 자녀를 가질 수 없지만, 여아를 출산한 이후 4년 이후에는 자녀를 한 명 더 가질 수 있었다. 만일 이를 위반한 사영기업가가 입당을 신청한 경우 이에 대하여 벌금을 내게 되며, 벌금을 내고 5년 이후에야 입당이 가능하다.[53] 가도 정법판공실과 파출소에서는 공동으로 해당 입당적극분자가 과거 마약문제 및 사회치안 불안 조성 등의 문제가 있었는지를 조사한다. 만일 이러한 위법행위가 있었다면, 이를 기록해서 당위원회에 전달한다.

이어 더 상급기관인 진급 당위원회 혹은 가도 당위원회에서 심사를 하게 된다. 진급 당위원회에서는 해당 입당적극분자가 입당할 것이라는 것을 농촌 촌민 모두가 볼 수 있는 곳에 10일 동안 공시한다. 공시 이후 문제가 없으면 진급 당위원회에서는 이에 승인을 해서 서신증명서류를 베이징의 당위원회에 전달한다. 위의 단계들에서 문제가 없는 입당적극분자들만이 승인을 받게 된다. 고향에서 모든 검증이 끝난 입당적극분자는 당위원회에서 주최하는 당원 자격시험을 통해 심사(考察)를 거치게 된다. 이러한 일련의 검증과 과거 1년의 고찰 기간 동안 학습, 업무, 사회적 공헌 등에 대한 적극성 여부 등의 판단기준을 통해 입당적극분자는 예비당원을 신청할 수 있는 충원대상이 될 수 있다.

이상과 같은 정치적 검증은 예비당원이 정식당원으로 전환되는 과정에서 다시 반복된다. 당위원회는 예비당원이 정식당원이 될 수 있

53 당위원회 핵심 관계자 인터뷰(2015.8.10.).

는지를 검토하기 위해 다시 고향에 공문을 보내어 앞서 언급한 입당적극분자 시기에 받았던 네 가지 도장(승인)을 받는 절차를 거친다. 이는 예비당원이 입당적극분자로 있는 시기 동안에 어떠한 문제가 발생했는지를 재검토하기 위함이다.[54] 이처럼 복잡하고 까다로운 두 차례의 정치적 검증으로 인해 사영기업가의 입당에서 정식당원으로의 전환까지 최소 2년 반이 소요되는데, 예비당원이 된 지 7~8년이 되어도 정식당원이 되지 못한 인사들 역시 존재한다.[55]

제1공작위원회의 충원과정에서 나타나는 두 번째 특징은 충원 규모와 관련이 있다. 즉 제1공작위원회는 상급기관의 지시하에 입당 가능 인원의 규모를 엄격히 통제하고 있는데, 이는 사영기업가의 입당을 더욱 어렵게 만들어 장기적 관점에서 국가-사영기업가 관계에 영향을 미치고 있다.

2009년 1급 당위원회로 승격된 이후 제1공작위원회는 원하는 사영기업가를 자체적으로 판단하여 당원 등록을 할 수 있게 되었는데, 과거 당위원회는 1년에 50명 또는 70명가량의 사영기업가를 입당시켰고, 상급조직에서도 큰 문제를 삼지 않았다. 그에 따라 삼개대표 이후 제1공작위원회를 통해 충원된 당원은 총 600명에 이르게 되었다.[56] 그러나 2013년 이후 전국적 차원에서 입당 인원이 통일적으로 분배되었고, 그에 따라 제1공작위원회를 통해 입당 가능한 인원 역시 큰 제약을 받게 되었다. 그 결과 입당 인원은 현저히 줄어들어 2013년은 22명, 2014년은 27명만이 입당하였다.[57] 2015년 웨칭시가 허가한 충원 가능

54 당위원회 핵심 관계자 인터뷰(2015.8.10.).

55 당위원회 핵심 관계자 인터뷰(2015.8.10.); 사영기업가 당지부 서기 인터뷰(2016.3.15.).

56 당위원회 핵심 관계자 인터뷰(2015.8.10.).

57 2013년의 경우 최초 분배된 입당 인원은 18명에 불과하였으나, 제1공작위원

인원은 25명이다.[58] 당위원회는 입당 가능 인원의 수뿐만 아니라 구체적인 입당대상도 중앙으로부터 명확하게 지시를 받아 이를 통제하고 있다.

예를 들어, 2015년 웨칭시는 제1공작위원회가 비공유제 경제인사 25명을 충원하도록 허용하였는데, 이 중에는 35세 이하 11명, 전문대학졸업 이상의 고학력자 9명, 여성 8명이 반드시 있어야 한다. 따라서 오늘날 제1공작위원회를 통해 정식당원이 되는 것은 점점 어려워지고 있다. 그 결과 입당신청자 역시 감소하는 추세에 있다. 과거에는 제1공작위원회 산하 26개 지부에서 약 100여 명씩 입당을 신청하였지만, 현재에는 26개 지부에서 60~70여 명 정도가 입당을 신청하고 있다. 현재 입당 경쟁률은 약 3:1로 70여 명이 입당을 신청하면 20여 명만이 당원이 되는 수준이다. 제1공작위원회의 관계자는 현재 중국 공산당은 국가를 위해 노력하고 공헌하는 사람들이 아니면 입당을 용인하지 않으며, 공산당의 이미지에 긍정적으로 작용할 수 있는 '가장 좋은 인재들'만을 요구하고 있다고 부연하였다.[59]

이처럼 더욱 까다로워지고 엄격해지는 사영기업가의 충원은 사영기업가들의 자발적 입당을 감소시키고 있다. 많은 사영기업가들이 당원이 되고 싶어하나, 이미 입당을 신청하였지만 아직 정식당원이 되지 못한 사영기업가들이 다수 존재하는 상황과 까다로운 입당 절차, 갈수록 줄어드는 충원 인원 할당량 때문에 입당 신청을 주저하고 있다.[60] 결과적으로 사영기업가의 입당 주저와 입당의 감소는 장기적으로 삼

회가 웨칭 조직부와 협의하여 4명을 추가, 모두 22명을 충원하였다.

58 당위원회 핵심 관계자 인터뷰(2015.8.10.).

59 당위원회 핵심 관계자 인터뷰(2015.8.10.).

60 당위원회 핵심 관계자 인터뷰(2015.8.10.).

개대표 이래 공식화된 사영기업가의 체제 내 포섭이라는 당의 전략을 약화시킬 수 있다.

제1공작위원회의 사영기업가 충원과정에서 나타나는 세 번째 특징은 충원되는 당원의 성격과 관련이 있다. 즉 엄격한 기준과 검증을 통해 공산당과 이념적 목표를 공유하는 대상만을 충원하려고 하는 당 중앙의 노력은, 자신들의 인맥 강화와 향후 사업의 발전에 유리한 사영기업가들을 충원대상으로 우선적으로 고려하는 사영기업가 당원들에 의해 재구성되고 있었다.

앞서 살펴본 바와 같이, 당위원회와 당지부는 사영기업가의 최초 입당 신청 시기로부터 입당적극분자가 정식당원으로 전환되기까지의 모든 과정에서 중요한 역할을 담당한다. 특히 당지부는 입당신청자에 대한 추천 여부를 결정하며 이를 당위원회에 보고하는 역할을 수행함으로써 "누구를 동료당원으로 받아들일 것인가"에 대하여 강력한 영향력을 행사한다.

당지부의 소속 당원은 입당신청자를 위한 추천서를 작성할 의무와 권한을 가지며, 입당신청자를 일차적으로 심사하여 문제가 없는 경우 당위원회에 입당신청자를 추천한다. 추천 시에는 당지부 서기와 당원들의 영향력이 매우 강하게 나타난다.[61] 당지부가 입당 신청자를 선별하는 가장 큰 기준은 사영기업가의 사업 규모와 지역사회 내의 평판이다.[62] 일반적으로 입당신청자는 1천만 위안 이상의 자금을 보유한 사영기업가여야 입당 추천 우선대상으로 고려되며, 선배(长辈)에 대한 예절(孝顺), 상업경영의 성실성, 타인에 대한 신뢰, 실력 등 다양한 규

61 원저우 지역의 경우, 비공유제 기업 당지부의 당서기는 사영기업가가 전담하는 것이 관행이었다. 이에 대해서는 Dickson(2008) 참고.

62 사영기업가 당원 인터뷰(2015.8.4.).

범이 입당 가능성의 기준이 된다.[63]

이러한 기준에 비추어 당지부는 관할 지역 내의 사영기업가의 입당을 추천하는데, 이상과 같이 입당신청자를 선별하는 기준 중 사업규모를 제외한 예절, 성실성, 신뢰, 실력 등의 규범은 그 평가가 매우 모호하므로 추천인의 주관적 평가가 개입할 여지가 존재한다. 그에 따라 추천인과 입당신청자 사이의 비공식적 인맥과 친분이 큰 역할을 하게 된다.

예를 들어, 베이징 출신 유동당원 왕 씨는 X 지부 서기 리 씨와 10여 년 전부터 친밀한 관계를 유지하고 있을 뿐만 아니라, 리 씨의 관할 지역 내 상호를 가진 사업가였다. 리 씨는 왕 씨가 웨칭 출신이 아니고 베이징 출신임에도 불구하고 우수한 경영인으로서 왕 씨를 입당후보로 추천하였고, 왕 씨는 리 씨의 후원에 의해 입당을 할 수 있었다.[64]

다른 상가를 운영하는 A 지부의 당서기 역시 자신의 관할하에 있는 상가 안에서 우수한 경영인을 당원으로 선발하였다.[65] 이상과 같이 지부 서기와의 친분에 기반을 둔 입당 사례는 매우 빈번하게 발견되는데, 제1공작위원회 산하의 당지부 서기들은 대부분 자신의 관할 지역 내 가장 영향력이 큰 대형 상가의 소유주들이며, 지부의 당원들은 대부분 해당 상가 안에서 상호를 가진 경영인들이고, 잠재적 충원대상 역시 대부분 지부 서기의 관할 지역 안에서 활동하는 경영인인 경우가 많기 때문이다.[66]

63 사영기업가 당지부 서기 인터뷰(2015.8.5.). 평소의 품행은 예비당원 기간에도 꾸준히 평가의 대상이 된다.

64 사영기업가 당지부 서기 인터뷰(2015.8.5.); 당위원회 핵심 관계자 인터뷰(2015.8.10.).

65 사영기업가 당지부 서기 인터뷰(2015.8.5.).

66 사영기업가 당지부 서기 인터뷰(2015.8.5.).

한편으로, 제1공작위원회와 산하 당지부는 웨칭 출신뿐만 아니라 비(非)웨칭 출신의 사영기업가의 입당을 허용하기도 한다. 예를 들어, Y 지부의 경우 당지부 서기 소유의 상가 내의 점포를 임대하여 원단판매에 종사하는 항저우, 장쑤(江苏), 베이징 출신의 사영기업가들을 입당시키기도 하였다. 제1공작위원회의 상급기관인 웨칭 조직부는 원칙적으로는 타지인의 입당 승인은 어렵지만 사상, 행동, 소질 등이 뛰어난 경우 수용한다는 방침하에 이들을 받아들이고 있다. 공산당은 전국적 정당이기 때문에 양질의 동지의 경우는 받아들일 수 있다는 논리이다. 2015년 현재 비웨칭 출신의 사영기업가 당원은 전체 1,500명 중 20~30명 정도이다.[67]

한편, 입당신청자의 품성, 성실과 신뢰 등에 대한 심사는 지부 서기의 단독 결정으로만 이루어지는 것은 아니며, 당원들의 의견 역시 중요하게 작용한다. 지부의 당원들이 지부대회를 통해 최종적으로 해당 인사를 지부에서 받아들일지 여부를 표결을 통해서 결정하기 때문이다.[68]

이처럼 입당신청 과정에서 지부 서기 및 다른 당원의 추천과 지지는 매우 중요하다. 원칙적으로 입당 신청의 문은 모두에게 개방되어 있지만, 서기와 당원들의 기준에 부합하지 않거나 선호되지 않는 인사는 거부당한다. 뿐만 아니라 당지부 서기와 당원들은 자신들에게 비호감을 산 입당신청자에게는 당의 중요한 모임이 있어도 연락을 하지 않고, 관련 정보도 공유하지 않는다.[69]

67 사영기업가 당지부 서기 인터뷰(2015.8.5.); 당위원회 핵심 관계자 인터뷰(2015.8.10.).

68 사영기업가 당지부 서기 인터뷰(2016.3.15.).

69 사영기업가 당지부 서기 인터뷰(2016.3.15.).

이와 같이 사영기업가 당원들이 사회적·사업적으로 성공한 인사를 당원으로 충원하고자 하는 이면에는 당원이라는 신분이 주는 특혜를 성공한 사영기업가들끼리 공유하고자 하는 의도가 자리하고 있다. 많은 사영기업가들은 여전히 신분의 합법화를 통한 자신의 경제적 이익의 보호를 위해 당원이 되기를 희망한다.

즉 웨칭 출신의 사영기업가들은 당조직 건설에 기반하여 '불법 유동인구에서 합법적인 기업가'로의 변화를 이루고 있는데, 이들 사영기업가들에게 있어서 당조직은 유동당원 사영기업가인 왕 선생이 지적한 바와 같이 베이징에서의 생존을 위한 '제2의 생명(第二个生命)'인 것이다.[70] 그에 따르면, 사업체가 성장하면서 사업체의 합법성을 유지하고 사업체의 보호를 확보할 필요성을 느끼게 됨에 따라, 많은 웨칭 출신의 사영기업가들이 가장 효율적이고 합법적인 방법으로 입당을 통해 유동당원이 되는 길을 선택하고 있었다.[71]

또 다른 사영기업가인 리 씨에 따르면, 시진핑 시기 탈당을 '권유'하는 정책이 등장하기는 하였지만, 사영기업가의 사업 유지와 발전에 미치는 영향이 매우 큰 "이것(당원 신분)을 누가 버리려 하겠느냐"며, 사영기업가들 중 아무도 출당하려고 하지 않았으며 실제로 나간 사람도 없다고 강조하였다.[72] 특히 사영기업가 당원들은 학습활동 등 각종 모임을 통해서 사업 환경의 변화, 부동산의 근황, 중요한 투자에 대한 정보 등을 공유하였으며, 사회적 인맥을 강화하고 개인의 사업발전을 도모하였다. 이처럼 검증된 절차를 거친 당원들끼리 친구를 맺음으로써, 당지부를 중심으로 사영기업가 당원들 사이에 연대가 강화되고 있

70 사영기업가 당원 인터뷰(2015.8.4.).

71 사영기업가 당원 인터뷰(2015.8.4.).

72 사영기업가 당지부 서기 인터뷰(2015.8.5.).

었다.[73]

이처럼 이미 당원이 된 사영기업가들은 자신들의 인맥 강화와 향후 사업의 발전에 유리한 사영기업가들을 충원대상으로 우선적으로 고려하고 있었다. 그 결과 당의 순결성과 당원의 질을 강조하면서 새롭게 충원되는 당원에 대한 엄격한 기준과 검증을 강화하고 있는 당중앙의 노력은, 사회적·경제적으로 영향력 있는 인사의 충원을 선호하는 사영기업가 당원들에 의해 그들의 상황에 맞게 기층 차원에서 재구성되고 있었다. 요컨대, 중앙이 요구한 엄격한 절차를 준수하는 이들의 태도는 국가-사영기업가 관계에서 중앙이 우위를 점하고 있음을 암시한다. 그러나 사영기업가의 충원과정을 면밀히 관찰해보면, 이미 입당을 한 사영기업가 당원들의 선호가 충원대상에 큰 영향을 미침을 알 수 있다. 이처럼 사영기업가 당원의 충원과정은 중앙의 엄밀한 검증과 기층 사영기업가들의 선호도가 공존하는 형태를 보이고 있다.

본 장은 제1공작위원회의 사례를 통해 최근 시진핑 시기 강조되고 있는 당중앙의 엄격한 사영기업가 당원 충원정책이 기층차원의 공산당-사영기업가 관계에 미치는 영향을 분석하였다. 특히 본 장은 사영기업가 입당과정에서의 당지부 및 당위원회의 역할 및 사영기업가 당원들의 입당 동기를 살펴봄으로써, 당원 충원과정에서의 기층 행위자들의 역할을 검토하였다.

제1공작위원회와 산하 당지부들은 사영기업가의 입당과정에서 절차에 의거하여 엄격한 심사를 함으로써 소수의 엄선된 인사만을 충원하고 있다. 즉 시진핑 시기 이래 충원 가능한 인원은 당중앙의 엄격한 통제하에 배정되고 있으며, 동시에 개인의 과거와 현재의 사상, 당

73 사영기업가 당지부 서기 인터뷰(2016.3.15.); 사영기업가 당지부 서기 인터뷰(2016.3.31.).

의 지도 불순응 여부, 가족계획 등 국가정책의 위법 여부 등에 대해서 최소 2년이 넘는 기간 동안 엄격한 심사과정을 통해 정치적인 문제가 없고 사상이 투철한 소수의 사영기업가만을 엄선하여 입당시킴으로써, 공산당에 부합할 수 있는 인재를 충원하는 것을 중시하고 있다.[74] 그러나 이러한 충원 인원에 대한 엄격한 검증과 제한은 체제 내부로부터의 사영기업가의 포섭을 감소시킬 것으로 예상되는데, 이렇듯 높아진 진입장벽으로 인해 입당을 포기하거나 실패하고 체제 밖에 존재하는 사영기업가들이 증가할수록 이들의 정치참여 요구는 더욱 더 증가할 수 있다는 문제점을 야기할 수 있다.

동시에 위로부터의 엄격한 입당 통제에도 불구하고 기층차원의 입당과정에서 비공식적 인맥은 더욱더 영향력을 발휘할 가능성을 가지고 있다. 앞에서 살펴보았듯이, 지부의 서기 및 당원의 추천을 받은 자만이 당조직에 입당 신청서를 제출할 수 있으며, 지부 당원들은 입당 신청자를 동료당원으로 받아들일지를 결정할 권한을 가지고 있는데, 이에 따라 기층차원에서 사회적 평판과 상업적 성공, 그리고 비공식적 인맥 등이 입당에서 중요한 요소로 작용하고 있다. 사영기업가의 관점에서 볼 때, 당원 신분은 사영기업가의 사업체 보호에 결정적인 요소로 작용하며, 당조직은 검증된 다른 사영기업가와의 연대와 교류의 공간을 제공한다. 사영기업가는 당원 신분을 확보함으로써, 자신의 사업을 안정시킬 수 있으며 다른 검증된 사영기업가들과 교류를 통해 자신의 사업을 발전시킬 수 있다.

제1공작위원회에서 나타나는 사영기업가 당원 충원체제는 엄격한 절차를 통한 검증된 사영기업가 당원의 충원이라는 국가의 요구와

74 당위원회 핵심 관계자 인터뷰(2015.8.10.).

신분적 보호와 인맥의 확대라는 사영기업가의 수요를 동시에 만족시키고 있으며, 이는 단기적으로 국가와 사영기업가 간의 관계에 긍정적인 작용을 할 수 있다. 그러나 당중앙과 사영기업가 집단 사이에 존재하는 '바람직한 충원대상'에 대한 간극은 향후 또 다른 문제를 야기할 수 있다. 시진핑 시기 공산당은 바람직한 충원대상으로 정치적 순결성을 갖춘 인재를 계속해서 강조하고 있지만, 사영기업가 당원들의 관점에서 바람직한 충원대상은 자신의 사업 발전에 유익을 줄 수 있는 사업적으로 성공한 동료 사영기업가들이다. 그 밖에도 갈수록 엄격해지는 입당의 조건, 입당 가능한 인원의 엄격한 제한과 그로 인해 체제 외부에서 정치참여를 요구할 수 있는 사영기업가들이 증가할 가능성은 장기적으로 국가와 사영기업가 간의 갈등을 초래할 수 있는 잠재적 요인이 될 수 있다. 결론적으로, 제1공작위원회의 사영기업가 당원 충원 사례는 공산당 중앙의 정책과 기층 사영기업가들의 집행과정에서 나타나는 개혁기 국가-사영기업가 관계의 복잡한 일면을 보여주고 있다.

제6장

제1공작위원회의 사회 거버넌스

본 장은 제1공작위원회의 활동 사례를 통해 사영분야 당조직의 사회 거버넌스를 분석한다. 중국 공산당은 2004년 〈당의 집정능력 건설 강화에 대한 결정(中共中央关于加强党的执政能力建设的决定)〉을 통해 사회관리 강화를 위해 당위원회가 영도하고(党委领导), 정부가 책임지며(政府负责), 사회가 협동하고(社会协同), 대중이 참여하는(公众参与) 사회관리 방침을 천명하였다.[1] 이는 기층의 당조직이 지역사회에서 리더십을 발휘하여 사회를 안정시키고 민심을 결집시키는 역할을 수행함으로써 공산당에 대한 지지를 높이는 데 기여할 것을 강조한 것이다. 그러나 후진타오 시기 공산당의 사회관리(社会管理)는 정부의 사회에 대한 하향식 관리와 감시를 의미하는 것으로 실질적으로는 통제로 전개되는 문제가 발생하였다. 이러한 문제점을 개선하기 위해 시진핑 정권은 당의 영도하에 다양한 행위자들이 사회문제 해결에 공동으로 참여하는 사회 거버넌스(社会治理) 개념을 제기하였다.[2]

1 人民网, 「中共中央关于加强党的执政能力建设的决定」, http://www.people.com.cn/GB/40531/40746/2994977.html(검색일: 2016.3.24.).

2 新华社, 「中共中央关于全面深化改革若干重大问题的决定」, http://news.xinhuanet.com/2013-11/15/c_118164235.htm(검색일: 2016.3.25.).

그렇다면 당중앙의 사회 거버넌스 정책은 기층차원에서 실제로 어떻게 적용되는가? 당중앙의 사회관리와 거버넌스 노력은 실제로 기층 당조직의 사회 거버넌스에 영향을 미쳤는가? 기층 당조직의 사회 거버넌스는 어떻게 이루어지는가? 특히 본 연구에서 중점적으로 검토하는 제1공작위원회 산하의 사영기업가 당원들은 기층 당조직이 주도하는 사회 거버넌스에 참가함으로써 어떠한 것들을 얻을 수 있는가? 궁극적으로, 공산당의 사회 거버넌스 정책이 국가-사영기업가와의 관계에 미치는 영향은 무엇인가? 이것이 바로 본문에서 살펴보고자 하는 내용이다. 이하에서는 제1공작위원회의 거버넌스 활동과 공익활동 사례를 분석함으로써 실제 기층 당조직이 사회 거버넌스에 미치는 영향은 무엇인지, 그리고 이것이 국가와 사영기업가와의 관계, 특히 이미 체제 내로 포섭된 사영기업가 당원과의 관계에 어떠한 영향을 미치는지를 분석한다.

이를 통해 본문에서는 이하의 내용을 주장한다. 먼저, 공산당은 기층 당조직을 통해 기층의 사회안정과 사회질서를 유지하기 위한 정책을 효과적으로 수행할 수 있다. 특히 기층 당조직은 사영기업가 당원들을 관련 정책 집행에 동원하여 효과적으로 상급조직의 정책을 수행할 수 있다. 이는 공산당의 기층사회와 사영분야에 대한 침투를 강화시킨다. 둘째, 사영기업가들은 기층 당조직을 통해 당에서 제시한 사회질서 유지활동을 전개하여 지역사회의 안정에 기여한다. 이는 사영기업가에게 기업 운영에 필요한 안정적 환경을 제공할 뿐 아니라, 지역사회 내에서 공산당의 이미지를 개선하여 공산당 지배의 정당성을 강화한다. 셋째, 당조직을 통해 사영기업가 당원들은 자신의 대표를 선출하고, 지방인대에 대표를 파견함으로써 지방 정치에 참여한다. 이는 사영기업가의 정치참여 욕구를 충족시킬 뿐만 아니라, 지역사회 내에서 자신의 정치적 입지를 강화시키는 데 기여한다. 마지막으로,

사영기업가들은 공산당의 명의로 공익활동을 더욱 활발히 전개할 수 있다. 공산당을 통한 공익활동 전개는 사영기업가들과 공산당의 이미지를 개선시키는 효과를 발생시킨다. 이는 당과 사영기업가 간의 긍정적인 시너지를 제공하여 연대를 더욱 강화시키는 요인이 된다.

이처럼 기층 당조직과 사영기업가의 협력을 통한 사회 거버넌스 활동은 공산당과 사영기업가 모두에게 필요한 부분을 제공한다. 공산당은 사회 거버넌스를 통해 지역사회 안정과 당국의 영향력을 강화시킬 수 있고, 사영기업가들은 자신의 사업에 필요한 사회안정과 기업가로써의 이미지를 개선하며, 지방정치에 참여할 기회를 얻을 수 있다. 이처럼 제1공작위원회 사례에서 나타난 사회 거버넌스는 공산당과 사영기업가 모두에게 이익을 주어 양자의 연대를 더욱 공고화시키는 결과를 초래한다.

1. 개혁기 사회변화와 사회 거버넌스

개혁개방 이후 공산당은 경제성장을 우선시하는 정책을 추진하였다. 그 결과 경제 부분의 놀라운 성과를 가져왔으나, 다양한 사회적 문제점을 야기하였다. 먼저, 개혁개방 이후 중국의 사회관리 체제는 큰 변화를 맞이하게 되었다. 개혁개방기 이전 중국 공산당은 농촌과 도시에서 인민공사(人民公社)와 단위제도(单位制度)라는 이원화된 제도를 통해 중국 사회를 장악하였고, 통제를 추진하였다. 그러나 전통적인 인민공사와 단위를 통한 사회통제는 개혁개방이 진행되는 과정에서 점차 약화되었다(정종호, 2005).

개혁개방은 농촌의 탈집체화와 인민공사의 해체를 초래하였다. 그에 따라 개혁개방 이후 농촌의 대규모 노동력이 도시에 진출하였는데, 이는 국가 통제 외부에서 유동하는 거대한 인구집단인 농민공의 출현을 초래하였다. 또한 도시의 단위제도 해체와 국유기업 개혁은 사회보장 해체 및 실업자 증가라는 문제를 야기하였다. 한편으로, 개혁개방이 지속됨에 따라 도시와 농촌 간의 소득격차가 심화되는 문제 또한 발생하였고, 노동자의 집단적 저항, 농촌의 집단소요 사태 등 다양한 사회적 문제점들이 점차 수면 위로 부상하게 되었다(윤태희, 이경수, 2014). 그렇지만 개혁개방 이후 약 20여 년간 사회관리 체제의 건설은 경제체제의 개혁보다 중요한 문제로 다루어지지 않았다(蔡志强, 2014: 12).

'사회관리' 개념은 장쩌민 정권에서 제기되었다. 1993년 중국 정부는 사회주의 시장경제 체제 건설의 요구에 부응하기 위해 거시조정 강화, 감독부서 강화 및 사회관리 직능 부서의 강화 등을 포함하는 정부 직능의 전환을 추진하였으며(胡映兰 等, 2015: 278-279), 1998년에는 사회관리를 정부의 주요 직능 중 한 부분으로 명시하였다. 구체적으로, 중국 정부는 "정부의 직능을 확실히 거시적 조정, 사회관리, 공공서비스 방면으로 전환하여 생산경영의 권한을 진정으로 기업에 전달한다"라는 내용을 언급하여 사회관리가 정부 중요 직능의 중 하나임을 공식화하였다.[3] 16차 당대회에서도 사회관리는 경제조절, 시장감독, 공공서비스 등과 함께 정부의 한 직능이자 사회안정(社会稳定)을 유지하기 위해 수행되어야 할 조건 중 하나로 언급되었다.[4]

장쩌민 시기 사회안정 유지를 위한 정부의 주요 임무 중 하나로서 제기된 사회관리 개념은 후진타오 시기에 체계화되었다. 2004년 16기

3 中国人大网, 「关于国务院机构改革方案的说明(1998年)」, http://www.npc.gov.cn/wxzl/gongbao/1998-03/06/content_1480093.htm(검색일: 2016.3.24.).

4 中国网, 「江泽民在中国共产党十六大上的报告」, http://www.china.com.cn/zyjy/2009-07/13/content_18122614.htm(검색일: 2016.3.24.).

4중전회(十六届四中全会)에서 공산당은 〈당의 집정능력 강화에 관한 결정(关于加强党的执政能力建设的决定)〉을 발표하여 "당위원회가 영도하고(党委领导), 정부가 책임지며(政府负责), 사회가 협동하고(社会协同), 대중이 참여하는(公众参与)" 사회관리 체제의 건설을 제시하였다.[5] 이러한 사회관리는 18차 당대회를 통해 "당위원회가 영도하고(党委领导), 정부가 책임지며(政府负责), 사회가 협동하고(社会协同), 대중이 참여하며(公众参与), 법치가 보장하는(法治保障)" 체제로 발전하였다.[6] '사회관리'는 정부가 법에 의거하여 사회업무(社会事务), 사회조직 및 사회생활에 대한 규범과 관리를 의미하는 것으로, 정부의 행위이자 중요한 직무이다(俞可平, 2014). 사회관리 방침 중 '당위원회 영도와 정부책임(党委领导, 政府负责)'은 국가와 당이 서비스형(服务型) 정부 건설, 공공서비스 체계 건설을 통해 사회를 더욱 조화롭게 만드는 것을 지칭하며, 사회협동(社会协同)은 정부의 관리감독을 통한 사회조직의 육성과 발전, 사구의 역량발휘, 정부의 관리와 사구 간의 상호작용을 의미한다. 한편 대중의 참여(公众参与)는 사회관리를 위해 대중 모두의 참여가 필요하다는 것을 의미한다.[7] 이는 양로사업 등 다양한 복지제공과 사회안정에 필요한 다양한 활동에 사회의 참여를 격려함으로써 사회를 더욱 안정적으로 유지하겠다는 공산당의 인식을 보여주는 것으로, 사회문제 해결을 위한 사회적 행위자들의 참여를 정부에서 용인한다는 것을 암시한다.

5 人民网, 「中共中央关于加强党的执政能力建设的决定」, http://www.people.com.cn/GB/40531/40746/2994977.html(검색일: 2016.3.24.).

6 人民网, 「坚定不移沿着中国特色社会主义道路前进, 为全面建成小康社会而奋斗」, http://cpc.people.com.cn/n/2012/1118/c64094-19612151-1.html(검색일: 2015.9.30.).

7 中国新闻网, 「中国社会创新管理意见出台 限县团级以上干部阅读」, http://www.chinanews.com/gn/2011/09-20/3338846.shtml(검색일: 2014.8.20.).

그러나 한편으로 이러한 공산당의 사회관리 방침은 사회 참여는 어디까지나 당국의 지도와 책임하에서 이루어져야 한다는 것을 시사하는 것이기도 하였다(윤태희, 이경수, 2014). 이처럼 사회관리는 정부가 주도권을 가지고 행정적 수단을 통한 관리와 통제를 지칭하며, 위로부터의(top-down) 사회행위 관리를 통한 사회안정과 질서유지의 추구를 의미하는 것이다(郁建兴, 关爽, 2014). 따라서 실질적으로 '사회관리'는 정부의 사회업무에 대한 관리로 이해되며, 사회관리혁신의 강화는 정부의 사회업무관리의 혁신으로 간주되는 문제점이 있었다. 따라서 정부의 사회에 대한 감독과 통제, 여론관리, 정보의 통제, 위기에 대한 조기경보와 대응이 각 지방 사회관리의 주요 방식이 되었다(燕继荣, 2013). 즉 사회관리는 '관리'라는 용어를 이용하기는 하였지만, 실질적으로는 국가의 사회 '통제'라는 사고방식에서 변화하지 못한 한계점을 가지고 있었다.

이러한 문제점을 고려하여 시진핑 정권은 기존의 하향식의 관리에서 벗어나 정부의 하향식 관리와 사회의 상향식 참여의 결합을 모색하였다. 그 결과 시진핑 시기 당지도부는 18기 3중전회(十八届三中全会)에서 "중국 특색의 사회주의 제도 개선과 발전, 국가 거버넌스 체계와 거버넌스 능력의 현대화"라는 총목표하에 '사회 거버넌스(社会治理)' 개념을 최초로 제기하였다. 사회 거버넌스는 "당위원회의 영도(党委领导), 정부의 주도적 역할을 발휘(发挥政府主导作用), 사회 각 방면의 참여 격려와 지지(鼓励和支持社会各方面参与)를 통한 정부의 거버넌스, 사회의 자기관리 및 거주민의 자치 간의 긍정적 상호작용의 실현(实现政府治理和社会自我调节, 居民自治良性互动)"으로 새롭게 정의되었다.[8]

8 新华社, 「中共中央关于全面深化改革若干重大问题的决定」, http://news.xinhuanet.com/2013-11/15/c_118164235.htm(검색일: 2016.3.25.).

시진핑 정권은 2017년 19차 당대회를 통해 "모두가 같이 건설하고(共建), 모두가 같이 다스리고(共治), 모두가 같이 누리는(共享) 사회 거버넌스 국면의 구축"을 선언하였고, 사회 거버넌스를 당위원회가 영도하고(党委领导), 정부가 책임지며(政府负责), 사회가 협력하며(社会协同), 대중이 참여하고(公众参与), 법치가 보장하는(法治保障) 체계로 확립하였다. 더 나아가 시진핑 정권은 사회 거버넌스의 사회화, 법치화, 지능화(智能化), 전문화 수준의 제고와 사회갈등 예방 및 해소 기재 건설 강화, 안전발전 이념의 수립, 사회치안 예방 통제 체계 건설, 사회심리 서비스 체계 건설, 사구(社区) 거버넌스 체계 건설 강화 등을 사회 거버넌스의 향후 발전 방향으로 제시하였다.[9]

사회 거버넌스는 정부의 하향식 관리에서 벗어나 사회의 정상적 운영과 사회 다원적 이익관계의 요구를 만족시키기 위해 공공역량(집권정당과 정부), 관리와 통제 대상에서 벗어나 주체성을 가진 사회역량(사회조직, 기업사업단위, 자치조직), 시민(개인) 등 다원적인 주체가 자신의 이익과 관련된 사회 업무와 사회공공업무의 거버넌스에 참여하고 상호작용과 협조를 통해 다양한 사회적 문제의 해결, 사회복지 문제의 개선, 민생 개선, 사회갈등 해소, 사회공평 촉진, 사회질서와 조화로운 발전을 추구하는 것을 의미한다.[10]

시진핑 시기 사회 거버넌스가 강조됨에 따라 기층 당조직의 사회 거버넌스 주도와 사회 다원적 행위자들의 거버넌스 참여에 필요한 서

9 新华网,「习近平: 决胜全面建成小康社会 夺取新时代中国特色社会主义伟大胜利—在中国共产党第十九次全国代表大会上的报告」, http://www.xinhuanet.com/politics/19cpcnc/2017-10/27/c_1121867529.htm(검색일: 2018.3.7.).

10 시진핑 시기 사회 거버넌스의 다양한 정의에 관해서는 武三中(2015), 徐猛(2014), 王浦劬(2014), 姜晓萍(2014) 등의 논문 참고.

비스의 공급 역시 강조되었는데, 이는 '서비스형 당조직(服务型党组织) 건설' 방침으로 구체화되었다.

서비스형 당조직은 2009년 구이저우성(贵州省) 준이시(遵义市)의 경험을 당중앙이 긍정적으로 검토하여 전국으로 확대한 사례이다. 구이저우성 준이시의 당조직은 2009년부터 시 전반에 걸쳐 "기층에 봉사(服务基层), 군중에 봉사(服务群众), 발전에 봉사(服务发展)"를 주제로 서비스형 당조직 건설활동을 전개하여 2010년 말까지 14개의 현(구, 시) 당업무 서비스센터(党务服务中心), 243개의 향진(가도) 당업무 서비스센터, 1,976개의 촌(사구) 당원 군중 종합 서비스 스테이션(党员群众综合服务站) 및 6,990개의 촌민(거민) 당원 군중 서비스 지점(党员群众服务点)을 설립하였다. 준이시의 4등급의 서비스 네트워크는 당원 군중을 위해 55만여 건의 업무를 대행하였고, 1.7만여 건의 분쟁을 해결하였으며, 실제적이고 유익한 업무 3만여 건의 수행, 빈곤 당원 군중 연 인원(人次) 3.8만여 명 원조, 연인원 180만여 명에 대한 각종 정책, 법률 및 실용기술 자문 제공 등의 성과를 거두었다(罗曼, 2011).

준이시의 성공적인 서비스형 당조직 활동 사례는 2009년 당시 중앙정치국 상무위원이자 국가부주석인 시진핑, 중앙조직부 부장(中央组织部部长)인 리위안차오(李源潮)의 주목과 긍정적인 평가를 받게 되었다. 특히 시진핑은 신화사의 『내부참고(内部参考)』 2009년 제86기에 실린 '준이시 서비스형 당조직 건설 조사(遵义市创建服务型党组织建设调查)' 기사에 대하여 "구이저우성 준이시의 '서비스형' 당조직 건설이 상당히 새로운 내용을 담고 있으며, 당의 목적의식을 이행하기 위한 새로운 혁신적인 매개체를 건설하였다. 이들의 관련 업무 상황을 추적하고 이행하여 유익한 경험은 즉시 총결하도록 하길 바란다"고 언급하였다. 이처럼 중앙의 긍정적 평가와 지지하에서 준이시의 '서비스형' 당조직 건설 사례는 전국적으로 확대되었고, 급기야 18차 당대회를 통해 공식적인 당의 방침으로 확정되었다(罗曼, 2011; 钟龙彪, 2013).

구체적으로, 18차 당대회에서 공산당은 '전면적 당건설 과학화 수준 제고(全面提高党的建设科学化水平)' 항목에서 "학습형, 서비스형, 혁신형 맑스주의 집권정당 건설"을 천명하였고, "군중에 대한 봉사와 군중 업무를 주요 업무로 하는 기층 서비스형 당조직 건설을 강화한다"는 방침을 발표하였으며,[11] 18기 3중전회에서는 기층 당조직의 전투 보루 역할 수행을 통한 전면심화개혁으로의 적극적 공헌을 강조하였다(人民出版社, 2014: 1). 더 나아가 공산당은 2014년에는 〈기층 서비스형 당조직 건설 강화에 관한 의견(关于加强基层服务型党组织建设的意见)〉을 발표하여 강력한 역량을 가진 지도자 집단의 보유, 견실한 기량을 가진 핵심 집단 보유, 효용 기능을 가진 서비스 장소 보유, 다양한 서비스 매개체 보유, 완벽한 제도 기제 보유, 군중이 만족할 수 있는 서비스 업적 보유 등 여섯 가지 보유의 목표와 서비스 업무 기능 강화, 조직 체계 개선, 핵심 대오 건설, 서비스 매개체의 혁신, 서비스 형식의 구축 등을 주요 임무를 제시하였다(人民出版社, 2014).

서비스형 당조직은 ① 당원들의 모범적인 활동을 통한 군중의 가치판단을 변화시켜 군중의 당의 노선과 방침, 정책을 위한 노력을 유도, ② 사회의 이익 조정과 협상 및 사회의 궁극적 이익 대변자 역할 수행, ③ 사회의 자기 서비스 능력 배양과 감독, ④ 정부의 직능 전환과 기층 서비스 공급 추동, ⑤ 기층 당원의 사회적·정치적 이익의 보호 등의 방식으로 사회 거버넌스를 이끈다(王侃, 2012). 서비스형 당조직은 기층 당조직이 사회에 봉사하고, 군중에 봉사하는 역할을 수행함으로써 대중의 신임과 지지를 얻을 수 있으며, 공산당의 정당성을 강

11 中国网, 「胡锦涛十八大报告(全文)」, http://news.china.com.cn/politics/2012-11/20/content_27165856.htm(검색일: 2016.3.25.).

화시켜 일당지배체제를 더욱 공고화하는 효과를 기대할 수 있다(王懂棋, 2013; 杨蕾, 殷焕举, 2013).[12] 특히 사영분야와 같이 공산당의 생산통제 수단이 부재하고, 안정적인 당원 기반이 부재한 영역에서 서비스형 당 조직은 군중의 이익에 기반을 둔 당의 업무 전개, 군중에게 다양한 서비스 제공 등의 수단을 통해 공산당에 대한 사영기업가의 지지를 확보할 수 있도록 해준다는 이점이 있다(Han, 2015).

요약하자면, 사회 거버넌스는 개혁개방 이후 누적된 사회적 문제를 공산당이 원하는 방향으로 다양한 사회적 역량의 참여를 통해 해결하고, 그에 따라 사회의 안정과 공산당의 지배체제 공고화를 동시에 달성하려는 전략이라고 볼 수 있다. 이러한 맥락에서 중국 공산당이 추진하는 사회 거버넌스는 서구적 의미의 협치(協治)와는 다른 관리의 의미를 가진다. 단적으로 〈전면심화개혁에 관한 몇 가지 중대문제에 관한 결정(关于全面深化改革若干重大问题的决定)〉(이하 〈결정〉)의 영문판에서 정부 거버넌스(政府治理)는 정부의 관리(government management), 사회의 자아조절(社会自我调节)은 사회의 자기 관리(social self-management), 거주민의 자치(居民自治)는 거주민의 자기 관리(residents' self-management)로 각각 번역되었다.[13] 이러한 번역은 공산당이 추구하는 사회 거버넌스가 여전히 관리의 측면에 중점을 두고 있음을 암시한다. 또한 사회 거버넌스는 당의 존재와 영도하에 이루어진다. 중국 공산당은 사회 거버넌스에서 기존의 '사회관리'의 원칙하에 수립된 '당위원회 영

12 唐晓清, 「始终坚持执政的根本宗旨和理念」, http://www.qstheory.cn/dukan/qs/2014-07/01/c_1111348343.htm(검색일: 2016.3.17.).

13 People's Daily Online, "Decision of the Central Committee of the Communist Party of China on Some Major Issues Concerning Comprehensively Deepening the Reform," http://en.people.cn/102774/8525461.html(검색일: 2016.3.25.).

도,' '정부 주도'의 방침을 여전히 고수하고 있는데, 이는 여전히 중국 공산당이 사회 거버넌스에서 주도권을 보유한 채로 사회 행위자들이 방침에 위배되지 않는 방향으로 참여하도록 이끌 것임을 의미한다. 이는 당의 영도와 법률의 기반 위에 민주, 협력, 다원적 참여의 실현, 정부관리와 사회자치의 유기적 통일의 실현과 조화로운 운영, 사회의 활력과 창조력의 극대화 등을 통한 사회 응집력 강화와 조화로운 사회의 실현이 현재 중국이 추구하는 사회 거버넌스의 가장 이상적 형태라는 관점과 무관하지 않다(周晓丽, 党秀云, 2013).

한편으로 공산당은 사회 거버넌스의 맥락에서 서비스형 당조직의 건설을 추진하고 있다. 시장경제의 발전과 사회의 급격한 전환에 의해 사회집단과 이익의 다원화, 시민의 주체의식과 권리의식 및 법치의식 개선 등의 변화가 발생하였고, 그에 따라 기층 당조직의 영도방식 역시 과거의 사회정책 직접 집행과 관여에서 벗어날 필요가 있었다(沈小璇, 2013; 高新民, 2003). 기층 당조직은 시민의 자치에 필요한 법을 이용한 사회질서유지, 시민권리와 공공이익 보호 등의 서비스를 제공하여 사회역량이 사회적 문제를 스스로 해결하도록 격려할 수 있고, 동시에 사회 거버넌스에 참여하는 다양한 주체들 사이에 발생할 수 있는 갈등을 중재하고 해결하는 역할을 자처함으로써 사회의 지지를 받을 수 있는 것이다. 이처럼 서비스형 당조직의 건설은 영도와 서비스를 통해 대중의 지지를 확보하고 기층 사회 거버넌스의 혁신을 도모하는 공산당의 전략이라 볼 수 있다.[14]

14 新华网, 「以服务型党组织建设引领基层党建工作—中组部负责人就《关于加强基层服务型党组织建设的意见》答记者问」, http://news.xinhuanet.com/politics/2014-05/29/c_1110921456.htm(검색일: 2016.3.25.).

2. 제1공작위원회의 사회 거버넌스

제1공작위원회와 산하 당지부들의 사회 거버넌스는 크게 당원을 통한 지역사회로의 영향력 강화를 위한 사영기업가 당원에 대한 엄격한 교육, 사영기업가의 사업발전과 권익보호에 필요한 정보 및 서비스 제공, 지역사회 질서와 사회안정 유지, 각종 공익활동과 고향에 대한 지원, 합법적 제도를 통한 지방 정치참여 등의 다섯 가지 측면으로 나누어 볼 수 있다.[15] 제1공작위원회는 일련의 다양한 활동을 통해 당원들이 먼저 선진성을 발휘하고 솔선수범하는 모습을 보임으로써 약 10만여 명의 베이징에서 사업을 하는 웨칭인들의 기업 경영관리 수준 제고에 기여하고, 도시건설과 관리에 융합될 수 있도록 하는 것을 목표로 제시하였다.[16]

1) 공산당 이미지 개선과 영향력 강화

먼저 제1공작위원회와 산하 당지부들은 사영기업가 당원에 대한 교육을 통해 공산당의 지역사회내 이미지 개선과 영향력 강화를 도모한다. 이처럼 이들 당조직은 고향을 떠나 베이징에 정착한 웨칭 출신 유동당원의 교육과 관리를 통한 '선진성' 유지에 중요할 뿐만 아니라, 공산당의 영향력을 지역사회로 침투시키는 데 중요한 의미를 가진다.

당위원회(제1공작위원회)는 엄격한 학습제도를 수립하여 당원들의

15 이하의 내용은 필자의 공저 논문인 Jeong and Yoon(2020)의 일부를 수정, 보완한 것이다.

16 人民网, 「汇聚千万党员力量 全面建成小康社会」, http://cpc.people.com.cn/18/n/2012/1115/c351073-19583644.html(검색일: 2017.10.6.).

학습활동을 이끌었다. 당위원회는 1년간의 학습을 위한 계획을 체계적으로 수립하는 한편, 당지부가 제대로 학습계획을 준수하는지를 검토한다. 당위원회는 당지부가 매 분기, 매월 어떻게 학습하였는지, 회의기록, 장부 등의 자료가 완벽한지 등에 대한 정기적·비정기적 검사를 하고 있다. 당위원회는 심사의 엄격성을 위해서 1회 심사 이후 즉각 통보를 하고, 불합격한 지부와 개인은 모두 선진적인 인물의 심사에 참여할 수 없도록 페널티를 주고 있다. 또한 모든 지부들은 2개월마다 집단학습활동을 하고 있으며, 당원들이 당지부의 학습활동에 무단으로 1년 동안 3회 무단으로 불참하게 되는 경우 자동적으로 제명 처리되는 삼진아웃 제도를 실시하여 당원들의 학습참여를 독려하고 있다.[17] 이에 관해 당위원회는 6개월마다 중간결산을 하고 연말에 결산평가를 하여 당원들이 교육이 제대로 이루어졌는지를 감독한다. 당위원회 내부자료에 따르면, "몇 년 동안 대부분 당원의 퍼포먼스는 양호했으며, 2명의 당원이 심사에 불합격"되었다.[18]

동시에, 당위원회는 당원에게 학습 동기를 부여하고 솔선수범의 정신(创先争优的意识)을 강화할 수 있도록 다양한 학습활동을 지원하였다. 베이징에 있는 웨칭 출신 당원들은 대부분 농촌 출신으로 문화수준과 학력이 높지 않고, 오랜 기간 외지에서 경영활동에 종사한 농민공 출신의 사영기업가들이다. 따라서 이들은 당에 대한 지식 이해도가 높지 않다. 이 문제를 개선하기 위해 당위원회는 산하 당지부들의 교육활동 전개에 어려움이 없도록 지원하고 있다. 이들은 중요한 당내활

17 다만, 부득이한 상황에 의해 학습에 참가할 수 없는 자는 사전에 휴가를 청원하여 지부의 승인을 얻을 수 있도록 규정하였다.

18 乐清外出流动党员第一工作委员会, 「中共乐清市外出流动党员第一工作委员会简况 暨在京非公经济党建工作中的探索」.

동이 전개되거나 당의 중요 문건이 발간되는 경우 학습활동을 조직할 뿐만 아니라, 카세트테이프, CD와 각종 당조직 건설 관련 잡지 간행물, 중앙의 정책에 관한 자료 등 당원의 학습을 위해 다양한 시청각자료들을 모든 산하 지부에 제공하여 당원이 당에 대한 지식을 학습하도록 하였다.[19]

이 과정에서 기층 당조직 지도부의 모범적인 역할이 강조되었다. 당위원회 위원들은 솔선수범하여 정기적인 학습에 참여할 것을 결의하였고, 지부 차원에서도 당지부 서기들이 당원 학습의 본보기가 되어줄 것이 요구되었다. 예를 들어, 당위원회는 후진타오 집권시기 중앙에서 전개한 "과학적 발전관의 학습 실천 활동(学习实践科学发展观活动)"을 계기로 "서기들이 솔선수범하여 학습의 의무를 이행하는 프로젝트(书记抓学习, 学习抓书记)"를 통해 서기들이 앞장서서 당지식 학습에 나설 것을 강조하는 한편, 기층조직에서 과학적 발전관의 학습이 뿌리내릴 수 있도록 노력하였다.[20]

이들 사영분야 당조직의 사영기업가 당원 교육의 노력은 시진핑 시기에도 지속되고 있다. 2016년 3월, 필자가 현지조사를 진행하던 시기는 "당헌과 당규를 학습하고, (시진핑 서기의) 일련의 담화를 학습하여 합격한 당원이 되는(学党章党规, 学系列讲话, 做合格党员, 이하 양학일주(两学一做))" 학습교육 운동이 한창 전개되고 있었다.[21] 당시 인터뷰에

19 乐清外出流动党员第一工作委员会,「乐清市探索加强在京非公经济党建工作」.

20 乐清外出流动党员第一工作委员会,「中共乐清市外出流动党员第一工作委员会简况 暨在京非公经济党建工作中的探索」.

21 '양학일주' 학습운동에 관한 내용은 人民网,「关于在全体党员中开展"学党章党规, 学系列讲话, 做合格党员"学习教育方案」, http://dangjian.people.com.cn/n1/2016/0229/c117092-28157687.html(검색일: 2017.10.6.) 참고.

응했던 한 사영기업가 당지부 서기에 따르면, 학습활동은 중앙의 지침이나, 정신, 문건을 학습하는 것으로, 당헌이나 관련 문건, 주요 신문기사를 낭독하는 형식으로 전개된다. 그에 따르면, "당헌의 학습과 시진핑 당서기의 발언에 대한 학습"이 매우 중시된다.[22] 이를 통해 합격한 당원의 권리와 의무를 이해하고, 웨칭 사영기업가들의 발전을 촉진하는데 솔선수범의 역할을 하도록 만드는 것이 중요 목표이다.[23] 다만, 사영기업가 당원들의 교육활동은 복잡하지 않은 수준에서 전개되는데,[24] 이는 사영기업가 당원의 학력 수준이 전반적으로 낮다는 점이 고려된 것으로 보인다. 1회 학습활동을 전개할 때마다 구체적인 시간은 정해지지 않았으나, 통상적으로 2~3시간 정도의 시간을 가진다. 그러나 예비당원 또는 정식당원의 충원 여부 결정 등 중요 안건이 있는 경우 학습시간이 길어지기도 한다.[25]

한편으로, 당조직의 학습교육 시간은 사영기업가 당원들의 사교활동에 중요한 무대를 제공한다. 사영기업가 당원들은 정기적인 당원교육 시간에 중앙의 지침이나 정책을 학습하는 시간 외에 "당원들 상호 간의 경험에 대한 학습"의 시간 역시 가진다. 사영기업가 당원들은 각각 원단, 부동산 등 다양한 업종에 종사하는데, 학습활동 시간에 자신이 종사하는 업종의 최근 동향에 대하여 의견을 교류한다. 그리고 자신의 의견을 제시하여 현재 주요 사업의 동향에 대해서 서로 간 정보를 공유한다. 사영기업가 당원의 상호 간 정보 교류의 시간 역시 "타인의 경험에 대한 학습"이기 때문에 중요한 학습 시간의 일부로 간주

22 사영기업가 당지부 서기 인터뷰(2016.3.16.).

23 网易, 「流动堡垒的红色洗礼(组图)」, http://news.163.com/16/0613/00/BPD9U0M300014AED.html(검색일: 2017.10.6.).

24 사영기업가 당지부 서기 인터뷰(2016.3.16.).

25 사영기업가 당지부 서기 인터뷰(2016.3.16.).

된다.[26] 그 결과 특별한 조건이 없다면, 다양한 기밀사항이나 기업 자문 등의 고급 정보를 당 내부의 네트워크를 통해 확보할 수 있게 되는 것이다.[27] 즉 공산당의 학습활동은 사영기업가 당원 입장에서도 상호간 사업에 대한 주요 정보 교류에도 매우 중요한 의미를 가진다.

그 외 당위원회는 매년 7월 1일을 기념하여 약 800여 명의 당원을 당지부 단위로 조직하여 옌안(延安), 징강산(井冈山), 시바이포(西柏坡), 사오산(韶山) 등지의 혁명성지를 방문하였고, 항일기념관 등의 적색교육기지 학습에 참가하는 '7.1적색여행(红色旅游)'을 실시하고 있다. 또한 당의 창립기념일을 축하하기 위해 신입 당원의 입당 선서식, 당 지식 경연대회 등의 대규모 활동을 거행하고 우수 지부와 당원을 표창함으로써 당조직의 연대를 강화하고 당원의 소질을 계발하기 위해 여러 가지 활동을 시도하고 있다.[28]

제1공작위원회 및 산하 당지부들의 교육활동은 당원 사영기업가들의 당에 대한 충성심을 높이는 역할을 한다. 당조직의 교육활동은 중앙의 지침, 정신, 문건이나 국가의 법률에 대한 학습을 통해 당원이 당과 법률의 틀 안에서 생활하도록 유도하고, 대중 앞에서 솔선수범하여 법률이 기층에서 잘 집행되도록 촉진하는 역할을 수행한다.[29] 또한 혁명성지의 방문과 적색교육기지 학습은 공산당의 혁명사와 우수한 전통에 대한 교육을 통해 당원의 당에 대한 충성심과 국가에 대한 애국심을 배양하는 데 큰 역할을 한다.

한편으로, 사영분야 당조직의 학습활동은 사영기업가 당원들에게

26 사영기업가 당지부 서기 인터뷰(2016.3.16.).
27 사영기업가 당지부 서기 인터뷰(2016.3.16.).
28 乐清外出流动党员第一工作委员会,「乐清市驻北京党委简况」.
29 사영기업가 당지부 서기 인터뷰(2016.3.16.).

중앙의 의견을 습득시키고, 공산당에 대한 충성과 사회주의적 신념을 강화시킴으로 자발적으로 당의 사업 발전에 공헌하도록 만든다. 당조직의 교육의 지도하에 많은 당원은 문명경영, 의법납세, 소재지 경제건설과 사회발전을 위해 적극적인 공헌을 하였다. 이러한 공헌에 의해 제1공작위원회는 인민일보에 의해 2007년 11월 사영분야 기층 당조직 건설의 혁신 사례로,[30] 2010년 7월 모범적인 당조직 건설의 사례로 각각 대서특필되었다.[31] 또한 2006년 1월 당위원회의 모범적 학습활동으로 인해 타지당조직(在外党组织)으로는 매우 이례적으로 중앙당교 대외훈련센터(中央党校对外培训中心)와 중화전국공상연합회 선교처(中华全国工商业联合会宣教处)로부터 '전국 민영경제이론과 실무훈련반 조직업무 선진단위(全国民营经济理论与实务培训班组织工作先进单位)'의 칭호를 얻게 되었다.[32]

2) 사영기업가 지원과 권익보호

두 번째로, 제1공작위원회와 당지부들은 지역 내 웨칭 출신의 사영기업가와 당원을 위해 필요한 서비스를 공급하는 역할을 수행한다. 먼저, 이들 당조직은 사영기업가들에게 필요한 경제 관련 소식을 제공한다. 당위원회는 2001년 이래 매년 1~2주간 당원과 경영인 50~70명을

30 人民网, 「党建引领非公企业发展(基层党建创新与实践)」, http://paper.people.com.cn/rmrb/html/2007-11/20/content_32976782.htm(검색일: 2017.10.9.).

31 이에 관해서는 人民网, 「深度关注: 走进红色"浙江村"」, http://dangjian.people.com.cn/GB/12125850.html(검색일: 2016.5.20.).

32 浙江在线新闻网站, 「红色照耀民企大市—非公党建的乐清样本」, http://zjnews.zjol.com.cn/05zjnews/system/2011/06/21/017613710.shtml(검색일: 2016.5.20.).

중앙당교에 파견하여 당의 기초지식과 경제이론, 기업관리, 상품판매 등에 관련된 학습 훈련(培训)을 하고 있으며, 유명한 교수나 학자를 초빙하여 강연을 듣는다.[33] 예를 들어, 2003년 당위원회는 '삼개대표' 중요사상 학습회를 개최하여 칭화대학교 경제관리학원의 당위원회 서기인 우동(吴栋) 교수로부터 정치경제 체제의 개혁 및 사영기업가 입당에 관한 내용과 민영기업은 어떻게 당조직을 건설할 수 있는가 등의 문제에 대한 강연을 들었다.[34] 또한 2011년 5월에도 중앙당교의 교수를 초청하여 당의 기초지식과 경제관리, 기업관리, 상품판매 등과 관련된 경제이론을 학습하였다.[35] 그 외에도 이들 당조직은 주기적으로 변호사를 초빙하여 노동법에 대한 해설과 합법적 권익보호에 필요한 정보를 제공하는 등 당원들과 사영기업가들에게 정기적으로 사업에 필요한 정보를 제공하는 역할을 수행한다.[36]

또한 당위원회는 웨칭 출신 사영기업가 당원들의 의견을 반영하여 필요한 서비스를 제공하고 있다. 예를 들어, 2007년 사영기업가 당원들 중 다수가 '제2세대 신분증(二代证)'으로 교체하기 위해 고향의 공안기관을 직접 방문해야 하는 고충을 지부회의에서 호소하였다. 당지부들로부터 이 문제를 접한 당위원회는 웨칭시 당위원회와 정부에 이 문제를 보고하였고, 웨칭시 당위원회, 정부와 정법위원회의 협조하에 웨칭시 공안국이 6명의 2세대 신분증 수속인원을 베이징에 파견

33 乐清外出流动党员第一工作委员会, 「乐清市探索加强在京非公经济党建工作」.

34 人民网, 「党建引领北京"浙江村"非公企业快步跑」, http://politics.people.com.cn/GB/1026/6713795.html(검색일: 2017.10.9.).

35 乐清外出流动党员第一工作委员会, 「中共乐清市外出流动党员第一工作委员会简况 暨在京非公经济党建工作中的探索」.

36 乐清外出流动党员第一工作委员会, 「乐清市驻北京党委简况」.

하였다. 이와 동시에 당위원회와 당지부는 단체문자, 따홍먼 일대의 대형 백화점 내의 안내방송, 상회를 통한 통보 등 다양한 형식으로 베이징에 있는 웨칭인들에게 관련 소식을 전파하였다. 당위원회의 노력에 의해 2개월 동안 약 6,000여 명의 웨칭인들이 베이징에서 제2세대 신분증 교체작업을 마무리할 수 있었다.[37]

그 외에도 베이징에 있는 웨칭인을 위해서 각종 서비스를 제공한다. 예를 들어, 따홍먼 일대에서 현금 및 카드가 들어 있는 돈가방을 분실한 두 명의 자매가 당위원회를 방문하여 돈가방을 찾아줄 수 있는지를 문의하였는데, 당위원회는 산하 지부들을 대상으로 관련 사실을 전달하고 분실한 돈가방을 발견했는지 알아보았다. 그 결과 당위원회는 이들 여성 사업가의 분실물을 찾아 돌려줄 수 있었다.[38] 이처럼 당조직은 사영기업가 당원과 대중의 크고 작은 어려움을 파악하고 필요한 서비스를 제공함으로써 지역사회 내에서 공산당의 위상을 높이는 데 기여한다.

마지막으로 이들 당조직은 웨칭 출신 사영기업가들의 합법적인 경제적 이익을 보호한다. 구체적으로 당위원회는 소속 사영기업가 당원들이 합법적 권익을 침해받는 경우 사영기업가 당원들을 대표하여 법적인 절차를 통해 사영기업가 당원의 이익을 보호한다. 예를 들어, 2003년 따홍먼 상마오청(大红门商贸城)에서 매대를 임대한 웨칭 출신 기업가들의 사업은 매우 성공적이어서 일반적인 예상을 뛰어넘는 매출을 거두게 되었다. 당시 기업가들은 약 10만 위안의 소득을 예상했으나, 자신들의 예상을 뛰어넘는 약 50만 위안의 소득을 얻게 되었

37 人民网, 「党建引领北京"浙江村"非公企业快步跑」, http://politics.people.com.cn/GB/1026/6713795.html(검색일: 2017.10.9.).

38 당위원회 핵심 관계자 인터뷰(2015.8.10.).

다.[39] 이를 인식한 상마오청 측에서는 기존의 계약서를 무시하고, 일방적으로 매대 이용권의 임대료를 인상하려 하였다.[40] 또한 상마오청은 사업가들에게 20년으로 계약된 매대 사용권의 기한을 3년으로 일방적으로 변경하여 이득을 취하려고 하였다.[41]

그 결과 매대를 임대하고 있었던 웨칭 출신 기업가들의 경제적 이익이 크게 침해당하게 되었고, 사영기업가 당원들은 당조직에 도움을 요청하였다. 당시 당위원회는 정법대학(政法大学)의 관련 법률전문가 교수에게 자문을 구하였다. 자문 결과 소송가치가 있다고 판단한 당위원회는 당시 상마오청에 관련된 322명의 상인들로부터 소송비를 거두어 소송절차에 들어갔고, 1년여의 법적 투쟁 끝에 승소를 거두게 되었다.[42] 이처럼 당위원회가 직접 나서서 변호사와 접촉하고 관련 부서와 소통을 함으로써 만회한 손실은 수십억 위안에 달한다.[43] 즉 당위원회는 사영기업가 당원의 이익대변인을 자처하고, 이들을 대신하여 법률무기(法律武器)를 이용해 부당한 이익침해에 대항하고 있는 것이다.

요컨대, 이들 당조직은 사영기업가들에게 필요한 정보를 제공하는 정보 공급원의 역할을 수행하는 동시에 사영기업가들의 이익을 대변하는 보호자의 역할을 수행하여 사영기업가 당원의 사업 발전에 유익한 환경을 제공한다. 또한 사영기업가 당원이 요구하는 서비스를 제공하여 이들의 고충을 덜어준다. 당조직의 사영기업가 당원의 권익 보

39 당위원회 핵심 관계자 인터뷰(2015.8.10.).

40 당위원회 핵심 관계자 인터뷰(2015.8.10.).

41 乐清日报, 「流动党旗别样红」, http://www.yqrb.cn/html/2013-02/28/content_187697.htm(검색일: 2016.10.3.).

42 당위원회 핵심 관계자 인터뷰(2015.8.10.).

43 乐清外出流动党员第一工作委员会, 「中共乐清市外出流动党员第一工作委员会简况 暨在京非公经济党建工作中的探索」.

호 및 서비스 제공의 노력은 당원들의 당에 대한 충성심을 강화시키고, 지역사회 내에서 공산당의 이미지를 제고하는 데 크게 이바지한다.

3) 지역사회 질서와 안정 유지

한편으로, 이들 당조직은 지역사회 질서와 치안의 유지를 위해 노력을 기울이고 있다. 첫째, 이들은 베이징 및 고향의 공안부서와 협력하여 치안 문제의 개선을 위해 노력하였다. 1990년대 대대적인 저장촌 철거작업(清理整顿)을 경험한 이후 베이징시는 과거 저장촌이 위치한 따홍먼(大红门) 일대에 치안 강화를 위해 "촌을 단위로 정돈을 시행하고, 경찰역량을 강화하는" 촌을 단위로 하는 경호구(警护区)를 수립하였다. 당위원회 산하의 각 지부는 경호구의 업무에 협조하여 '매음, 도박, 마약' 등 지역사회의 치안 불안 요소에 대한 단속을 함으로써 치안 개선에 공헌하였다(卢立平, 2013: 191). 또한 당위원회는 고향인 웨칭 공안국의 범죄자 소탕활동에도 협력하였다. 이들은 당원들과 대중들을 동원하여 베이징으로 도주한 마약밀매, 절도, 강도 등의 범죄 용의자들에 대한 주도면밀한 조사활동을 전개하여 도피범죄 해결을 위해 노력하였다.[44]

둘째, 이들 당조직은 베이징에 있는 웨칭인들에게 고향 당정기관의 정책을 집행하는 역할을 수행, 베이징의 웨칭인들을 관리하고 있다. 일례로, 당조직은 베이징에 있는 웨칭인들을 대상으로 마약퇴치 활동을 전개하였다. 당위원회는 원저우시 마약금지위원회(温州市禁毒委员会)의 요청을 받아 베이징에 '마약금지 지휘 영도소조(禁毒指挥领导小

44 中国共产党新闻网, 「因为得力, 所以给力—北京"浙江村"的非公党建」, http://dangjian.people.com.cn/GB/15178814.html(검색일: 2017.10.8.).

组)'를 설립하여 마약 퇴치를 위해 노력한다. 마약금지 지휘 영도소조는 복용자에 대한 교화작업을 실시하여 마약복용자들과 대화를 시도하고, 한편으로는 친인척을 동원하여 마약 복용자들이 마약을 끊고 건전한 삶을 살 수 있도록 설득하였다. 또한 마약금지 지휘 영도소조는 2004년부터 마약 복용자에 대하여 소변검사를 실시하여 현재까지 약 1,000명이 검사를 받았다. 한편으로, 이들 당조직은 웨칭시 당정기관을 대신하여 베이징에 있는 웨칭 출신의 이주민 수만 명에 대한 가족계획 출산실태를 조사하는 등 베이징에 있는 웨칭인구를 파악하는 역할을 수행한다.[45]

셋째, 베이징으로 올라와서 신방(进京信访)을 하는 웨칭인들을 응대하는 역할을 수행한다. 이 과정에서 당위원회가 설득하여 돌려보낸 신방인원의 수는 1,000여 명에 이른다. 이에 관하여 한 당지부의 서기는 개인의 사사로운 이해관계보다 더 큰 국면을 볼 수 있어야 한다고 강조한다.

> (공산)당은 국민을 위해서 정책을 작성 집행하며, 국민에게 이로운 일을 한다면 당은 당원과 국민에게 부끄러움이 없는 것이다. (중략) 간혹 국가의 지침이 이해가 되지 않는 경우가 있지만, 차차 생각하다보면 옳다고 느끼는 경우가 있다. 큰 방향은 맞는데, 세부적인 사항에 들어가면 개인에게 불리한 경우가 있다. 이런 경우 (피해를 입게 된 개인은) 호소를 하거나, 안 되는 경우 법률에 의존하기도 한다. 그렇지만 다른 경로를 통해서 (그가) 납득을 할 수 있게 되거나, 대국적 국면을 고려하여 생각한다면 (자신의 이익을) 더 큰 이익을 위해서 포기할 수 있는 것이

45 乐清外出流动党员第一工作委员会, 「中共乐清市外出流动党员第一工作委员会简况 暨在京非公经济党建工作中的探索」.

다.[46]

넷째, 당조직은 지역사회 내부의 갈등을 중재하여 지역사회의 단결을 유지하는 역할을 한다. 현재까지 제1공작위원회 산하 당지부들은 수백여 건의 크고 작은 민간 경제 분쟁을 해결하였다.[47] 따홍먼 일대의 기업가들은 동일한 웨칭 출신이기는 하지만, 일상적인 생산 경영활동 및 생활에서 다양한 갈등과 분쟁을 겪게 된다. 이에 대해 당지부의 당원들이 사영기업가들 내부의 중재역할을 자처하여 대화와 설득을 통해 양측의 불만을 감소시킨다(卢立平, 2013: 192). 이러한 현상이 가능한 이유는 당원들은 경제적으로 능력이 있고 사회적으로 명망이 있는 지역 내 엘리트로 구성되기 때문이다.[48] 따라서 당원들은 분쟁을 중재할 수 있는 인망과 역량을 가지고 있다. 이처럼 당지부는 일상적으로 발생하는 여러 가지 갈등을 중재하여 지역 공동체 내부의 조화와 안정을 유지하는 구심점의 역할을 수행한다(卢立平, 2013: 192).

그 외에도 당위원회는 사영기업가 당원들의 여가활동 개선을 위해 노력하고 있다. 당위원회는 베이징 현지의 가도 판사처(街道办事处)와 연합하여 외출인원 문화예술단을 설립하였고, 이를 통해 유동당원의 건전한 문화활동을 주도하고 있다.[49]

한 마디로 이들 당조직은 지역사회의 치안개선과 사회안정의 유지를 위해 다양한 노력을 경주하고 있다. 이들 당조직은 고향인 웨칭

46 사영기업가 당지부 서기 인터뷰(2016.3.31.).

47 乐清外出流动党员第一工作委员会, 「中共乐清市外出流动党员第一工作委员会简况 暨在京非公经济党建工作中的探索」.

48 이에 대해서는 제5장 참고.

49 乐清外出流动党员第一工作委员会, 「乐清市探索加强在京非公经济党建工作」.

당정기관의 요청에 적극 협조하여 여러 가지 업무를 수행하여 상급기관과의 긴밀한 관계를 유지한다. 또한 지역사회 내 이익 갈등을 조율하는 역할을 수행하여 지역사회의 안정을 유지하고 있다. 즉 한 당서기의 말대로, 당조직은 "개인이 마땅히 받아야 하는 것들을 받을 수 있도록 적극 협력하지만, 한편으로는 과도한 요구가 발생하지 않도록 조율하는 역할"을 수행하여 지역 질서를 유지하는 것이다.[50]

4) 사회적 공헌

네 번째로 당위원회와 당지부들은 각종 공익사업에 참여하여 사회에 공헌한다. 이들 당조직의 공익사업활동은 크게 국가적 재난에 대한 구호자금 모음, 취약 계층에 대한 지원, 고향 발전에 대한 지원으로 나누어 볼수 있다. 먼저, 이들 당조직은 사영기업가 당원들로부터 홍수재해의 복구에 필요한 구호자금을 모아 사회적 공헌을 실천한다. 홍수, 태풍 등 자연재해가 발생한 경우, 당위원회는 회의를 소집하여 각 지부에서 돈을 모아 헌납할 것을 결정하고, 각 지부는 모금한 액수와 관련 기록을 당위원회에 제출한다.[51] 구체적으로 사영기업가 당원들은 1998년 홍수재해 복구 작업과 2001년 7월 충칭 수해 구호 작업에 모두 100여 만 위안을 모금하였고, 2004년에는 고향인 원저우 지방이 제14호 태풍 '윈나(云娜)'에 의해 심각한 피해를 보자 60만 위안을 모금하기도 하였다. 또한 지진 복구 작업을 위한 모금활동도 적극적으로 전개되고 있다. 예를 들어, 2008년 쓰촨성(四川省) 원찬(汶川)에 대지진이 발생하자 당위원회는 200만 위안을 모금하여 재난지역에 2개의 학

50 사영기업가 당지부 서기 인터뷰(2016.3.31.).

51 당위원회 핵심 관계자 인터뷰(2015.8.10.).

교(教学楼)를 건립하였다. 그 외에도 2010년 4월 14일 칭하이성(青海省) 위수(玉樹)지역에 7.1급의 강진이 발생하자 당위원회는 확대회의를 개최하여 산하 지부들이 나서서 재난지역에 구호활동을 벌여줄 것을 호소하였고, 산하 당지부들은 십시일반으로 나서서 모두 40만 위안을 모금, 기부하였다.[52]

두 번째로, 당조직은 취약 계층에 대한 지원사업을 전개하고 있다. 당위원회는 2002년 펑타이구 장신덴(丰台区长辛店)의 초등학교(小学)에 도서와 교육용 설비 등을 기부하고, 20명의 빈곤 학생들에게 정기적으로 필요한 자금을 지원하였다. 또한 2007~2008년에는 10만여 위안을 모금하여 웨칭시 교육국(教育局)을 통해 51명의 취약 계층 학생이 소재한 학교를 지원하였다. 이러한 자선활동은 지부 차원에서도 활발하게 전개되고 있다. 예를 들어, 우진지덴청(五金机电城, 이하 우진청) 당지부는 인민대학교(人民大学) 철학과에 재학 중인 취약 계층 학생 5명에게 4년 동안 매년 5,700위안의 학비를 포함하여 약 12만 위안 상당의 금액을 지원하였고, 거위털 점퍼, 학용품 등의 일상용품도 지원하였다. 또한 우진청 당지부는 스징산구(石景山区)의 공청단위원회(团委)의 소개로 베이징 구중학교(九中)의 22명 고교생에게도 매년 학비 800위안 등 3년 동안 6만 위안의 자금을 원조하였고, 광시 우밍현(广西武鸣县)의 광시희망고등학교(广西希望高中) 학생 50명에게 생활비, 의류비를 지원하였으며, 문구 및 가방 등을 구매, 전달하였다.[53] 이처럼 우진청 당지부가 2003년부터 2016년까지 지원한, 가정형편이 어려운 학생

52 乐清外出流动党员第一工作委员会, 「中共乐清市外出流动党员第一工作委员会简况 暨在京非公经济党建工作中的探索」.

53 乐清外出流动党员第一工作委员会, 「凝心聚力 开拓創新 为非公党建工作开好新的局面」; 당위원회 핵심 관계자 인터뷰(2015.8.10.).

들은 모두 348명에 달한다.[54] 또한 웨청진(乐成镇) 당지부는 해방 이전 혁명에 참여한 당원의 생활이 어렵다는 것을 알고, 고령 당원의 빈곤한 생활의 개선을 위해 10여 만 위안을 모금하였고, 상마오칭 당지부, 난웨(南岳) 당지부 역시 매년 연말에 60세 이상의 고령 당원들을 대상으로 위문활동을 전개하고 소액의 위로금을 건네고 있다. 그 외에도 2012년 4월 징원(京温)지부는 서기의 지도하에 순이구 타이양촌(顺义区太阳村)의 고아원 자선활동에 참가하여 그 자리에서 83,000위안을 쾌척하였고, 이를 계기로 매년 약 8만 위안을 고아원에 지원하고 있다.[55]

마지막으로 이들 당조직은 고향의 발전을 위해서 기여한다. 지난 몇 년간 이들 당조직의 당원들이 고향의 건설, 교량건설, 도로보수, 빈곤 퇴치 등 고향 신농촌 건설(新农村建设)에 현재까지 수억 위안을 금액을 보내주었다. 또한 당위원회는 고향에 우수한 당원을 파견하는 인재양성 기지의 역할을 수행한다. 베이징에서 입당한 당원 중 귀향하여 고향의 촌지부 서기와 촌 당위원회 주임을 역임하게 된 당원은 약 50여 명에 달한다.[56] 이처럼 제1공작위원회와 산하 당지부들의 사회적 공헌활동은 베이징이나 웨칭 지방에 한정되지 않고, 전국적 범위에 걸쳐 다양한 방면에서 전개된다.

당위원회의 관계자는 이러한 공익활동은 당원으로서 응당 해야 할 일이라고 설명한다. 그는 "당원은 국가와 정부에 협력해서 도움이 되어야 하는 존재"가 되어야 한다고 강조한다.[57] 그는 다음과 같은

54 网易, 「流动堡垒的红色洗礼(组图)」, http://news.163.com/16/0613/00/BPD9U0M300014AED.html(검색일: 2017.10.6.).

55 당위원회 핵심 관계자 인터뷰(2015.8.10.).

56 乐清外出流动党员第一工作委员会, 「中共乐清市外出流动党员第一工作委员会简况 暨在京非公经济党建工作中的探索」.

57 당위원회 핵심 관계자 인터뷰(2015.8.10.).

인식을 당조직 내부의 사영기업가 당원들이 공유하고 있다고 설명하였다.

> 공산당의 지도하에 우리가 대단한 발전을 이루었다. 따라서 우리는 지금까지 받은 것을 사회에 돌려주는 것이 마땅하다. 이것은 (일반 대중과 달리) 당원이 가져야 하는 책임이다.[58]

즉 많은 사영기업가 당원들은 "공산당원으로서 광범위한 군중에게 모범을 보이고 싶어하기 때문에" 자발적으로 각종 자선활동에 참여한다.[59] 당조직을 통한 사영기업가들의 봉사활동 및 기부행위는 당조직의 사회적 위상을 높이는 결과를 가져올 뿐만 아니라, 사영기업가 당원들의 사회적 이미지를 개선하는 효과를 기대할수 있다.

5) 지방 정치참여

마지막으로 이들 당조직은 지방인대 대표를 선출하여 사영기업가 당원에게 정치참여의 기회를 제공하고, 대표로 선출된 사영기업가 당원의 지역사회 내 입지를 더욱 공고화하는 역할을 한다. 당지부 서기가 된 사영기업가 당원은 원저우시 당원대표대회의 대표(温州党员代表大会代表)로 선출되거나, 고위급 정치지도자와 접촉할 수 있는 기회를 얻을 수 있다(项飙, 2017: 92). 과거 저장촌 철거 이전부터 지역사회에 막강한 영향력을 발휘하여 저장촌의 '촌장(村长)'이라는 호칭을 가진 한 당지부 서기는 과거 베이징에 진출한 원저우인의 대표이자 유동당원의 대

58 당위원회 핵심 관계자 인터뷰(2015.8.10.).

59 당위원회 핵심 관계자 인터뷰(2015.8.10.).

표로 선출되어 원저우 지방인대에 참석하였다. 그는 당시 원저우 지방인대에서 원저우 외의 지역대표는 본인이 유일했다고 자랑스럽게 회고하였다. 이는 원저우시에서 베이징에 진출한 원저우 출신의 사영기업가들을 중히 여긴다는 점을 시사하는 한편, 그만큼 그의 베이징 일대에서의 영향력이 막대하였기 때문이기도 하였다. 그는 지방인대 회의에 참석하여 원저우 정부의 정부공작보고를 청취하고, 선거권을 행사하였을 뿐만 아니라, 베이징에 진출한 원저우인들의 입장을 정부에 설명하고, 고향의 경제 발전을 위해 여러 가지 정책을 제안하였다.[60] 뿐만 아니라 당시 정치 최고지도자인 후진타오(胡锦涛)의 해외 순방에 동행하는 등 최고위 지도층과 접촉하는 기회를 얻기도 하였다.[61]

그렇다면 지방인대 대표로의 선출이 실질적인 지방 정책에 영향을 미칠 수 있는가? 1990년대 중반 저장촌 지역을 연구했던 한 연구자는 원저우 출신 사영기업가들의 지방인대 진출이 "(사영기업가) 자신에게 유리한 법률의 제정하는 데 영향력을 발휘할 수 있다"는 데 의미가 있다는 의견을 제시하였다.[62] 그러나 앞서 언급한 '촌장'은 이에 대하여 매우 부정적이다. 자신이 제안한 의견이 공작보고에 반영되는 것이 매우 느리다는 것이다.[63] 또한 그는 최고지도자와의 해외 순방 경험 역시 큰 의미가 없었다고 회고한다. 해외순방 과정에서 자신의 역할은 의전에 참석한 들러리에 불과했고, 고위 지도부와 유의미한 대화는 나눌 수 없었다는 것이다.[64] 이처럼 지방인대 진출이나 고위 지도자와의 해외 순방 경험이 사영기업가 당원의 정치적 입지의 개선으로 이어

60 사영기업가 당지부 서기 인터뷰(2015.8.5.; 2016.3.16.).
61 사영기업가 당지부 서기 인터뷰(2016.3.16.).
62 저장촌 연구자 인터뷰(2015.8.4.).
63 사영기업가 당지부 서기 인터뷰(2015.8.5.).
64 사영기업가 당지부 서기 인터뷰(2016.3.15.).

진다는 보장은 없다. 그럼에도 불구하고 특정 당서기가 고위 지도자와 관계가 있다는 풍문 자체가 지역사회 내에서 사영기업가 당지부 서기의 입지를 강화시키고, 야심 찬 젊은이들의 동경심을 불러일으킨다(项飙, 2017: 92). 2015년 8월 현재 당위원회 서기와 한 명의 사영기업가 당원이 웨칭시의 당원대표로 선출되어 지방 정치에 영향력을 발휘하고 있다.[65]

3. 제1공작위원회의 사회 거버넌스 평가

제1공작위원회의 사례를 통해 나타난 사영분야 당조직의 사회 거버넌스 활동은 사영기업가의 공산당에 대한 높은 지지 확보, 고향과의 긴밀한 연대 형성, 사영기업가의 합법적 권익보호, 사영기업가의 이미지 개선 등의 효과로 이어진다. 먼저, 사영분야 당조직은 중앙의 정책을 충실히 집행하여 공산당의 이미지를 개선하고, 사영기업가들의 공산당에 대한 지지를 높이는 역할을 하였다. 제1공작위원회와 산하 당지부들은 중앙이 중시하는 당원에 대한 학습 및 당원관리 활동을 성실히 집행하였고, 그에 따라 기층에서 당의 영향력이 강화될 수 있었다. 또한 중앙이 요구하는 '당위원회 영도(党委领导)'의 원칙하에 사영기업가들이 자신의 문제를 해결할 수 있도록 다양한 서비스를 제공함으로써 당 주도의 사회안정 유지 및 사영기업가들에 대한 당의 지지를 강화하였다. 그 결과 이들 당조직은 사영기업가들에게 높은 지지를 받고 있으며, 많은 사영기업가 당원들이 당위원회를 '집(家)'이라고 인식하게

65 당위원회 핵심 관계자 인터뷰(2015.8.10.).

되었다.[66]

두 번째로, 고향의 당정 기관에서 요구하는 다양한 활동을 전개하여 지방정부와 긴밀한 관계를 유지한다. 제1공작위원회는 상급기관인 웨칭시에서 요구하는 마약퇴치, 가족계획 조사 등의 활동을 수행하였고, 한편으로는 고향의 신농촌 건설을 위해 적극적인 지원을 아끼지 않았다. 반면, 베이징 현지의 당조직과는 협력과 교류가 크게 나타나지 않았다. 이는 일차적으로 제1공작위원회의 상급 조직이 웨칭시이며, 베이징시와는 직접적인 예속관계가 없다는 사실에 기인한다. 베이징시의 지방정부는 구조적으로 제1공작위원회에 직접적으로 업무를 하달할 수 없으며, 필요한 경우 공문을 보내 이들 당조직의 협력을 구한다.[67] 그렇지만 더욱 중요한 점은 웨칭시가 베이징에 거주하는 이주민 사영기업가 당원들의 이익보호에 적극적이었고, 현재도 사영기업가들에게 우호적이라는 사실이다. 고향정부에서 요구하는 다양한 정책들을 집행함으로써 사영기업가들은 자신의 권익보호에 우호적인 고향 지방정부와의 연대를 공고히 할 수 있고, 한편으로 웨칭시 당정 기관의 입장에서도 정책적 영향력을 베이징으로 확대시킬 수 있는 것이다.

세 번째로, 사영분야 당조직은 사영기업가들의 권익보호의 장(場)을 제공한다. 당조직을 통해 사영기업가들은 비즈니스에 필요한 다양한 정보를 확보할 뿐만 아니라, 각종 법률정보를 습득함으로써 자신의 권익을 더욱 잘 보호할 수 있게 된다. 또한 사영분야 당조직은 각종 경제적 분쟁에서 중재자 역할을 수행하고, 사영기업가 당원들을 대신하여 소송을 전개함에 따라, 사영기업가들에게 이익을 보호할 수 있는

66 사영기업가 당지부 서기 인터뷰(2016.3.15.).

67 사영기업가 당지부 서기 인터뷰(2016.3.15.).

중요한 공간으로 자리잡게 된다. 또한 사영분야 당조직의 사영기업가 권익보호활동은 지역사회 내에서 공산당에 대한 지지를 높이고, 사영기업가가 법적 테두리 안에서 합법적으로 이익을 추구하는 수단을 제공함에 따라 사회안정에 기여한다.

네 번째로, 사영분야 당조직의 사회 거버넌스는 지역사회의 안정을 가져와 당조직 및 사영기업가들의 이미지를 개선한다. 제1공작위원회와 산하 당지부들은 사영기업가 당원들이 당원으로서 솔선수범할 수 있도록 교육하였고, 지역사회의 안정을 위해 공안부서와 협력하여 마약퇴치, 범죄자 소탕 등의 활동을 수행하였다. 일련의 활동으로 인해 사영기업가 당원들의 평판과 이미지가 개선되었다. 단적으로, 과거 치안이 좋지 않던 1990년대 중반 '저장촌'은 베이징의 택시기사들조차 가기 꺼려지는 지역이었지만, 오늘날 따홍먼 지역은 이러한 택시기사들이 대단하다고 칭송해 마지않는 지역으로 변화한 것이다.[68] 이처럼, 공산당 주도의 사회 거버넌스 활동을 통해 웨칭 출신 사영기업가들의 사회적 이미지는 크게 개선되었고, 공산당의 이미지 역시 긍정적으로 변화하였다. 이는 공산당의 지배정당성을 강화시킬 뿐만 아니라, 사영기업가들에게도 이미지 개선과 기업활동에 더 이로운 환경을 제공함으로써 국가-사영기업가 간의 긍정적인 상호작용(良性互动)을 가능케 한다.

요컨대, 중국 공산당은 개혁개방 이후 직면한 다양한 사회현안을 해결하는 동시에 사회 거버넌스에서 공산당의 주도권을 잃지 않기 위

68 乐清日报, 「流动党旗别样红」, http://www.yqrb.cn/html/2013-02/28/content_187697.htm(검색일: 2015.9.10.); 1990년대 중반 당시 저장촌에서 현지조사를 수행한 한 저장촌 연구자에 따르면, 당시 택시들은 치안문제를 이유로 저장촌으로 진입하는 것을 꺼려하였다. 저장촌 연구자 인터뷰(2015.8.4.) 참고.

해 당위원회 영도하에 사회, 대중 등 다자가 참여하는 정책을 수립하였으며, 한편으로 당조직이 기층의 거버넌스에서 중심적 역할을 수행할 수 있도록 시민들에게 다양한 서비스를 제공하는 서비스형 당조직의 건설을 강조하였다. 제1공작위원회와 산하 당지부의 사회 거버넌스 사례를 비추어 볼 때, 사회 거버넌스는 기층 차원에서 하향식 관리와 상향식 참여가 동시에 이루어지고 있음을 알 수 있다. 제1공작위원회는 중앙과 상급 당조직의 지침에 따라 당원의 교육, 사회질서와 치안유지, 지역사회에 필요한 서비스 제공 등의 역할을 수행하였다. 그와 동시에 당원들의 상향식 참여 역시 적극적으로 이루어졌다. 사영기업가 당원들은 일상적인 사회 거버넌스에서 중앙과 당조직이 원하는 바를 충실히 집행하였고, 지역사회에서 모범적인 당원으로서 지역사회 안정에 기여함으로써 이들은 공산당 지배체제를 지지하는 집단임을 스스로 증명하였다. 즉 제1공작위원회의 사회 거버넌스 사례는 당조직과 사영기업가들이 모두 적극적으로 참여하여 사회안정과 지역사회 발전을 이룩한 모범 사례라고 볼 수 있다.

사회 거버넌스는 공산당과 사영기업가 모두에게 이익을 제공한다. 사영기업가들은 사회 거버넌스 참여를 통해 중앙정부의 지침을 충실히 집행하는 동시에 자신에게 우호적인 지방정부와 연대를 공고히 하는 효과를 누릴 수 있다. 또한 사영기업가들은 당조직을 통해 자신의 이익보호에 성공할 수 있다. 한편으로, 공산당의 관점에서 사회 거버넌스는 사영기업가 당원을 통한 지역사회의 안정을 이룰 수 있고, 기층으로 공산당의 영향력을 확대시키는 이점을 제공할 수 있다. 제1공작위원회와 산하 당지부들의 사회 거버넌스 사례는 어떻게 권위주의적인 국가와 사영기업가들이 서로 갈등하지 않고 공존할 수 있는가를 보여주는 중요한 사례이다.

제7장

중앙의 정책변화와 제1공작위원회

본 장은 시진핑 시기 국가적 차원의 정책이 추진되는 과정에서 나타난 국가-사영기업가 관계의 단면을 제1공작위원회 사례를 통해 분석한다.[1] 2017년 10월 18일 중국공산당 제19차 전국대표대회(中国共产党第十九次全国代表大会)에서 시진핑(习近平)은 베이징의 비수도기능 해체 분산(疏解北京非首都功能)을 '핵심(牛鼻子)'으로 하는 베이징-톈진-허베이(京津冀, 이하 징진지) 공동발전 추진을 국가운영 방침으로 선언하였다.[2] 국가는 베이징에서 해체 분산되어야 하는 비수도기능으로 일반성 제조업, 지역성 물류기지와 도매시장, 중심지에 과도하게 밀집된 교육·의료시설, 일부 행정·사업 서비스 단위 등을 지목하였다.[3] 이러한 국가의 징진지 공동발전 전략은 베이징시 펑타이구(丰台区) 따훙먼(大红门) 지역의 의류, 원단, 신발 등의 도매를 주업으로 하는 사영기업가

1 이하의 내용은 필자의 논문인 윤태희(2018)의 내용을 수정, 보완한 것이다.

2 新华网, 「习近平: 决胜全面建成小康社会 夺取新时代中国特色社会主义伟大胜利—在中国共产党第十九次全国代表大会上的报告」, http://news.xinhuanet.com/politics/19cpcnc/2017-10/27/c_1121867529.htm(검색일: 2017.12.3.).

3 人民网, 「人民日报: 北京有序疏解非首都功能是京津冀重中之重」, http://ccnews.people.com.cn/n/2015/0713/c141677-27294713.html(검색일: 2017.12.3.).

들의 경영활동에 치명적인 타격이었음에 의문의 여지가 없다.

그렇다면 중앙의 정책변화에 대하여 사영기업가들은 어떠한 반응을 보였는가? 만일 사영기업가들이 중앙의 결정을 선호하지 않았다면, 국가는 어떻게 이들을 설득하였는가? 징진지 공동발전 추진과 비수도 기능 해체 분산에서 제1공작위원회는 어떠한 역할을 수행하였는가? 징진지 공동발전의 사례를 통해 볼 때, 중앙의 정책변화와 관련하여 사영분야 당조직은 어떠한 의미를 가지는가? 궁극적으로 징진지 공동발전이 개혁기 중국의 국가-사영기업가 관계에 시사하는 바는 무엇인가? 본문에서 검토하고자 하는 바는 바로 이것이다.

시진핑 시기 징진지 공동발전과 관련된 중국 내 기존 연구들은 다양한 측면들을 다루고 있다. 예를 들어, 개혁기 이래 징진지 공동발전 정책의 변화(魏进平 外, 2014; 张可云 , 蔡之兵, 2014; 杨开忠, 2015), 베이징의 비수도기능(张可云, 蔡之兵, 2015; 杜立群, 和朝东, 2015; 王殿茹, 邓思远, 2015; 赵弘, 刘宪杰, 2015), 징진지 공동발전의 의의(周立群, 曹知修, 2014; 文魁, 2014) 등 시진핑 시기 징진지 공동발전의 배경과 의의에 관한 연구뿐만 아니라, 징진지 공동발전 국면하에서 바람직한 지역별 발전 방안(祝尔娟, 2014; 安树伟, 肖金成, 2015; 刁琳琳, 2016; 张彦台, 2014), 징진지 공동발전에 따른 도시 공간 재배치 문제(赵弘, 何芬, 2017), 징진지 공동발전에 의한 산업 이전과 산업구조 전환(于化龙, 臧学英, 2015; 邓仲良, 张可云, 2016; 周伟, 蔡培, 2016; 叶振宇, 叶素云, 2017; 唐树伶, 2016; 王辉, 张明, 2016; 孙久文, 姚鹏, 2015), 징진지 공동발전과 인구 문제(辜胜阻 外, 2017; 王继源 外, 2015; 何海岩, 2016; 杨卡, 2015; 李国平, 席强敏, 2015), 징진지 공동발전 정책에 대한 검토 및 평가(武义青 外, 2017) 등 시진핑 시기 징진지 공동발전과 그에 따른 변화들을 분석한 연구들 또한 다양하게 존재하고 있다.

국내의 징진지 공동발전에 관한 연구들 역시 징진지 지역통합 전략이 한국의 대중국 진출 전략에 주는 함의(김부용, 2015), 징진지 지역 도시군의 발전전략과 협력 요인(최정석, 2015), 징진지 공동발전 정책의 전개과정과 문제점(방금용, 차경자, 2016), 징진지 지역의 산업분업과 특화발전(김수한, 민귀식, 2017) 등 여러 가지 측면을 포괄하고 있다.

이처럼 시진핑 시기 징진지 공동발전 전략에 관한 기존 연구들은 주로 거시적 관점에서의 변화에 초점을 맞추어 분석하고 있음을 알 수 있다. 시진핑 시기 징진지 공동발전에 관한 기존 연구들을 비추어 볼 때, 시진핑 시기 추진되는 징진지 공동발전이라는 국가 전략 변화에 따라 나타나는 국가-사영기업가 관계의 동학에 대한 학문적 연구의 필요성이 제기된다. 특히 징진지 공동발전 전략에 따라 일부 산업과 인구의 이전이 불가피한 상황에서 발생할 수 있는 국가-사영기업가 간의 잠재적 갈등과 그에 대한 사영기업가 및 국가의 대응 등을 중점적으로 분석할 필요가 있을 것으로 사료된다.

따라서 본 장의 연구는 징진지 공동발전 전략이 국가-사영기업가 관계에 미치는 영향을 검토한다. 구체적으로 본 장은 국가의 비수도기능 해체 분산 정책에 직접적인 타격을 받을 수밖에 없었던 따홍먼 지역의 도매업에 종사하는 사영기업가들의 사례를 중심으로 징진지 공동발전 전략이 기업가 집단에 미치는 영향, 중앙 정책을 집행하기 위한 지방정부의 노력과 따홍먼에서 이전해야 할 운명에 처한 기업가 집단을 유치하기 위한 허베이 및 톈진 지방정부들의 경쟁, 기층 당조직의 기업가 집단 이전 설득 작업, 이에 대한 기업가 개인들의 상이한 반응과 대응 등 징진지 공동발전과 그에 따른 따홍먼 일대의 변화를 둘러싸고 나타난 다양한 동학을 분석한다.

본 장에서는 이하의 내용을 주장한다. 먼저 중앙의 징진지 공동발전 정책 추진에 따라 베이징시는 따홍먼의 의류 도매업의 해체 분산을 결정하였다. 이에 대하여 사영기업가 집단은 부정적인 반응을 보였으나, 따홍먼 해체 분산 작업은 국가의 예정대로 전개되었다. 이처럼 비교적 따홍먼 해체 분산 작업이 순조롭게 진행된 이유는 이하와 같다.

첫째, 따홍먼 일대의 웨칭 사영기업가들에게 영향을 줄 수 있는 제1공작위원회와 당조직들은 중앙의 정책을 지지하였고, 사영기업가 당원들이 따홍먼 해체 분산 작업에 적극 협력할 것을 요구하였다. 둘째, 사영기업가들의 심리적 요인을 들 수 있다. 이들은 국가의 결정을 저항할 수 없는 것이라고 생각하였고, 국가의 결정에 저항하는 것을 두려워하였다. 셋째, 지방정부들의 적극적 기업 유치경쟁과 그에 따른 기업가 개인들의 다양한 전략적 선택은 기업가 집단의 응집력을 저해하여 따홍먼 해체 분산이 더욱 순조롭게 전개될 수 있었다. 따홍먼 도매시장의 해체 분산 사례는, 중앙의 정책변화에 대응하여 사영분야 당조직이 국가-사영기업가 관계에 어떠한 역할을 수행하는지를 보여주는 동시에, 사영기업가들의 입당을 통한 권익보호의 한계를 보여준다. 한편으로, 따홍먼 도매시장의 해체 분산 과정에서 나타나는 기업가들의 국가에 대한 존중과 두려움의 심리, 기업가 집단이 가진 분절성 등은 개혁기 국가-사영기업가 관계에서 국가가 어떻게 사영기업가에 대하여 우위를 점하는지를 보여준다.

1. 국가의 베이징시 정책변화

징진지 공동발전의 구상은 개혁개방 초기부터 존재하였다. 그러나 시진핑 집권시기 이전까지 지난 30여 년 동안 뚜렷한 성과를 거두지 못하였다. 1982년 〈베이징시 건설총체계획방안(北京市建设总体规划方案)〉에서 '수도권'의 개념이 제시되었지만, 수도권 지역 간 실질적 협력은 존재하지 않았다. 그 이후에도 1994년 베이징, 톈진, 허베이, 산둥(山

东), 산시(山西), 랴오닝(辽宁), 네이멍구(内蒙古) 등을 포함하는 환보하이 경제권(环渤海经济圈), 2004년 징진지 도시권구역계획(京津冀都市圈区域规划), 2011년 수도경제권(首都经济圈) 등 다양한 형태의 징진지 공동발전 구상이 제시되었지만, 지방정부들의 저조한 협조, 공동발전에 대한 상이한 인식, 이해관계의 불일치, 초지역적 협력의 어려움, 국가 고위층의 계획 추진 저조 등으로 인해 징진지 공동발전은 오랜 기간 난항을 겪었다.[4]

집권 초기부터 시진핑은 징진지 공동발전(京津冀协同发展)에 대하여 매우 높은 관심을 가지고, 적극적으로 추진하였다. 2013년 5월, 시진핑은 톈진(天津) 조사과정에서 새로운 시대 사회주의 현대화에서 베이징과 톈진 '두 도시의 이야기(双城记)'를 만들 수 있어야 한다고 발언하였고, 같은 해 8월 베이다이허(北戴河)에서 열린 허베이(河北) 발전문제 연구 논의에서 징진지 공동발전 문제를 재차 제기하는 등 2013년 한 해 동안 징진지 공동발전을 수차례 강조하였다.[5] 2014년 2월 26일 시진핑은 베이징 좌담회에서 징진지 공동발전 추진이 '중요한 국가전략(重大国家战略)'임을 선포하는 한편, 국가 지도부의 설계 마련, 징진지 각 지역의 공동발전을 위한 협력 강화, 산업 연결(对接) 협력 강화, 도시 배치와 공간 구조의 조정과 최적화, 환경 용량 및 생태공간의 확대, 현대화 교통 네트워크 건설, 시장 일체화 가속화 등의 일곱 가지 요구사항을 제시하였다.[6] 그에 따라 2014년 3월 국무원(国务院)은 〈국가 신

4 新华网, 「京津冀战略今迎一周年 三大方向突破在即」, http://news.xinhuanet.com/fortune/2015-02/26/c_127518513.htm(검색일: 2017.12.3.).

5 新华网, 「习近平: 疏解北京非首都功能」, http://news.xinhuanet.com/chanye/2015-02-11/c_1114339800.htm(검색일: 2017.12.3.).

6 中央政府门户网站, 「习近平主持召开座谈会听取京津冀协同发展工作汇报」, http://www.gov.cn/ldhd/2014-02/27/content_2624901.htm(검색일: 2017.

형도시화 계획(2014~2020년)[国家新型城镇化规划(2014~2020年)]〉을 발표하여 징진지 지역을 장강삼각주(长江三角洲)와 주강삼각주(珠江三角洲) 지역과 함께 세계 수준의 광역 도시권으로 발전시킨다는 목표를 수립하였다.[7] 한편으로, 중앙당국은 국무원 부총리(副总理) 장가오리(张高丽)를 조장으로 하는 징진지 공동발전 영도소조(京津冀协同发展领导小组)를 설립, 징진지 공동발전 추진에 박차를 가하였다.[8]

더 나아가 2015년 4월 30일 중공중앙 정치국은 〈징진지 공동발전 계획강요(京津冀协同发展规划纲要, 이하 〈계획강요〉)〉를 심의 통과하였다.[9] 〈계획강요〉는 베이징을 핵심으로 하는 세계 수준의 도시 광역군 형성을 궁극적 목표로, 베이징을 "정치, 문화, 국제교류, 과학기술 혁신"의 중심으로, 톈진을 "전국 선진 제조기술 발전기지, 북방 국제 항운 핵심구역, 금융혁신 운영시범구역, 개혁개방 선행구역"으로, 허베이를 "전국 현대 무역 물류 중요기지, 산업 전환 업그레이드 시범구역, 신형도시화와 도농 통합시범구역, 징진지 생태환경 보호구역(支撑区)"으로 각각 정의하였다.[10]

한편으로, 2015년 8월 징진지 공동발전 영도소조 관계자는 신화

12.3.).

7 中央政府门户网站, 「国家新型城镇化规划(2014 - 2020年)」, http://www.gov.cn/zhengce/2014-03/16/content_2640075.htm(검색일: 2017.12.3.).

8 人民网, 「张高丽任京津冀领导小组长 将啃硬骨头动利益」, http://finance.people.com.cn/n/2014/0812/c66323-25446707.html(검색일: 2017.12.3.).

9 新华网, 「京津冀协同发展, 以何为先导」, http://news.xinhuanet.com/comments/2015-05/02/c_1115154788.htm(검색일: 2017.12.3.).

10 人民网, 「京津冀协同发展新步伐」, http://theory.people.com.cn/n1/2017/0222/c410789-29099102.html(검색일: 2017.12.3.); 秦皇岛市国土资源局, 「京津冀协同规划纲要(全文)」, http://www.hebqhdsgt.gov.cn/gtzyj/front/6048.htm(검색일: 2017.12.3.).

사(新华社) 기자와의 인터뷰에서 베이징의 '대도시병(大城市病)'의 발생 근본 원인을 비수도기능의 과도한 베이징 밀집에 있다고 지적하였다. 대도시병이란, 대도시에서 나타나는 인구의 과도한 증가, 거주공간 부족, 교통체증 악화, 자원공급 압력 증가, 환경 악화 등 도시건설과 경제 발전을 제약하는 다양한 문제점을 지칭한다.[11] 영도소조 관계자는 비수도기능의 질서 있는 해체 분산 작업을 징진지 공동발전 전략의 핵심이라고 설명하였다. 또한 영도소조 관계자는 ① 일반성 산업, 특히 고소모(高消耗) 산업, ② 지역성 물류기지와 지역성 전문시장 등 일부 3차 산업, ③ 일부 교육, 의료 훈련기관 등 사회 공공서비스 기능, ④ 일부 행정, 사업성 서비스 기관 및 기업 본부 등 네 가지 유형의 비수도기능을 해체 분산 작업의 대상으로 지목하였다.[12] 그 외에도 2017년까지 베이징 비수도기능의 질서 있는 해체 분산, 2020년까지 베이징 상주인구의 2,300만 이하로 감소를 통한 베이징의 '대도시병' 해소, 2030년까지 수도 핵심 기능의 최적화 개선과 징진지 지역 일체화 골격의 기본 형성 등 구체적인 징진지 공동발전 일정이 제시되었다.[13]

국가의 징진지 공동발전 정책변화에 발맞춰 2014년 7월 베이징시는 〈베이징시 신규 산업 금지와 제한 목록(2014년)[北京市新增产业的禁止和限制目录(2014年版)]〉(이하 〈목록(2014년)〉)을 발표하여 수도 도시전략 방침에 부합하지 않고, 베이징시의 고급적인(高精尖) 경제구조 형성에 부합하지 않는 업종들의 금지와 억제 방침을 수립하였다. 베이징시

11 대도시병에 관해서는 赵弘(2016)의 내용을 참고.

12 新华网, 「京津冀协同发展领导小组办公室负责人就京津冀协同发展有关问题答记者问」, http://news.xinhuanet.com/politics/2015-08/23/c_1116342156.htm(검색일: 2017.12.3.).

13 中国网, 「官方定调京津冀协同发展: 先破要素壁垒」, http://finance.china.com.cn/news/gnjj/20150824/3305600.shtml(검색일: 2017.12.3.).

는 〈목록(2014년)〉에서 방직, 의류와 피혁 가공전문설비 제조업의 신규 건설과 확장을 금지하였을 뿐만 아니라, 도매시장 및 지역성 물류센터의 신규 건설 및 확장 또한 금지하였다(北京市人民政府办公厅, 2014). 그리고 2015년 중앙의 〈계획강요〉 발표와 질서 있는 비수도기능 해체분산이라는 정책적 방침에 따라, 베이징시는 〈목록(2014년)〉을 수정한 〈베이징시 신규 산업의 금지와 제한 목록(2015년)[北京市新增产业的禁止和限制目录(2015年版)]〉(이하 〈목록(2015년)〉)을 발표하여 방직 제조, 방직의류 및 장신구 제조, 신발제조, 피혁제조업 등 제조업들과 도매시장, 지역성 물류센터 및 창고에 대한 베이징시 전 지역에서의 신규 건설 및 확장 금지의 방침을 재천명하였다(北京市人民政府办公厅, 2015).

또한 베이징시는 '금지(禁), 정지(关), 통제(控), 전환(转), 조정(调)'의 다섯 가지 방식을 통한 비수도기능 산업의 해체 분산 방침을 제시하였다. '금지'는 신규 산업의 금지와 제한 목록에 따라 수도 발전에 적합하지 않은 공업의 신규 건설과 확대 금지를, '정지'는 높은 오염, 높은 에너지 소모, 높은 수질 소모의 기업의 영업정지를 의미한다. '통제'는 도시 폐기물 처리, 정유, 식품가공 등 도시운영과 민생 관련 업계에 대한 총량적 통제를, '전환'은 수도 도시 전략에 부합하지 않는 노동집약형, 자원의존형 일반 제조업에 대한 전환 추진을 지칭한다. '조정'은 첨단산업 중 경쟁 우위를 점하지 않는 제조 부문에 대하여 조정을 시행함으로써, 주도적으로 징진지에서의 모든 산업 체인의 배치를 전개한다는 것을 말한다.[14]

한편으로, 베이징 정부는 비수도기능 해체 분산이 필요한 지역으로 따훙먼을 직접적으로 거론하였다. 2015년 1월 당시 베이징 시장 왕

14 新华网, 「新闻分析: 北京非首都功能如何疏解?」 http://news.xinhuanet.com/fortune/2015-02/10/c_1114325978.htm(검색일: 2017.12.3.).

안순(王安顺)은 "따홍먼 지역에만 45개의 시장과 2.5만 개의 매장이 있다"면서 특히 "따홍먼의 약 30만 명의 유동인구는 해체 분산하지 않을 수 없으며(不疏解不行了), 이는 더 이상 기다릴 수 없는 것(这个不能等)"임을 강조하여 징진지 공동발전의 거대 국면에 부합하는 따홍먼 해체 분산 작업 전개를 촉구한 것이다.[15]

중앙의 비수도기능 해체 분산 결정과 베이징시의 정책변화는 지금까지 의류, 신발 제작 등 경공업 중심으로 번영을 이룩한 따홍먼 일대의 사영기업가들에게 변화가 다가오고 있음을 의미하였다. 개혁개방 초기 이래 저장성 웨칭 출신의 이주민 기업가들은 베이징의 따홍먼 난위안향 지역에 밀집, 거주하여 의류, 방직 등의 업종에 종사하였다. 이들의 영향으로 난위안향의 총생산액은 1985년부터 1996년까지 1.6억 위안에서 18억 위안으로 10배 이상 증가하였다.[16] 이들이 집단 거주하던 지역은 과거 저장촌이라 불렸으며, 대규모의 정리 작업 이후 의류 비즈니스 핵심 구역(服装商务核心区)으로 지정되어 발전하였다.[17] 따홍먼 일대에 거주하는 웨칭인은 약 8만 명에 달한다.[18] 베이징 펑타이구의 따홍먼 지역은 45개의 각종 유형의 의류 도매시장들과 약 2.8만 개의 경영상호 및 5.8만 명의 직접 종사인원을 포함하는 중국 북부지방 최대의 의류 집산지였으며, 연 매출액 500억 위안을 초과할 정도

15 新华网, 「大红门地区疏解不能等」, http://news.xinhuanet.com/local/2015-01/29/c_127433078.htm(검색일: 2017.12.3.).

16 北京乐清商会, 「商会简介」, http://www.yueqingsh.cn/guanyushanghui/shanghuijianjie/(검색일: 2018.5.27.).

17 따홍먼 일대의 변화발전에 대해서는 杨朝朝(2008), 陆军(2008), Jeong(2014) 등 참고.

18 中国网, 「北京乐清商会四届一次会员代表大会举行」, http://photo.china.com.cn/life/2017-09/27/content_41656412.htm(검색일: 2017.12.3.).

로 번영한 공간이었다.[19] 그러나 따홍먼 지역의 물류 시설과 도매시장들은 국가 지도자가 추진한 징진지 공동발전 정책에 의해 해체 분산의 중점으로 지목되었고, 베이징에서 퇴출될 운명에 처하게 되었다.

2. 국가정책 변화에 대한 기업가들의 반응

이러한 상황하에서 펑타이구 정부는 따홍먼 의류도매시장이 수도발전과 시민생활에 필수적인 기능을 하지 않으며, 인구 과밀화를 초래하여 자원환경, 도시운영, 사회관리에 악영향을 준다고 인식하여 따홍먼 일대의 비수도기능 해체 분산 작업이 불가피하다고 판단하였다.[20] 그에 따라 펑타이구는 "정부가 인도하고(政府引导), 기업이 주체로 나서며(企业主体), 시장이 배치하고(市场配置), 정책이 촉진하는(政策促进)" 방식으로 따홍먼 해체 분산 작업을 추진하였다.[21] 이는 정부가 따홍먼 일대의 도매시장과 기업들이 허베이 일대로 이전할 수 있도록 정책적 가이드와 다양한 지원을 제공하며, 최종적으로는 시장의 논리에 따라 기업이 스스로 이전할 장소를 결정하도록 만든다는 것이다.

2014년 3월 펑타이구는 따홍먼 지역의 지역성 창고 물류 기능의

19 网易财经, 「"大红门"去哪儿谁说了算?」 http://money.163.com/14/0518/09/9SH3BS7T00254TI5.html(검색일: 2017.12.3.); 北京日报, 「大红门疏解整治的这两年」, http://bjrb.bjd.com.cn/html/2017-10/10/content_181233.htm(검색일: 2017.12.3.).

20 中国经济网, 「京津冀协同发展 北京将疏解非首都核心功能」, http://www.ce.cn/xwzx/gnsz/gdxw/201403/12/t20140312_2469657.shtml(검색일: 2017.12.3.).

21 新浪新闻, 「北京大红门2017年完成疏解 变服务业创新区」, http://news.sina.com.cn/o/2015-11-24/doc-ifxkwuxx1757131.shtml(검색일: 2017.12.3.).

해체 분산을 중점 업무로 확립하였고, 같은 해 7월 따홍먼 지역 기능 해체 분산 지휘부(大红门地区功能疏解指挥部)를 수립하여 부구장(副区长)의 지휘하에 총괄적인 따홍먼 시장 해체 분산과 조정 작업을 전개하였다(赵方忠, 2014). 또한 펑타이구는 2017년 말까지 따홍먼 일대의 모든 물류창고의 외부 이전과 의류 도매, 원단 도매, 커튼과 침대용품 도매, 신발도매, 일상잡화 등 전체 45개의 시장 중 약 10개 시장만 업그레이드, 개조하고 나머지 시장은 철거 및 전환한다는 청사진을 제시하였다.[22]

그러나 펑타이구 정부의 노력과 달리, 따홍먼 일대의 대다수 기업들은 베이징을 떠나는 것을 주저하는 모습을 보였다. 2015년 1월 개최

22 人民网, 「大红门地区业态两年内转型 所有仓储物流外迁」, http://politics.people.com.cn/n/2015/1104/c70731-27775688.html(검색일: 2017.12.3.); 新华网, 「北京大红门2017年完成疏解 市场将变时尚生态圈」, http://news.xinhuanet.com/chanye/2015-11-24/c_1117241179.htm(검색일: 2014.12.3.). 한편으로, 펑타이구는 효과적인 따홍먼 지역 해체 분산 작업 전개를 위하여 2014년 12월 공상(工商), 공안(公安), 세무(税务), 도시관리(城管) 등 각종 부처 출신의 서기 1명, 부서기 1명 등 모두 22명의 당원으로 구성된 '따홍먼 지역 기능 해체 분산 업무 판공실 임시 당지부(大红门地区功能疏解工作办公室临时党支部, 이하 임시 당지부)'를 조직하였다. 임시 당지부는 사영기업가 당원들에게 '합격된 당원'으로서 비수도기능 해체 분산 작업을 지지하고 따라줄 것을 요청하는 한편, 당원들에게 관련 정책들을 학습시켰으며, 기업가들의 타지 이주를 지원하는 역할을 수행하였다. 网易财经, 「大红门转型升级9家市场」, http://news.163.com/17/0930/14/CVJCCNS100018AOP.html(검색일: 2017.12.21.); 北京日报, 「党支部建在疏解一线」, http://bjrb.bjd.com.cn/html/2017-10/10/content_181432.htm(검색일: 2017.12.21.); 千龙网, 「[喜迎十九大·首都基层党员故事] 临时党支部成了疏解商户的"娘家人"」, http://interview.qianlong.com/2017/0926/2058747.shtml(검색일: 2017.12.21.); 北京青年报, 「大红门临时党支部带商户考察3万人次」, http://epaper.ynet.com/html/2017-09/30/content_264820.htm(검색일: 2017.12.21.).

된 베이징시 제14기 인민대표대회 제3차 회의(北京市第十四届人民代表大会第三次会议)에서 발표된 보고에 따르면, 따홍먼 지역의 10% 기업들만이 이전할 의사를 가지고 있었고, 45개 시장 중 절반 이상인 32개의 시장이 업그레이드 개조를 통해 베이징에 남아 있기를 희망하였다.[23] 이처럼 많은 수의 기업가들은 타지역으로의 이전에 부정적인 태도를 보였고, 다수의 기업가들이 해체 분산 작업의 마지막까지 이전을 미루는 모습을 보였다.

일부 기업가들은 징진지 일체화에 따른 허베이 등지로의 이전에 격한 반응을 보이며 반대를 표시하였다. 이들은 "누가 허베이로 이사가고 싶겠느냐? 절대로 안간다. 그 밖에 더 할 말은 없다", "이전하느니 귀향해서 농사나 짓겠다", "베이징을 떠나야 한다면 차라리 이 일을 그만두고 은퇴하겠다", "우리보고 갑자기 이전하라니, 정책 우대가 있어도 설비, 시장 등의 측면에서 베이징하고 비교가 되겠느냐", "우리 가족 모두 베이징에 거주하고 주 수입원이 여기 도매시장이다. 만일 허베이로 이전하면 출근은 어떻게 할 것이며, 재창업을 한다고 해도 우리 가족의 안정적 수입은 어떻게 되는 것이냐"는 반응을 보였다. 많은 기업가들이 이전 이후 발생할 수 있는 단골 고객 상실의 가능성, 물류배송의 문제, 교통 불편, 베이징에서의 생활 문제, 자녀 진학 문제, 상업적 분위기의 형성 문제, 이윤의 불확실성 문제 등을 우려하였다.[24]

다수의 기업가들은 신중하게 사태를 관망하였다. 많은 기업가들

23 新华网, 「北京大红门批发市场超过七成愿升级」, http://news.xinhuanet.com/politics/2015-01/27/c_127425514.htm(검색일: 2017.12.3.); 人民网, 「北京人大代表: 目前大红门地区仅10%商户愿意搬迁」, http://bj.people.com.cn/n/2015/0128/c82840-23717885.html(검색일: 2017.12.3.).

24 기업가들의 이전에 대한 다양한 거부 반응은 杨丽, 胡晶(2014), 曹慧(2014), 耿国彪(2014), 赵向阁, 陈静(2016) 등 참고.

은 "만일 이전하지 않을 수 있으면 이전하지 않는 것이 최선"이라고 인식하였고, 따홍먼에 시장이 존재하는 한 이전할 생각이 없다고 밝혔다.[25] 이들은 따홍먼에서의 의류 도매업이 이미 예전 같지 않으며 하향세에 접어들었다고 인식하면서도, 이전 문제에는 소극적이었다. 톈진, 용칭(永清) 등 다양한 이전 후보지들을 시찰하면서도 한편으로는 "더 나은 기회를 기다리는 것"이다.[26]

2014년 이후 2017년 10월까지 창저우(沧州) 지역을 시찰한 따홍먼 기업가의 연 인원(人次)은 50,000명에 이르렀으며, 특히 2017년 6월부터 8월까지 3개월 동안 창저우를 방문한 연 인원은 10,000명에 달하였다.[27] 또한 따홍먼의 해체 분산 작업이 시작된 이후 2015년 8월까지 스자좡(石家庄) 지역을 시찰한 기업의 수는 이미 10,000개를 초과하였다.[28] 따홍먼 지역에 2.8만 개의 경영상호 및 5.8만 명의 직접 종사인원이 있었다는 점을 감안할 때 창저우, 스자좡의 통계자료는 따홍먼의 기업가들이 이전을 위해 다양한 지역을 방문했다는 점을 방증한다. 특히 비수도기능 해체 분산 작업이 막바지에 이른 시점인 2017년에 6월 이후 창저우 방문 빈도가 급증했다는 점은 많은 기업가들이 따홍먼 해

25 耿国彪(2014: 14); 中国服装网, 「北京大红门商户外迁意愿不强」, http://news.efu.com.cn/newsview-1065415-1.html(검색일: 2017.12.3.).

26 新华网, 「探访白沟"大红门"」, http://news.xinhuanet.com/local/2015-06/16/c_127919085.htm(검색일: 2017.12.3.).

27 北京市政务门户网站, 「大红门再关6家市场 年底前45家市场疏解完」, http://zhengwu.beijing.gov.cn/zwzt/sjfsdgn/zxjz/qyxwljd/t1495529.htm(검색일: 2017.12.3.).

28 中国日报网, 「1400余名北京大红门商户落户省会乐城国际商贸城」, http://cnews.chinadaily.com.cn/2015-08/13/content_21588650.htm(검색일: 2017.12.3.); 中国服装协会网, 「大红门速推非首都功能疏解」, http://www.cnga.org.cn/html/zx/gnsc/2015/0804/12254.html(검색일: 2017.12.3.).

체 분산의 마지막까지 이전을 미루고 있었음을 시사한다.

이처럼 따훙먼 도매시장들의 해체 분산에 대하여 다수의 기업가들은 베이징 외부로의 이전에 반대하거나 소극적인 태도를 보였다. 그러나 대부분 기업가들의 반응과는 무관하게 따훙먼의 비수도기능 해체 분산 작업은 예정대로 전개되었고, 도매시장들은 2017년 말까지 모두 정리되었다.[29] 그에 따라 2018년 1월 베이징시 관계자는 언론과의 인터뷰에서 따훙먼의 45개 시장에 대한 해체 및 업그레이드가 모두 완료되었음을 밝혔다.[30]

그렇다면 여기서 의문이 들 수 있다. 이전에 반발하거나 소극적이었던 기업가들이 다수 존재함에도 불구하고, 어떻게 따훙먼 도매시장 해체 분산 작업은 예정대로 진행될 수 있었는가? 왜 이들은 국가의 정책에 효과적으로 대응하지 못하였는가? 사영기업가 당원들의 이익을 대변해주던 제1공작위원회는 어떠한 역할을 수행하였는가? 기업가들은 국가의 정책 앞에 어떠한 결정을 내리게 되었고, 그 이유는 무엇인

29 따훙먼 도매시장들의 시기별 해체 분산 현황에 관한 자료들은 이하를 참고한다. 北京市政务门户网站, 「2015年底大红门将累计完成14家市场, 5900多商户的疏解」, http://zhengwu.beijing.gov.cn/gzdt/bmdt/t1411828.htm(검색일: 2017.12.3.); 北京市政务门户网站, 「大红门7月28日起拆除5家已关停市场」, http://zhengwu.beijing.gov.cn/zwzt/sjfsdgn/zxjz/qyxwljd/t1443475.htm(검색일: 2017.12.3.); 北京市政务门户网站, 「大红门2017年疏解12家市场」, http://zhengwu.beijing.gov.cn/zwzt/sjfsdgn/zxjz/qyxwljd/t1461665.htm(검색일: 2017.12.3.); 北京市政务门户网站, 「大红门再关6家市场 年底前45家市场疏解完毕」, http://zhengwu.beijing.gov.cn/zwzt/sjfsdgn/zxjz/qyxwljd/t1495529.htm(검색일: 2017.12.3.); 北京市政务门户网站, 「大红门交出亮眼疏解成绩单」, http://zhengwu.beijing.gov.cn/sy/bmdt/t1497125.htm(검색일: 2017.12.3.).

30 新华网, 「北京3年来疏解提升市场过千物流中心过百」, http://www.bj.xinhuanet.com/jzzg/2018-01/17/c_1122274486.htm(검색일: 2018.1.17.).

가? 궁극적으로, 해체 분산을 통해 드러난 사영분야 당조직을 통한 사영기업가들의 이익보호 전략의 한계는 무엇이었는가? 이하에는 기층 당조직과 당원 신분을 통한 이익보호의 한계, 사영기업가들의 심리적인 요인, 기업가 개인의 합리적 선택 등의 측면을 통해 이를 이해해보고자 한다.

3. 국가정책 순응의 동학과 논리

1) 당원 신분의 한계

장쩌민의 삼개대표를 통해 사영기업가들의 입당이 공식화 된 이래, 따홍먼 일대의 성공한 경제 엘리트들은 모두 입당하여 당조직으로 편입되었다.[31] 당원이 됨으로 인해서 이들은 지방인대 진출 등 정치참여의 기회를 얻을 뿐만 아니라, 지역사회에서 자신의 기업체를 보호할 수 있는 합법적 신분을 얻게 되기 때문이다. 특히 외지에서 온 유동인구가 베이징에서 경영활동을 하는 경우, 지방정부 혹은 다른 경제주체로부터 합법적 권익을 침해받는 경우가 종종 존재하였는데, 당원이 됨으로써 이들로부터 보호를 받을 수 있었다. 이에 대하여 따홍먼의 사영기업가 당원 왕(王) 선생은 "(당원 신분은) 제2의 생명"이라고 지칭한 바 있다.[32]

그러나 당원이 된다는 것은 공산당 중앙의 지침을 반드시 순종해야 함을 의미했기 때문에, 경영활동에 양날의 검으로 작용하였다. 특

31 사영기업가 당지부 서기 인터뷰(2015.8.4.).

32 사영기업가 당원 인터뷰(2015.8.5.).

히, 이 시점에서 당원 신분은 베이징에서의 경영활동의 보호가 아닌, 베이징에서의 경영 포기를 의미하였다. 이에 대하여, 창저우로 이전한 한 기업가 당원은 "베이징을 떠나고 싶지 않았지만, 당원으로서 더 큰 국면에 따라야 하고, 모두를 위해 개인을 버려야 한다(舍小家为大家)는 생각으로 해체 분산 작업에 적극 협력하였다"고 고백하였다.[33]

특히 따훙먼에서 경영활동에 종사하는 웨칭 출신의 사영기업가들의 가장 든든한 우방이었던 제1공작위원회는 사영기업가 당원들을 동원하여 다른 기업가들의 이전을 재촉하였다. 앞서 살펴본 바와 같이, 따훙먼 일대의 웨칭 출신 사영기업가들이 경영활동, 사유재산 보호 등의 권익보호를 위해 의지하는 가장 중요한 조직은 제1공작위원회와 산하의 당지부들이다. 따훙먼 일대에서 이들 당조직은 지역사회 질서 유지, 사영기업가 권익보호를 위한 집단소송 전개, 사영기업가 당원들의 경영활동에 필요한 중요 정보 제공 등의 역할을 수행하여 사영기업가들로부터 높은 평가를 받았다.

그러나 이 시점에서 제1공작위원회는 국가의 징진지 일체화에 대응하여 소속 사영기업가 당원들의 권익보호를 위해 노력하지 않았다. 오히려 제1공작위원회는 중앙의 징진지 발전계획과 비수도기능 해체 분산에 대해서 반드시 협력해야 한다고 판단하였다(林宏伟, 2016: 353). 따라서 제1공작위원회는 사영기업가 당원들을 동원하여 따훙먼의 해체 분산 작업이 원활히 전개되도록 지원하였다. 예를 들어, 제1공작위원회는 2015년 재경 원저우 상회 공작위원회(京温商党工委)와 원저우 주경 연락처(温州驻京联络处)의 요청에 따라 팡스 신발타운(方仕鞋城),

33 千龙网, 「[喜迎十九大·首都基层党员故事] 临时党支部成了疏解商户的"娘家人"」, http://interview.qianlong.com/2017/0926/2058747.shtml(검색일: 2017.12.21.).

신하이 신발타운(鑫海鞋城)의 원활한 해체 분산을 위해 당원들을 동원하였다. 제1공작위원회는 이해 당사자들이 법에 의거하여 절차에 따라 문제를 제기하고, 정당하게 합법적 권익을 보호하도록 교육 및 설득 작업을 전개해 지역 질서의 유지 속에서 도매시장의 폐쇄가 전개되도록 노력하였다.[34]

또한 2017년 톈야 여성의류시장(天雅女装市场)은 업그레이드 개조를 통해 상업 복합상가로 전환을 추진하였는데, 톈야 여성의류시장 측과 시장 내의 수백호의 업자들 사이의 경제적 갈등 때문에 개조 작업은 지지부진하였다. 제1공작위원회는 따훙먼 가도 공작위원회(大红门街道工委), 재경 원저우 상회 공작위원회 등 다른 기층 당조직과 연합하여 웨칭 출신 관련 업자들을 하나하나 만나 설득하는 한편, 사영기업가 당원들이 해체 분산 작업에 모범을 보여줄 것을 요구하였다. 이러한 제1공작위원회의 노력에 의해 의류시장 측과 개별 업자들 사이에는 협상이 시작되었고, 2017년 5월 22일 개조 방식, 상점 위치, 매대 임대비용 등 세부적 사항에 대한 양자 간 합의가 이루어졌다.[35]

이처럼 과거 웨칭 출신 사영기업가 당원들의 권익보호에 우호적이었던 당조직은 사영기업가 당원들이 앞장서서 따훙먼 해체 분산 작업을 적극 지원하기를 요구하고, 사영기업가들이 따훙먼 해체 분산 작업에 협력하기를 재촉하는 기관으로 변모하였다. 제1공작위원회는 태

34 中国网, 「让党旗在商会组织高高飘扬」, http://finance.china.com.cn/roll/20160707/3801726.shtml(검색일: 2017.12.3.); 北京市政务门户网站, 「丰台: 充分发挥党组织引领作用 市场疏解党建先行」, http://zhengwu.beijing.gov.cn/zwzt/sjfsdgn/zxjz/qyxwljd/t1484256.htm(검색일: 2017.12.3.).

35 北京市政务门户网站, 「丰台: 充分发挥党组织引领作用 市场疏解党建先行」, http://zhengwu.beijing.gov.cn/zwzt/sjfsdgn/zxjz/qyxwljd/t1484256.htm(검색일: 2017.12.3.).

생적으로 중앙의 지침에 이의를 제기하지 못하고 복종할 수밖에 없는 한계를 가지고 있었다. 이에 관하여 지역 내에서 성공한 사영기업가이자 제1공작위원회 위원은 자신의 복잡한 속내를 다음과 같이 설명하였다.

> 당위원회(제1공작위원회)는 권익보호(维权)를 할 수 있다. (중략) 우리가 억울한 일을 당하면 (제1공작위원회가) 반드시 같이 한다. (중략) 사람과 사람 사이의 일은 (제1공작위원회가) 나설 수 있다. 그렇지만 (제1공작위원회는) 국가 지도자, 중앙(에서 추진하는 문제)에 대해서는 나설 수 없다. 사람과 사람 사이의 일에 대해서는 권익보호가 가능하다. 법률, 대화를 통해서 권익보호를 할 수 있다. 중앙의 정책은 절대 그렇게 권익보호를 할 수 없다. 총서기가 말하면 그게 끝인 거다. (중략) 반대의견을 표현하는 경우 반혁명이다.[36]

> 과거, 우리 회원이나 국민의 권익보호활동을 우리가 했었다. 이들의 입장을 대변해서 이야기를 해주었다. 그렇지만 지금 (이 상황에서) 국가 지도자와 어떻게 이야기하나. 모두 국가 지도자 결정에 반드시 복종해야 한다. (중략) 당위원회(제1공작위원회) 내부에도 국가 지도자의 결정에 불만이 있어도 누구도 의견을 표할 수 없다. 누구든지 공산당을 옹호한다고 말해야 하고, 총서기의 말이 옳다고 말해야 한다. 누가 감히 잘못되었다고 말할 수 있나.[37]

이처럼 기층의 당조직으로서 제1공작위원회는 공산당의 최고지

36 사영기업가 당지부 서기 인터뷰(2018.2.1.).

37 사영기업가 당지부 서기 인터뷰(2018.2.1.).

도자인 총서기가 추진한 지침에 대하여 감히 반대의사를 표할 수 없었고, 불만이 있더라도 중앙의 정책을 순응할 수 밖에 없었다. 그러나 기업가들의 입당이 본래 베이징에서의 경영활동 보호를 위한 의도임을 생각하면, 당원 신분이 도리어 베이징에서의 경영활동에 발목을 잡는 아이러니한 상황을 야기한 것이기도 하였다. 웨칭 출신의 사영기업가 당원들은 당원이기 때문에 중앙지도부가 추진하는 정책에 대하여 솔선수범해서 따라야만 했으며, 당중앙의 의견을 더욱 지지하는 입장을 취해야만 하는 상황이 된 것이었다. 또한 이와 비슷한 맥락에서 과거 웨칭 출신 사영기업가 당원들이 이익보호를 위해 의지하였던 제1공작위원회 역시 중앙의 지침에 순응하여 따홍먼 도매시장의 원활한 해체 분산에 적극 협력하게 되었다. 그에 따라 본래 자신의 베이징에서의 사업체 경영 보호를 위해 입당을 하였던 사영기업가들은 오히려 당원이 되었기 때문에 오랜 기간 자신들의 경영활동에 토대가 되었던 따홍먼 일대 도매시장의 해체 분산에 협력해야 하는 상황에 처하게 되었다. 한 사영기업가 당원은 자신이 처한 상황을 이렇게 요약하였다.

> 당원이어도 문제가 해결 안 된다. 당원은 반드시 국가 지도자에 따라야 한다. (중략) 국가의 (해체 분산) 정책에 모두가 적극 협력했다. 방법이 없다. 협력하지 않는 것은 허락되지 않는다. 비록 내가 공산당원이지만, 공산당의 정책에 대해서는 명확히 (반대의견을) 말할 수 없다. 말하면 안 된다. 반드시 적극 협력해야 한다. (중략) 분노는 뱃속에서 삭혀야 한다. (중략) 우리만큼 경영을 잘해 온 이들이 있는가? 우리가 몇 십 년 동안 얼마나 경영을 잘 해왔었는가? (중략) 모두가 마음속으로는 이를 받아들이지 못한다.[38]

38 사영기업가 당지부 서기 인터뷰(2018.2.1.).

2) 심리적 요인

국가의 따홍먼 해체 분산에 대하여 많은 사영기업가들이 불만을 가진 것은 사실이었다. 필자가 만난 사영기업가 당원들은 자신의 이해관계에 큰 타격을 주는 따홍먼의 해체 분산과 베이징의 유동인구 강제이주 정책에 큰 불만을 가지고 있었다.

> 과거에는 "베이징은 여러분을 환영합니다"였지만, 현재는 "베이징은 여러분을 억압합니다"이다. 우리를 쫓아내려 한다. 지금 베이징은 여러분을 환영하지 않는다. (중략) 거대 국면이 반드시 이런 방식으로 처리되어야 하는 것은 아니고, 거대 국면이 제대로 처리된다면, 이런 식이 아니다. (중략) 방법이 없다.[39]

그렇지만 사영기업가 개인들은 이를 저항할 수 없는 것(不可抗拒的)이며, 받아들여야만 하는 것으로 인식하고 있었다. 가장 큰 이유는 국가 지도자가 직접 추진한 정책이기 때문이었다. 이에 대하여 자신의 도매시장을 철거했던 한 당지부 서기는 이렇게 이야기하였다.

> (중략) 지방 정책이라면 지방의 상황에 따라서 (사영기업가들이 원치 않는 이주문제를) 해결할 가능성이 있었다. (따홍먼 도매시장의 해체 분산은) 시진핑 국가주석이 친히 제시한 정책이고, 국가지도자의 의견이 제시되었기 때문에, 국민은 따를 수밖에 없는 것이다. 해체 분산은 국가의 정책인데, 그것에 대하여 일반 기업인들은 불만을 가지고 있지만, 나를 포함한 모든 이들이 방법이 없다. 원래는 우리의 여기 사업이 매우 안정

39 사영기업가 당지부 서기 인터뷰(2018.2.1.).

적이었으나, 갑자기 해체 분산 정책이 발표되어 이주할 수밖에 없었다. 특히 일부 공장을 병행하는 도매시장의 경우 노동자, 기계, 설비 등을 가지고 있었는데, 큰 타격을 받았다. (중략) 그렇지만 국가의 정책은 저항할 수 없는 것이다. 가야 할 사람은 가야만 하는 것이다.[40]

두 번째로, 국가정책의 저항에 두려움이다. 일부 사영기업가 당원은 국가의 정책에 불만을 가지고 있어도 이를 표현할 경우 받게 될 보복을 두려워하였다. 이러한 공포감이 사영기업가들이 불만을 속으로 삭히고 국가정책에 순응하게 만든 요인이었다.

지도자가 말하면 그게 끝이다. 예전부터 중국의 역사 속에 내려오던 전통은 황제 1인이 말하면 끝이라는 것이다. 현재도 동일하다. 집권당은 공산당이고, 공산당이 말하면 끝이다. 다른 당파들이 이야기해도 의미 없다. (중략) 만일 중앙 지도부의 발언에 복종하지 않으면, 억압을 받게 된다. (중략) 반드시 복종해야 한다. (중략) 다른 방법이 없다.[41]

세 번째로, 더 큰 국면을 위한 사영기업가 개인의 희생정신을 들 수 있다. 즉 일부 사영기업가들은 사영기업가 개개인의 관점은 단편적이고 근시안적인 것이지만, 국가 지도자는 국가의 발전을 위해 더 큰 것을 바라볼 것이라는 신뢰를 가지고 있었다. 따라서 국가 지도자의 결정에 대하여 국민의 희생과 이해가 필요하다는 것이다.

개인은 눈앞의 이익만을 중시하지만, 국가 지도자의 관점은 13억 인

40 사영기업가 당지부 서기 인터뷰(2018.1.24.).
41 사영기업가 당지부 서기 인터뷰(2018.2.1.).

구를 보고 국가의 발전을 보고 있기 때문에, 눈앞의 이익만 보는 (우리와 같은 기업가) 개인의 관점과 다르다. 에휴, 이해해야지. (중략) 국민들의 지지 또한 중요하다. 우리와 같이 사업을 멀쩡히 잘 하고 있던 사람들에게 갑자기 떠나라고, 철거를 이야기한다. (중략) 그렇지만 국민들이 불만이 있다고 하더라도, 국민들이 국가의 정책이라고 이해해주었기 때문에 해체 분산이 가능하였다.[42]

마지막으로, 사영기업가들 스스로가 가지고 있던 부정적인 인식 때문이다. 이들은 자신들이 종사하는 업종이 베이징에 부합하지 않는 것이라는 인식을 가지고 있었고, 언젠가는 베이징에서 떠나야 한다는 점을 받아들이고 있었다.

(중략) 사실 생각해보면 그렇게 이상한 것도 아니다. 낮은 수준의 산업을 해체 분산하고 하이테크의 산업을 유치하는 것은 발전과정에 자연스러운 것이다. 공기, 환경 등을 생각하면 더욱 그렇다. 서울도 과거 그러한 경험을 하고, 발전과정에서 강남 같은 지역이 나타나지 않았는가. 공장이나 일부 베이징의 수도에 부합하지 않는 기능이 외부로 이전하고, 하이테크, 과학 산업 등이 중관촌(中关村) 같은 지역을 중심으로 자리잡게 되는 것이다. 즉 이런 식의 변화는 계속해서 발생할 것이고 베이징은 수도에 적합한 기능들만 가지고, 다른 기능들은 다른 지역으로 이전하게 된다.[43]

베이징의 발전 변화 과정에서 베이징 남부의 발전은 북부지방과 다

42 사영기업가 당지부 서기 인터뷰(2018.1.24.).
43 사영기업가 당지부 서기 인터뷰(2018.1.24.).

르게 매우 더디었다. 차오양 등의 지역이 개혁개방 이후 빠르게 발전한 것에 비해, 내가 어린 시절 베이징 남부에 살 때, 주변에는 모두 논밭이었다. 사실 따홍먼 등 베이징 남부의 발전은 우리 아버지(사영기업가이자 당지부 서기)와 같은 분들이 크게 공헌하였다. 그렇지만 이분들의 사업은 계획성이 있었던 것이 아니었기 때문에, 지역 환경의 더럽고 혼잡하고 질 낮게 만드는(脏乱差) 문제가 있었다. 가 봐서 알겠지만, 이번 철거 이전 따홍먼 지역이 더럽고 혼잡하고 질 낮은 것은 확실히 사실이었다. 또한 도시 발전과정에서 이러한 분들이 종사하는 산업의 외부 이전은 불가피한 것이었다.[44]

이처럼 따홍먼의 해체 분산 작업에 대한 사영기업가 당원들의 불만에도 불구하고, 해체 분산 작업이 비교적 순탄하게 진행된 데에는 사영기업가 당원들의 국가 지도자의 결정에 대한 존중, 국가정책 저항이 초래될 수 있는 보복의 두려움, 기업가 개인의 희생정신, 사영기업가들 본인이 가지고 있었던 부정적인 이미지 등 여러 가지 심리적인 요인들 또한 크게 작용하였다. 그 결과 사영기업가들은 국가의 해체 분산 명령에 저항하기보다는 국가의 명령에 순응하였던 것이다.

3) 지방정부의 유치경쟁과 기업가들의 선택

따홍먼에서 해체 분산되는 도매시장의 이전 유치를 위해 지방정부들은 적극적으로 경쟁하였다. 이는 따홍먼의 해체 분산 과정에서 새로운 변화를 모색해야 하는 기업가들의 선택의 폭을 넓혀주는 동시에, 기업

44 사영기업가 당지부 서기 가족 인터뷰(2018.1.25.).

가 집단 내부의 결집력을 약화시키는 요인이 되었다. 유치를 위해 가장 먼저 움직인 것은 바오딩시(保定市)였다. 2014년 3월 바오딩시는 베이징시에 있는 대형 도매시장의 바이고우 뉴타운(白沟新城)으로의 유치를 위해 5년 동안 매대 임대료 면세라는 파격적인 조건을 내세웠고,[45] 2014년 5월 8일 평타이구 정부와 따홍먼 지역에 있는 의류산업, 의류원단, 커튼 등 산업과 창고, 도매시장의 바이고우 이전에 대한 '전략적 협력 협의(战略合作协议)'를 체결하였다. 바오딩시는 입주해오는 기업과 상호(商户)들에게 5년간 매대 임대료 면제뿐 아니라 교육, 의료 등의 측면에서도 현지주민과 동등한 대우를 보장하였다.[46]

또한 텐진시 시칭구(西青区) 역시 약 133.3헥타르(2,000亩)의 부지에 총 150억 위안을 투자하여 '텐진 줘얼 전자 쇼핑몰(天津卓尔电商城)'을 설립하였고, 베이징의 도매시장들을 흡수하기 위해 베이징시의 평타이구, 시청구(西城区) 정부와 접촉하였다.[47] 2014년 6월 18일 텐진시 시칭구 정부는 새롭게 입주하는 기업과 상호에게 세금, 자녀입학, 사회보장, 특별기금 형성 등 다양한 혜택을 보장하는 정책을 제시하여 따홍먼 도매시장 유치경쟁에 본격적으로 참여하였다.[48]

2015년 3월 스자좡시 창안구(长安区)는 베이징 시청구, 평타이구 정부와 '비수도기능 해체 분산 베이징-스자좡 연결회(非首都功能疏解京石对接会)'를 개최하여 시청구와 평타이구의 정부가 관할지역의 기업

45 人民网, 「北京动批商户到保定白沟可免五年铺租」, http://politics.people.com.cn/n/2014/0313/c70731-24623993.html(검색일: 2017.12.3.).

46 人民网, 「北京大红门部分产业确定迁至白沟 今日将签约」, http://bj.people.com.cn/n/2014/0508/c82840-21159475.html(검색일: 2017.12.3.).

47 新京报, 「动批, 大红门百商户迁天津」, http://epaper.bjnews.com.cn/html/2014-06/29/content_520821.htm?div=0(검색일: 2017.12.3.).

48 新浪财经, 「天津河北争夺北京外迁资源: 商户心仪天津」, http://finance.sina.com.cn/china/dfjj/20140619/021119454525.shtml(검색일: 2017.12.3.).

들의 해체 분산 시 스자좡 러청 궈지 상마오청(石家庄乐城国际商贸城)으로의 입주를 촉진해 줄 것에 합의하는 한편, 시청구의 베이잔지구 건설지휘부(北站地区指挥部)와 산업 해체 분산 전략적 협력 협의(产业疏解战略合作协议)를 체결하였다.[49] 그리고 2015년 5월 19일에는 베이징 기업만을 대상으로 투자유치대회(招商大会)를 개최하는 한편, 베이징에 해체 분산 승계 판사처(承接疏解办事处)를 수립하여 상호들을 방문하고 스자좡 현지조사를 권유하는 등의 유치 전략을 전개하였다. 추가로, 스자좡은 입주기업과 상호에게 2년 매대 임대료 면세, 1년 관리비 면제, 현지인과 동등한 자녀진학 보장 등의 공약을 내세웠다.[50]

창저우의 경우 베이징 펑타이구, 따싱구(大兴区)와 의류산업 체인 연결(服装产业链对接)에 관한 협정을 체결하여 의류생산, 판매, 서비스 지원 등의 산업 체인 이전을 촉진하기로 합의하였고,[51] 창저우에 입주한 기업에게 2년간 매대 임대료 면제, 주택구매 우대, 자녀 진학 지원 등의 우대정책을 제시하였다.[52] 그 외에도 구안(固安)은 펑타이구와 '공동발전 연결 협력 협의(协同发展对接合作协议)'를 체결하여 물류 산업의 해체 분산 시 펑타이구와의 협력을 통해 관련 기업들을 유치하고자 노력하였으며,[53] 옌자오(燕郊), 화이라이(怀来) 등의 지역 역시 기업들

49 凤凰网, 「石家庄有望承接北京批发市场外迁」, http://news.ifeng.com/a/20150328/43435860_0.shtml(검색일: 2017.12.3.).

50 北京市政务门户网站, 「京商助力石家庄打造区域商贸中心」, http://zhengwu.beijing.gov.cn/zwzt/jjjyth/hbxx/t1428637.htm(검색일: 2017.12.3.).

51 千龙网, 「北京丰台大兴服装全产业链将外迁河北沧州」, http://interview.qianlong.com/2017/0526/1720744.shtml(검색일: 2017.12.3.).

52 北京市政务门户网站, 「沧州明珠商贸城二三期合并上马 承接北京20万商户」, http://zhengwu.beijing.gov.cn/zwzt/sjfsdgn/zxjz/qyxwljd/t1481869.htm(검색일: 2017.12.3.).

53 人民网, 「丰台区与河北固安"联姻" 签署协同发展对接合作协议」, http://

을 모집하기 위해 노력을 기울였다.[54]

그에 따라 일부 기업가들은 지방정부들의 경쟁적인 유치 전략을 기회로 인식하고 적극적으로 대응하였다. 한편으로, 일부 사영기업가들은 도매업을 지속하는 대신 시장의 업그레이드와 업종 전환을 통해 베이징에 정착하는 것을 선택하였다. 이처럼 많은 기업가들은 기민하게 자신의 상황에 부합하는 합리적인 대안을 모색하였다. 그러나 한편으로 이는 기업가 집단 전체로 보았을 때 결집력의 부족을 암시하였다.

첫 번째로, 일부 사영기업가들은 주도적으로 자신의 사업 이전 지역을 결정하였다. 펑타이구와 바이고우 간 '전략적 협력 협의'를 체결한지 약 일주일 뒤인 2014년 5월 16일 베이징 징원 의류도매시장(北京京温服装批发市场), 베이징 따홍먼 방직물 도매시장(北京大红门纺织品批发市场), 베이징 용와이 롄파 커튼 타운(北京永外连发窗帘城), 베이징 베이팡 스마오 경공업 타운(北京北方世贸轻纺城), 베이징 스마오 궈지 신발 타운(北京世贸国际鞋城), 베이징 정톈싱 털가죽 시장(北京正天兴皮毛市场), 베이징 스지 단비화 소상품 종합시장(北京世纪丹陛华小商品综合市场), 베이징 성고우 기프트 센터(北京盛购礼品中心) 등 따홍먼 상권의 8대 주력시장(八大主力市场)은 허베이 용칭으로 이전을 결정하였다. 이들 8개 시장은 총 9,000여 개 점포, 취업 인원 3.5만여 명, 따홍먼 전체 교역액의 50% 이상을 차지하였다.[55]

house.people.com.cn/n1/2016/0927/c164220-28743025.html(검색일: 2017.12.3.).

54 北京市政务门户网站, 「千家商户落户燕郊东贸服装城」, http://zhengwu.beijing.gov.cn/zwzt/sjfsdgn/zxjz/qyxwljd/t1478500.htm(검색일: 2017.12.3.); 新京报, 「怀来万悦广场招商推介会举办」, http://epaper.bjnews.com.cn/html/2014-05/09/content_510656.htm?div=-1(검색일: 2017.12.3.).

55 人民网, 「大红门8家市场落户永清 9成消费者担心交通问题」, http://house.people.com.cn/n/2014/0517/c164220-25030136.html(검색일: 2017.12.3.).

사영기업가들은 전문 조사단을 구성하여 수도권의 13개 현을 대상으로 현지조사를 통해 4개월 이상 지리적 요소, 교통사항 등을 면밀히 검토하였고, 장기간의 고민 끝에 용칭을 이전 장소로 선택하였다.[56] 또한 과거 따싱 지역에 있던 의류기업 및 원단 도매기업들이 이미 용칭에 이전해 있었기 때문에 산업 체인 형성에 유리하다는 이점과 매대의 임대가 아닌 매대의 구매가 가능하다는 점 역시 용칭 이전의 중요 고려 사항이었다.[57] 이처럼 따홍먼의 기업과 상호들은 각 지역별 경쟁력 비교 분석과 시장 논리에 입각하여 자율적인 결정으로 용칭 이전을 추진하였다.[58]

두 번째로, 일부 기업들은 도매시장의 해체 초창기에 적극적으로 이전하였다. 바이고우로 이전한 한 기업가는 "베이징을 떠나야만 하는 상황이면 일찍 나오는 것이 더 유리하고, 자발적으로 이전하는 것이 더 낫다"는 관점을 가지고 있었다. 그는 빠른 이전을 통해 새로운 지역에서 기회를 선점하는 것에 의의를 두었고, 현지인과 동등한 자녀진학, 의료보험 등의 혜택을 누릴 수 있다는 점을 중시하였다.[59] 창저우에 최초로 입주한 다른 기업가들도 비용절감과 매출상승을 경험하였다. 뿐만 아니라 이들은 낮은 매대 임대료, 주택구매 우대, 자녀의 중점학교(重点学校) 진학 등의 혜택을 누리고 있었는데, 이러한 다양한 혜택을 누리기 위해서는 남들보다 빨리 움직여서 기회를 포착하는 것이

56 新浪财经, 「北京大红门8市场落户廊坊永清」, http://finance.sina.com.cn/china/dfjj/20140517/023919137970.shtml(검색일: 2017.12.3.).

57 北京商报, 「河北永清抢做京津冀服装集群」, http://www.bbtnews.com.cn/2014/0519/25653.shtml(검색일: 2017.12.3.).

58 中国新闻网, 「北京大红门八大主力市场落户廊坊永清国际服装城」, http://www.chinanews.com/sh/2014/05-16/6179067.shtml(검색일: 2017.12.3.).

59 中国新闻网, 「北京大红门2017年完成疏解 变服务业创新区」, http://www.chinanews.com/sh/2015/11-24/7637732.shtml(검색일: 2017.12.3.).

중요하다고 강조하였다.[60]

세 번째로, 일부 사영기업가들은 더 큰 기회를 얻기 위해 직접적인 투자에 나서기도 하였다. 앞서 언급한 따홍먼 8대 주력시장의 10명의 소유주들은 용칭 정부와 공식적인 이전 협약을 체결한 이후, 베이징 징두 연합 상업 유한공사(北京京都联合商业有限公司)를 수립하여 용칭의 개발 건설을 직접적으로 담당하였다.[61] 징두 연합 상업 유한공사는 5년 동안 상업단지와 물류센터 건설에 총 360억 위안을 투자, 궁극적으로는 아시아 최대의 의류 전문 매장을 설립하여 용칭을 중국의 '의류메카(服装之都)'로 발전시킨다는 계획을 발표하였다.[62]

마지막으로, 일부 시장과 기업들은 베이징 정부의 요구에 부합하는 업그레이드 개조를 통해 베이징에 계속 정착하는 데 성공하였다. 예를 들어, 기존 신발 전문 도매시장이었던 '홍먼 신발 타운(红门鞋城)'은 전통적인 도매시장에서 신발류, 식당, 의류문화 전시 등 레저 기능을 겸비한 쇼핑몰인 '요우젠 홍먼(又见红门)'로 업그레이드하여 따홍먼에 계속 자리를 유지하고 있다.[63] 정부 관계자에 따르면, 해체 분산 과정에서 모두 33개의 시장이 철거 또는 중단되었으며, '요우젠 홍먼'처럼 업그레이드 개조를 선택하여 따홍먼 일대에서 존속하는 과거 도매

60 北京市政务门户网站, 「45家批发市场2017年完成撤并升级和外迁」, http://zhengwu.beijing.gov.cn/zwzt/sjfsdgn/zxjz/qyxwljd/t1465098.htm(검색일: 2017.12.3.).

61 新华网, 「大红门南下永清建服装城」, http://news.xinhuanet.com/local/2016-03/26/c_128835000.htm(검색일: 2017.12.3.).

62 永清县人民政府网站, 「永清国际商贸中心举行奠基仪式」, http://www.yongqing.gov.cn/News_View.asp?NewsID=3243(검색일: 2017.12.13.).

63 人民网, 「红门鞋城今起拆违瘦身 11月底变"又见红门"鞋饰文化生活商城」, http://bj.people.com.cn/n2/2017/0503/c82840-30128384.html(검색일: 2017.12.3.).

시장들은 12개에 달한다.[64]

요컨대, 따홍먼 해체 분산 작업 시작 이후 많은 지방정부들은 기존 따홍먼 지역의 도매시장 및 기업가들을 유치하기 위해 다양한 우대조건을 제시하였다. 많은 기업가들은 이를 기회로 인식하고 이익을 극대화하기 위해 분주하게 움직였다. 일부 기업가들은 남들보다 이전을 서둘러서 지방정부의 다양한 특혜를 먼저 누리고자 하였다. 또한 일부 사영기업가들은 개발상이 되어서 시장의 건설에 적극 투자하였고, 일부는 베이징 지방정부의 기준에 맞게 자신의 업종을 전환하여 베이징에 계속 사업을 유지하고자 하였다. 이러한 기업가 집단 내부의 다양한 선택지의 존재와 그에 대한 기업가 개인들의 합리적 판단은 중앙의 정책변화에 대한 대응에서 기업가 집단 내부가 가지는 취약한 결집력의 문제를 노출시켰다. 이 또한 따홍먼의 해체 분산이 국가의 의지대로 전개될 수 있었던 중요한 요인이었다.

4. 베이징시의 변화와 제1공작위원회

2014년 이래 3년 동안 전개된 도매시장 해체 분산 작업을 통해 따홍먼의 유동인구 감소, 교통정체 개선, 환경개선 등의 효과를 거두었고, 이러한 성과에 대하여 펑타이구 관계자는 매우 높은 만족감을 보였다.[65] 지역 주민의 만족도 역시 상승한 것으로 보인다. 베이징시 통계국의

64 人民网,「北京大红门: 坚定有序推进疏解整治促提升」, http://bj.people.com.cn/n2/2018/0602/c233088-31658986.html(검색일: 2018.7.13).

65 北京市政务门户网站,「大红门交出亮眼疏解成绩单」, http://zhengwu.beijing.gov.cn/sy/bmdt/t1497125.htm(검색일: 2017.12.3.).

시장 주변 거주민 거주환경 설문조사에 따르면, 시장의 해체 분산 이전의 환경 및 치안의 만족도가 각각 50.9%, 52.1%였으나, 시장의 이전 혹은 폐쇄 이후 환경 만족도는 84.1%, 치안 만족도는 86.9%로 상승하였다.[66] 따홍먼의 철거에 대한 베이징인들의 여론에 대하여 한 웨칭 호적을 가진 베이징 거주자는 이렇게 설명하였다.

> 따홍먼 지역은 철거를 통해 경제적으로 큰 손해를 보았다. 따홍먼 지역에 있는 많은 시장들이 대부분 사라졌고, 소수만이 개조(改装)를 통해서 따홍먼에 살아남아 있다. 그렇지만 이번 정책의 변화는 베이징에 큰 이득이 된다. 사실 내 주변의 베이징인들은 이번 결정을 매우 좋아하였다. 이는 베이징의 환경개선에 도움이 되기 때문이다. 최근 변화 이전의 베이징은 공기환경, 혼잡한 유동인구 등의 문제가 있었지만, 국가의 철거 결정 이후 많은 사람들이 외부로 이주하였다. 공기도 좋아졌고, 사람도 줄었다. 또한 베이징의 집값이 매우 하락하였다. 이 또한 나쁘지 않은 일이다.[67]

비수도기능 해체 분산 작업 이후 따홍먼 지역은 대대적인 혁신을 겪을 예정이다. 펑타이구 관계자에 따르면, 비수도기능 해체 분산 이후 따홍먼 일대에서 창고, 물류, 도매 등 인구유동 밀도가 높은 업종의 발전은 없을 것이며, 기존의 기업들이 본래 종사하던 업종을 경영하는 것은 더 이상 불가능하다.[68] 향후 따홍먼은 과거 도매업을 통해 번영

66 新浪新闻, 「北京大红门2017年完成疏解 变服务业创新区」, http://news.sina.com.cn/o/2015-11-24/doc-ifxkwuxx1757131.shtml(검색일: 2017.12.3.).

67 사영기업가 당지부 서기 가족 인터뷰(2018.1.25.).

68 新华网, 「北京大红门疏解升级: 年内关停14家市场」, http://news.xinhuanet.com/politics/2015-11/24/c_128460063.htm(검색일: 2017.12.3.).

을 누렸던 역사를 뒤로하고, 생활 서비스업 건설 시범구로 전환될 예정이다. 과거 도매시장들이 존재했던 공간에는 첨단 비즈니스 서비스, 패션 창조 디자인, 가구 환경 예술, 전자 비즈니스 서비스 등의 독특한 산업들이 육성될 예정이며, 시민의 거주생활 환경과 의류와 장신구 설계 전시, 쌍방향 체험(互动体验), 예술 장식, 가정예술 교육(家艺培训) 등을 내용으로 하는 다채로운 서비스 산업들이 들어설 전망이다.[69]

이처럼 따홍먼 도매시장의 해체 분산 작업은 베이징 주민과 펑타이구 정부에 긍정적으로 작용하였다. 그렇지만 따홍먼 도매시장의 해체 분산으로 인해 과거 따홍먼에서 도매업에 종사하던 기업가들은 설 자리를 잃게 되었다. 특히 따홍먼에서 도매업에 종사하던 웨칭 출신 이주민 기업가들 중 ① 호구 이전에 성공한 사영기업가, ② 자신의 산업기반과 인맥(关系), 수입(销售)이 모두 베이징에 있는 사영기업가, ③ 베이징에서 주택구매(买房子)를 한 사영기업가 등 일부를 제외한 상당수가 베이징을 떠나게 되었다. 가장 큰 타격을 받은 것은 가공업에 종사한 기업가들이었다. 이들은 선택의 여지가 없이 반드시 베이징을 벗어나야만 했던 것이다. 이들은 환경오염 문제를 우려한 당국에 의해 베이징의 6환(六环) 외부로 이주하거나, 허베이에서도 일부 지정된 지역으로 이주해야만 했다.[70]

한편으로, 제1공작위원회와 산하 당지부들의 지역사회 내 영향력 역시 큰 타격을 받게 되었다. 한때 제1공작위원회를 중심으로 강력한 연대를 보여주었던 사영기업가 당원들은 따홍먼의 해체 분산으로

69 北京市政务门户网站, 「45家批发市场2017年完成撤并升级和外迁」, http://zhengwu.beijing.gov.cn/zwzt/sjfsdgn/zxjz/qyxwljd/t1465098.htm(검색일: 2017.12.3.).

70 사영기업가 당지부 서기 인터뷰(2018.1.24.).

인해 다양한 지역으로 이주하였고, 이는 당지부들의 존속에 큰 타격을 주었다. 따홍먼의 해체 분산 과정에서 사영기업가 당원들이 모두 같이 일사불란하게 이주한 것이 아니며, 자연스럽게 흩어지게 되었기 때문이다. 과거 직장생활을 베이징에서 하던 많은 사영기업가 당원들이 허베이로 이전하였고, 기존 당지부들의 재조정은 불가피한 상황이 되었다. 다만, 2018년 1월 현재 당조직은 지금의 변화를 과도기로 간주하고 임시방편으로 기존의 편제를 유지하고 있다.[71]

결론적으로 도매업에 종사하던 따홍먼 일대의 기업가 대부분은 자신의 경영활동에 치명적일 수 있는 국가의 정책에 대하여 부정적인 입장을 보였다. 그럼에도 불구하고, 기층 사영분야 당조직의 중앙에서 추진하는 따홍먼 해체 분산 정책에 대한 협력의 요구, 당원으로서 중앙의 지침에 순응해야만 했던 사영기업가 당원의 입장, 사영기업가들의 국가에 대한 두려움과 존중 등의 심리적 요인, 기업가 개인의 합리적 선택이 야기한 기업가 집단 내부의 결집력 부족 등의 다양한 요인으로 인해 사영기업가들은 국가의 정책에 효과적으로 대응하지 못하였다.

본문의 사례에서 나타나듯이 사영기업가들의 입당과 당원 신분의 확보를 통한 사영기업가들의 안정적인 경영활동과 이익보호는 한계를 노출하였다. 오히려 자신의 안정적인 경영활동과 공산당에 입당을 한 사영기업가들은 제1공작위원회 등의 당조직에 의해 동원되어 자신의 사업 근거지인 따홍먼의 해체 분산에 협력해야 하는 아이러니함을 겪게 되었다. 이처럼 따홍먼 도매시장의 해체 분산 사례는 사영기업가들의 입당과 당조직을 통한 권익보호의 시도가 중앙의 정책변화에 대응

71 사영기업가 당지부 서기 인터뷰(2018.1.24.).

하는 데 근본적인 한계가 있음을 보여주었다. 또한 따홍먼 도매시장의 해체 분산 사례는 개혁기 국가-사영기업가 관계에서 사영기업가들의 국가 지도자에 대한 존중의 태도와 중앙 정책을 저항하는 것에 대한 두려움을 가지고 있음을 보여주었다. 많은 사영기업가들이 자신의 생활터전에 심각한 변화를 야기하는 국가의 정책에 불만을 가졌지만, 이를 직접적으로 드러내는 것을 두려워하였다. 한편으로, 일부 사영기업가들은 국가의 정책을 대승적 차원에서 이해해야 한다면서, 국가 지도자의 판단에 의문을 가지기보다 이를 존중하는 태도를 보였다. 그 외에도 따홍먼 도매시장의 해체 분산 사례는 사영기업가 집단 내부의 결집력 부족의 문제를 보여주었다. 따홍먼 도매시장의 해체에 직면하여 사영기업가 개인들은 자신의 이익을 극대화하기 위한 다양한 선택을 하였다.

그러나 개인적으로 합리적인 선택들이 도리어 사영기업가 집단으로 보았을 때 결집력의 약화를 초래하는 것이었다. 그 결과 따홍먼의 해체 분산은 국가의 의도대로 전개될 수 있었던 것이다. 이처럼 따홍먼의 해체 분산 사례는 개혁기 국가-사영기업가 관계에서 국가가 어떻게 우위에 점하는지를 보여주는 동시에, 국가-사영기업가 관계에서 사영분야 당조직의 설립과 사영분야 당조직을 통한 사영기업가들의 입당이 어떠한 의의를 가지며, 어떠한 역할을 수행하는지를 단적으로 보여주는 사례이다.

다만, 제4장에서 검토한 바와 같이 1990년대 중반 자신의 보금자리의 강제 철거를 겪었던 '저장촌'의 이주민 기업가들은 다시 따홍먼 일대에 성공적으로 귀환, 정착하였던 경험을 가지고 있다. 이러한 경험을 비추어 볼 때, 따홍먼의 해체 분산이라는 국가의 정책에 대해서 이들이 다시 자구책을 수립하여 베이징에 재정착할 수 있을지 여부는 추후 연구를 통해 주목해야 할 과제이다.

제8장

나오며

2018년 6월 4일, 신시기 당조직 건설 업무 및 원저우시 당위원회(温州市委)와 웨칭시 당위원회(乐清市委)의 양신업무(两新工作)에 대한 새로운 요구에 부응하기 위한 중공 웨칭시 베이징 상회위원회 공작회의(中共乐清市北京商会委员会工作会议)가 베이징의 징원시장 당지부 회의실에서 개최되었다. 회의에서는 웨칭시 베이징 상회 당위원회의 성립을 승인하는 문건을 낭독하고, 웨칭시 베이징 상회에 명패를 수여하는 의식이 거행되었다.[1] 웨칭시 베이징 상회 당위원회(乐清市北京商会党委, 이하 상회 당위원회)가 설립된 것이었다.[2]

새롭게 출범한 웨칭시 베이징 상회 당위원회의 서기는 웨칭시 베이징 상회 회장(乐清市北京商会会长)이 담당하게 되었으며, 기존 제1공작위원회의 서기는 웨칭시 베이징 상회 당위원회 제1서기(乐清市北京

1 中国非公企业党建网, 「【北京】浙江乐清在京非公党建工作成效显著」, http://www.fgdjw.gov.cn/df/bj/201806/t20180615_7550961.shtml(검색일: 2019.11.2.); 搜狐网, 「【乐清】在京非公党建工作发挥实质作用」, http://www.sohu.com/a/234799516_99897049(검색일: 2019.11.2.).

2 人民论坛网, 「流动的堡垒 飘扬的党旗—乐清在京千名流动党员有了"新娘家"」, http://www.rmlt.com.cn/2018/0606/520396.shtml(검색일: 2019.9.8.).

商会党委第一书记)로 보직이 변경되었다.[3] 상회 당위원회의 서기는 기존 제1공작위원회의 서기와 같이 고향 웨칭 당정기관의 지시를 직접 받으며 소통하는 업무를 수행하게 되었으나, 매회 3년(三年一届)으로 규정된 상회 회장의 임기가 끝나면 상회 당위원회 서기 또한 교체되도록 규정되었다. 한편으로, 기존 제1공작위원회의 서기는 상회 당위원회의 제1서기로서 되었다. 그렇지만 상회 당위원회 제1서기는 더 이상 기존 제1공작위원회 서기로서 누리던 권한을 가지지 못하고, 상회 당위원회의 업무에 협조하는 역할로 업무의 성격이 변경되었다.[4]

제1공작위원회의 상회 당위원회로의 재편성은 베이징에 설립된 웨칭시 소속 당조직의 위상 하락을 의미하였다. 제1공작위원회가 기존 웨칭시 조직부(组织部) 산하에서 관리를 받던 것과는 달리, 상회 당위원회는 웨칭시 초상국(招商局) 산하에서 관리를 받게 되었기 때문이다. 또한 형식적으로도 상회 당위원회는 상회에 위탁된 상회 산하의 당위원회로 성격이 변경되었다. 그에 따라 웨칭시 내부에서 상회 당위원회의 입지는 기존 제1공작위원회보다 낮아지게 되었다. 이 과정에서 상회 당위원회는 과거 제1공작위원회가 가지고 있던 일급 당위원

3 제1서기는 당조직의 최고 책임자를 지칭하는 용어로, 1950년대 초반 성위원회(省委), 현위원회(县委) 등의 제1서기는 지방 당조직의 책임자를 의미하였다. 시진핑 시기 제1서기는 전면소강사회의 실현과 빈곤퇴치의 달성을 위해 각급기관, 국유기업, 사업단위 등에서 선발되어 촌에 파견된 당원 간부를 지칭하며, 기층조직 건설강화, 빈곤퇴치, 민간 서비스 제공, 거버넌스 개선 등을 주요 업무로 수행한다. 제1서기의 개념과 정의에 대해서는 杨芳(2016), 郭小聪, 吴高辉(2018), 시진핑 시기 제1서기의 선발과 파견 정책에 관해서는 国务院扶贫开发领导小组办公室, 「关于做好选派机关优秀干部到村任第一书记工作的通知」, http://www.cpad.gov.cn/art/2015/5/13/art_50_13584.html(검색일: 2019.11.2.) 참고.

4 사영기업가 당지부 서기 인터뷰(2019.10.18.).

회의 지위를 상실하여 기존의 사영기업가 입당 등에 대한 심사권 또한 사라지게 되었다. 제1공작위원회의 상회 당위원회로의 재편성과 권한의 축소에는 저장성 지도부의 결정이 중요하게 작용하였다. 저장성 지도부는 타지에 설립된 동향상회(异地商会)에 당위원회를 설립할 것을 요구하였고, 이러한 저장성 지도부의 요청에 의해 기존 웨칭시 조직부의 관리하에 있던 제1공작위원회는 초상국 관할하의 상회 당위원회로 조직 편제가 재편성되었던 것이다.[5]

상회 당위원회는 학습활동을 조직하고 다양한 활동을 계획하는 등 과거 제1공작위원회와 동일한 성격의 업무를 수행하게 되었다.[6] 새롭게 취임한 상회 당위원회 서기는 당의 상회에 대한 영도 견지, 상회 당조직의 정치적 핵심 역할 수행, 당위원회와 상회 간의 긴밀한 협력을 통한 베이징의 웨칭인들에게 서비스 제공, 베이징 웨칭상회 전체 인원과 상회 당원 및 웨칭 고향과의 긴밀한 단결과 상호협력 등을 향후 상회 당위원회의 활동방향으로 제시하였다.[7] 최근 상회 당위원회는 "초심을 잃지 말고, 사명을 명심하라(不忘初心, 牢记使命)"는 시진핑의 발언에 대하여 학습하기 위해 외부연사를 초청하여 강의를 듣는 활동을 전개하였다.[8]

상회 당위원회 산하의 당지부의 학습활동 또한 활발하게 전개되고 있었다. 과거 당지부에서 두 달에 한 번 학습활동이 전개되었으나, 지금은 매달 1회로 변경되었다. 최근 당지부의 학습활동의 주요내용은 상술한 상회 당위원회의 학습내용과 동일한 주제인 "초심을 잃지

5 사영기업가 당지부 서기 인터뷰(2019.10.18.).

6 사영기업가 당지부 서기 인터뷰(2019.10.18.).

7 北京乐清商会, 「中共乐清市北京商会委员会成立」, http://www.yueqingsh.cn/shanghuidongtai/shanghuixinwen/1190.html(검색일: 2019.11.2.).

8 사영기업가 당지부 서기 인터뷰(2019.10.18.).

말고, 사명을 명심하라"는 시진핑의 발언이었다. 그렇지만 중요한 점은 소속 당원 수가 감소하였다는 점이었다. 모든 지부가 그대로 있기는 하지만, 비수도기능 해체 분산의 여파로 당원들이 다른 지역으로 분산되었다. 그에 따라 현장에 모여서 학습활동을 수행하는 것은 매우 어려운 일이 되었고, 모이더라도 과거와 같이 대규모로 모여서 학습활동을 전개하는 것은 더욱 힘든 일이 되었다. 과거 학습활동과 비교하면 지금 학습활동을 위해 현장에 모이는 당원의 규모는 약 1/5 수준으로 감소하였다. 당적(党籍)만 베이징에 있는 당지부에 소속되어 있고, 당원들이 모두 다른 지역으로 흩어지게 되었기 때문이다. 그에 따라 휴대폰이나 인터넷을 통한 온라인 학습활동이 중요한 수단이 되었다. 2019년 현재 상회 당위원회 산하의 당지부는 26개로 유지되고 있으나, 당원의 수는 1,100여 명으로 감소하였다.[9]

한편, 비수도기능 해체 분산의 여파로 인해 따홍먼 일대의 분위기는 과거와 같지 않게 되었다. 기존 따홍먼 일대에 거주하던 웨칭인들은 허베이성의 용칭, 창저우 등의 지역뿐만 아니라, 장쑤성, 저장성 일대까지 기회를 찾아 이주하였기 때문이다. 1990년대 중반 당시 당지부의 설립과 저장촌의 철거 이후 웨칭인들의 베이징 재정착에 핵심적인 역할을 수행하였던 한 사영기업가 당지부 서기는 이번 해체 분산 과정에서 흩어진 웨칭인들이 과거처럼 베이징에 다시 돌아오기는 어려울 것이라고 전망하였다. 비수도기능 해체 분산은 국가 지도부의 결정이며, 현재까지 이들의 국가 지도자로써의 권위는 유지되고 있기 때문이다. 따라서 웨칭인들이 돌아올 여지가 있을 만한 정책은 당장 제시되

9 乐清市人民政府门户网站, 「乐清在京非公党建工作走在全国前列」, http://www.yueqing.gov.cn/art/2018/6/7/art_1322071_18479631.html(검색일: 2019.9.8.); 사영기업가 당지부 서기 인터뷰(2019.10.18.).

기 어렵다는 것이 그의 지적이었다.

또한 이미 많은 웨칭인들이 허베이성, 장쑤성, 저장성 등의 지역에 진출하면서 마음의 준비(思想准备)를 하고 움직였다는 점 또한 크게 작용하였다. 많은 웨칭인들이 새롭게 이주하는 지역에서의 사업이 사업범위, 사업경로, 단골손님 등의 측면에서 베이징보다 못할 것임을 인지하고 있었지만, 한편으로 이들은 현실적으로 현재 베이징에서 자신들의 사업을 제대로 하는 것이 불가능하다는 점 또한 인식하고 있었기 때문에 자신의 살길을 찾아 다른 지역으로 이주할 수밖에 없었다는 것이었다. 표면적으로 웨칭인들의 베이징에서의 경영활동이 국가의 명령에 의해서 저지되었고 대규모의 철거작업이 전개되었다는 점에서 1990년대 중반의 저장촌 철거작업(清理整顿)과 유사한 면은 있으나, 상황이 여기까지 전개된 이상 과거와는 달리 쉽게 돌아오기 어려울 것이라는 것이 그의 관점이었다.[10] 그럼에도 불구하고, 웨칭인들의 베이징 진출과 정착 과정에서 많은 곡절을 극복한 경험이 있기 때문에 향후 이들의 베이징에서의 재정착과 발전이 이루어질 것인지의 여부에 대해서는 추후 귀추가 주목된다.

1. 제1공작위원회의 변천과 평가

제1공작위원회의 형성과 발전의 가장 큰 동기는 베이징에 진출한 웨칭 출신 사영기업가들의 이익보호였다. 개혁개방 초기부터 이들은 베이징 지방정부와 유동인구 관리문제, 사회치안 문제, 경제적 분쟁 등

10 사영기업가 당지부 서기 인터뷰(2019.10.18.).

으로 갈등을 겪어 왔다. 사영기업가들은 베이징 지방정부의 부당한 정책에 저항하였고, 이러한 노력의 연장선상에서 베이징 최초의 외래인구에 의한 당조직의 설립이 이루어졌다. 이는 고향인 웨칭시의 협력 없이는 불가능하였다. 당시 베이징시가 웨칭 출신 이주민 기업가들을 관리대상이자 골칫거리로 여겼다면, 웨칭시는 이들을 향후 고향 발전에 기여할 수 있는 잠재적인 재원으로 간주하였다. 따라서 웨칭시는 사영기업가들의 이익보호와 베이징에서의 합법적 경영활동을 위해 당조직의 설립을 지원하였다. 즉 웨칭시와 베이징의 웨칭 출신 이주민 기업가들은 공동의 이해관계를 가지고 있었으며, 그에 따라 양자간의 협력과 연대 속에서 당조직이 설립될 수 있었던 것이다.

웨칭시가 베이징에 있는 사영기업가들을 위해 당조직 설립을 과감히 추진할 수 있었던 중요한 이유는 상급기관들인 저장성, 원저우시 등의 지방 공산당 조직이 사영분야 당조직 설립을 과감히 추진하였기 때문이다. 1992년 남순강화 이후 저장성과 원저우시의 사영기업들은 급성장하였고, 그에 따라 저장성과 원저우시는 사영분야에 대한 당조직 건설을 전개하였다. 저장성, 원저우시의 경험은 당시 지도부의 높은 관심과 긍정적인 평가를 받았고, 하급기관인 웨칭시의 사영분야 당조직 건설에 영향을 주어 베이징에 있는 사영기업가와 웨칭 지방정부와의 긴밀한 관계의 형성에도 영향을 주었다. 즉 특정 지방정부의 실험적인 정책은 상급기관과 하급기관에 영향을 미치게 되었고, 이러한 다양한 층위의 정부들 사이의 정책적 상호작용이 기층의 국가-사영기업가 관계에 영향을 주었다.

제1공작위원회를 통해 사영기업가 당원들은 중앙과 상급기관인 웨칭시에서 요구하는 사영기업가 당원에 대한 교육, 지역사회 질서와 치안유지 등의 방침을 성실히 수행하여 자신들이 체제의 현상유지에 반대하는 집단이 아니며, 공산당에 충성하는 집단임을 증명하였다. 또한 베이징 지역사회 내의 취약 계층, 고향 원저우의 빈곤 계층과 이재민 구호를 위한 다양한 모금활동을 전개하였고, 고향의 발전을 위해 금전적 지원을 아끼지 않았다. 그 결과 제1공작위원회를 통해 사영기업가 당원들의 사회적 이미지와 공산당에 대한 이미지가 크게 개선되었다. 더욱 중요한 점은, 사영기업가 당원들은 제1공작위원회를 통해 베이징 현지에서 발생하는 부당한 권익침해로부터 보호를 받을 수 있었다는 것이다. 제1공작위원회는 사영기업가 당원들을 대표하여 소송을 전개하였으며, 동시에 사영기업가들에게 필요한 다양한 정보를 제공하였다. 이처럼 제1공작위원회는 사영기업가들의 이익보호를 위한 중요한 공간이 되었다. 한편으로, 공산당의 입장에서도 제1공작위원회는 지역사회의 안정과 지역사회 내부에서 당의 영향력 확대 및 당의 이미지 개선에 크게 기여하였다. 이처럼 제1공작위원회의 사회 거버넌스 활동 사례는 일당지배체제하에서 공산당과 사영기업가가 어떻게 효과적으로 공존할 수 있는가를 단적으로 보여준다.

제1공작위원회의 사례를 통해 볼 수 있는 국가-사영기업가 관계의 또 다른 측면은 사영기업가들은 중앙의 정책을 자신들의 이익에 부합하는 방향으로 재구성한다는 점이다. 사영기업가 당원의 충원 사례는 사영기업가 당원들이 중앙과 상급기관에서 제시한 절차에 따라 당원을 충원하지만, 당중앙이 입당후보에게 요구하는 '정치적 순결성'보다 입당을 희망하는 사영기업가의 사회적 평판과 상업적 성공 등에 더 큰 관심을 보였다. 또한 사영기업가들의 가장 큰 입당 동기는 사업체의 합법성 유지와 사업체의 보호였다. 즉 사영기업가들의 관점에서, 공산당 입당과 동료 당원 충원은 개인의 이익을 극대화하기 위한 측면이 더 크게 작용하였다. 물론 자본의 규모가 크고 사회적인 평판이 좋은 사영기업가들을 당원으로 충원하는 것이 정치적 순결성에 따라 당원을 모집하는 것과 모순되는 것은 아니다. 그렇지만 제1공작위원회의 사영기업가 당원 충원 사례는 공산당의 정책이 기층 사영기업가들의 이해관계와 맞물려 집행되고 있음을 보여준다.

마지막으로 제1공작위원회 활동 사례를 통해 알 수 있는 점은 사영분야 당조직의 형성과 발전은 개혁기 국가-사영기업가 관계에서 국가에 더욱 유리하게 작용한다는 점이다. 본질적으로 공산당의 조직으로서 제1공작위원회는 총서기의 명령에 반대할 수 없었고, 공산당의 일원으로서 사영기업가 당원은 당중앙과 제1공작위원회의 요구를 거부할 수 없었다. 그에 따라 징진지 공동발전과 그에 따른 따홍먼 도매시장들의 해체 분산 사례는 사영기업가들의 반발에도 불구하고, 국가의 의도대로 정책이 집행되었다. 제1공작위원회는 사영기업가 당원들의 이익에 반하는 중앙의 정책을 지지하였고, 사영기업가 당원들이 솔선수범하여 국가정책을 준수하도록 요구하였다. 사영기업가들은 입당을 통해 베이징에서의 안정적 경영활동을 도모했으나, 역설적으로 당원 신분은 베이징에서의 경영활동 지속에 걸림돌이 되었다. 이처럼 따홍먼의 해체 분산 사례는 사영기업가들의 입당과 체제 내로의 배태가 국가-사영기업가 관계에서 국가에 더욱 유리하게 작용함을 보여준다. 사영기업가들의 입장에서 공산당 입당을 통한 이익보호가 중앙 차원의 정책에 대한 대응에는 큰 효과를 거두지 못하였던 반면, 중앙의 관점에서 당조직을 통한 사영분야로의 영향력 확대의 전략은 사영기업가 당원들이 중앙의 정책에 불만을 가짐에도 불구하고 중앙의 정책이 집행되는데 효과적으로 작용한 것이다.

요컨대, 베이징에 진출한 웨칭 출신의 사영기업가들은 능수능란하게 당조직이라는 국가 제도를 자신의 이익보호를 위해 이용하는 면모를 보였다. 사영기업가들은 국가 내부의 분절성과 다양성을 이용하여 자신에게 우호적인 고향 당정기관과의 연대를 통해 제1공작위원회를 건설, 자신의 이익보호와 사업체의 합법적 경영을 추진하였다. 이들은 공산당에서 요구하는 사회 거버넌스를 성실히 이행하는 한편, 제1공작위원회를 이익보호의 장으로 이용하였다. 그리고 이들은 중앙의 정책을 자신의 이익에 부합하는 방향으로 재구성하여 집행하는 대담성을 보이기도 하였다.

그렇지만 당조직을 통한 이익보호라는 사영기업가들의 전략은 한계를 가지고 있었다. 사영기업가들은 제1공작위원회를 통해 베이징 현지에서 발생하는 부당한 이익침해를 효과적으로 저지하는 데 성공하였으나, 가장 중요한 문제인 중앙 차원의 국가적 개입에는 취약하였다. 개혁기 국가는 여전히 사영기업가들보다 우위에 있었고, 사영기업가들의 이익에 반하는 정책을 심각한 문제를 노출하지 않고 수행하였다. 중앙의 정책에 대하여 사영기업가들의 제1공작위원회를 통한 이익보호는 무의미하였다. 또한 당원이 된 사영기업가들은 국가 지도부의 명령을 이행해야 하는 의무를 가지게 되었다. 이처럼 사영분야 당조직은 중앙정부와 사영기업가들의 이해가 극명히 갈릴 경우, 사영기업가들이 중앙의 명령을 따르도록 하는 역할을 하였다. 이는 당조직을 통한 사영기업가들의 포섭과 사영분야 장악이라는 공산당의 전략이 효과적이었음을 의미하는 동시에, 사영기업가들의 공산당 입당과 당조직을 통한 이익보호가 중앙의 거시적·구조적 정책변화에 대한 대응의 측면에서 가진 한계를 보여준다.

2. 제1공작위원회와 국가-사영기업가 관계

제1공작위원회의 사례는 기존의 개혁기 중국의 국가-사영기업가 관계의 주요 분석틀인 시민사회, 국가 조합주의에서 제시하는 관점 이외에도 여러 가지 요인들의 복잡한 상호작용의 중요성을 보여준다.

첫째, 제1공작위원회의 사례는 정치사회를 통해서도 국가-사영기업가 간의 상호작용이 발생함을 보여준다. 개혁기 새롭게 등장한 사영기업가들은 국가로부터 독립적인 세력을 형성하기보다는 국가의 제도를 이용하는 동시에, 지역사회에 필요한 거버넌스 활동을 수행하였다. 사영기업가들은 제1공작위원회를 통해 합법적인 권익보호뿐만 아니라, 재난 구호, 빈곤퇴치, 사회 질서유지 등의 공익활동 또한 수행하였다. 그렇지만 사영기업가들의 활동이 국가로부터 상대적인 자율을 가진 사회단체가 아닌, 정치사회의 영역이라고 볼 수 있는 당조직을 통해서 이루어진다는 측면에서 기존의 시민사회 이론적 분석틀이 다루지 않는 정치사회 영역에서 발생하는 국가-사영기업가 관계의 중요성을 보여준다.

둘째, 제1공작위원회 사례는 기존의 국가 조합주의적 성격과는 다른 방향으로 국가의 사영분야 침투와 통제의 시도 또한 이루어지고 있음을 보여준다. 국가 조합주의는 국가와 사회단체 간의 관계를 대상으로 설명하는 개념이다. 그렇지만 제1공작위원회 사례는 국가 조합주의에서 전제하는 공산당의 사회통제 약화와 당의 공백을 메워줄 대안적 조직의 형성이 아닌 공산당의 기층 당조직을 통한 사회침투의 강화 또한 개혁기에 발생하고 있음을 보여준다. 제1공작위원회는 베이징의 사영기업가들을 대변하는 권한을 가지는 동시에, 사영기업가들과 지방정부 간의 연결고리의 역할을 수행한다. 중국 공산당은 제1공작위원회를 통해 지역사회의 안정을 이룰 수 있었고, 기층으로 영향력을 확대할 수 있었다. 이처럼 제1공작위원회의 사례는 국가 조합주의에서 전제하는 국가와 사회 영역을 매개하는 존재로 공상련, 기업가협회, 개체노동자협회 등의 사회단체가 아닌, 당조직을 통한 사영분야로의 직접적인 침투와 장악이 이루어지고 있음을 보여주고 있다.

한편으로, 제1공작위원회의 사례는 후견인주의적 성격이 당조직 내에서의 국가-사영기업가 간의 동학에 영향을 미친다는 점을 보여준다. 베이징에 진출한 웨칭 출신 사영기업가들은 자신의 이익보호를 위해 고향 웨칭 당정기관과 긴밀한 연대를 구축하였다. 사영기업가 당원들은 고향의 발전을 위해 수억 위안을 투자하였고, 웨칭시는 이들의 이익보호에 필요한 당조직 설립을 후원하였다. 후견인주의적 특징은 사영기업가들의 입당과정에서도 잘 드러난다. 입당을 희망하는 사영기업가는 당지부 서기, 당원들에게 높은 수준의 신뢰와 "윗사람에 대한 충성(对长辈的孝顺)"을 보여야 하며, 당원의 입당에 막강한 영향력을 발휘하는 지부 서기는 자신이 믿을 수 있는 사영기업가들을 지부의 당원들로 선호하였다. 이처럼 개혁기 국가-사영기업가 관계에서 후견인주의는 여전히 영향력을 발휘하고 있다. 다만, 후견인주의만으로는 제1공작위원회에서 나타나는 사영기업가 권익보호활동, 지역사회 질서와 사회안정 유지, 사회적 공헌 등 여러 활동들을 설명하기 어렵다는 한계를 가진다.

그 외에도 제1공작위원회의 사례는 개혁기 국가-사영기업가 관계에 영향을 미치는 다양한 요인들이 상호작용하고 있음을 보여준다. 첫째, 중앙 지도부의 정책은 국가-사영기업가 관계에 중요하게 작용한다. 국가 지도부의 개혁개방과 농촌 노동력의 해방 결정은 웨칭인들이 베이징에 진출하는 중요한 계기가 되었고, 삼개대표를 통한 사영기업가 입당의 공식적 승인은 제1공작위원회의 설립에 정당성을 부여하였다. 또한 제1공작위원회의 사영기업가 당원들은 중앙에서 제시한 입당 정책에 기반을 두어 동료 기업가들을 당원으로 충원하였다. 그 외에도 공산당이 제시한 기층 당조직의 사회 거버넌스 참여 정책은 사영기업가들이 제1공작위원회를 통해 다양한 활동을 전개할 수 있는 토대를 제공하였다.

둘째, 중앙-지방 당정기관의 분절성과 상호작용은 국가-사영기업가 관계에 영향을 미친다. 저장성, 원저우시 지방정부는 중앙의 공식적 정책이 부재한 상황에서 사영분야 당조직 건설을 시작하였다. 이는 하급기관인 웨칭시의 사영분야 당조직 건설 정책에 영향을 주었을 뿐만 아니라, 베이징에 진출한 웨칭 출신의 사영기업가들이 당조직 설립을 추진할 수 있었던 요인이었다. 또한 원저우, 웨칭 등의 지방에서 전개된 사영분야 당조직 건설 관행은 중앙정부에 의해 사후 승인됨으로써, 베이징에 설립된 제1공작위원회는 사영분야 당조직의 모범적인 사례로 인정받을 수 있었다. 이처럼 당정기관의 수직적인 분절성과 상하급 당정기관의 정책적인 상호작용은 베이징에서 웨칭 출신의 기업가들이 당조직을 설립하고, 발전시키는 데 중요하게 작용하였다.

셋째, 지방정부 간의 분절성 역시 국가-사영기업가 관계에 중요한 영향을 주는 요소이다. 같은 지방정부라도, 베이징 지방정부와 웨칭 지방정부의 저장촌 사영기업가들에 대한 이해관계가 상이하였다. 베이징 지방정부는 웨칭 출신의 사영기업가들을 관리와 통제 대상이자, 베이징 사회의 안녕을 위협하는 유동인구로 간주하였으나, 웨칭 지방정부의 입장에서 이들은 미래 고향의 경제발전에 중요한 인재들이었다. 이러한 국가 내부의 분절성은 국가-사영기업가 관계를 더욱 복잡하게 만들었으며, 웨칭 출신의 사영기업가들이 자신에게 우호적인 고향 당정기관과의 연대를 통해 이익보호에 성공할 수 있었던 요인이었다. 이러한 지방정부들 간의 분절성과 동일한 집단에 대한 상이한 인식은 개혁기 중국의 국가-사영기업가 관계를 더욱 역동적으로 만드는 요인인 것이다.

넷째, 제1공작위원회의 사례는 개혁기 중국 기업가 집단 내부의 분절성을 보여준다. 시진핑 시기 따홍먼의 도매시장들의 해체 분산에 대하여 기업가들은 대부분 큰 불만을 가지고 있었다. 그렇지만 기업가들은 징진지 일체화라는 국가의 정책에 대하여 단결하여 일사불란하게 대응하지 않았다. 대신 웨칭 출신의 기업가들은 자신이 처한 상황에서 개인의 이익에 부합하는 다양한 선택을 하였다. 일부 기업가들은 따홍먼 해체 분산 이후 사영기업가들을 유치하려는 지방정부들이 제시한 우대조건을 확실히 누리기 위해서 서둘러서 허베이 지역으로 이주하였다. 다른 일부 기업가들은 지방에 대규모의 시장 건설을 추진하였으며, 또 다른 기업가들은 베이징에 남기 위해 도매업 대신 다른 업종을 선택하였다. 그 결과 20여 년간 베이징에서 제1공작위원회를 중심으로 활동하던 웨칭 출신의 사영기업가들은 분열되었다. 상당수의 웨칭 출신의 기업가들은 허베이로 이주하게 되었고, 일부 베이징에서 사업을 지속할 수 있는 여건을 갖춘 기업가들만이 베이징에 계속 거주하게 되었다. 즉 시진핑 시기 따홍먼의 해체 분산은 기업가들 내부의 분절성을 보여주었다.

다섯째, 제1공작위원회 사례는 사영기업가들과 당조직의 활동에 부정적인 영향을 주는 중앙의 정책을 우회하기 위한 지방 당정기관-사영기업가 간의 연대의 동학을 보여준다. 베이징에 진출한 사영기업가들의 고향 투자를 통한 경제성장을 기대한 지방 당정기관과 베이징에서의 합법적 경영활동을 보장해줄 후원자가 필요한 사영기업가들은 사영기업가들의 이익보호에 공통의 이해관계를 가지게 되었다. 이들은 베이징 지방정부의 부당한 사영기업가 이익 침해에 공동으로 대응하였고, 심지어는 사영기업가의 이익보호를 위해 중앙의 정책에도 공동으로 대책을 마련하는 모습을 보였다. 국가의 1995년 저장촌 철거와 2010년 주징연락처 철거 결정과 그에 대한 웨칭 당정기관과 사영기업가들의 대응 사례는 이를 잘 보여준다. 그렇지만 최근 발생한 따홍먼 해체 분산에 대해서는 웨칭 지방정부-사영기업가 간의 효과적 공동대응이 발생하지 않았다. 그 이유는, 앞의 두 사례와 달리 따홍먼 해체 분산은 국가 지도자인 시진핑이 직접 주도, 국가정책 차원에서 추진하는 프로젝트인 징진지 일체화와 관련된 내용이기 때문에 지방정부로서는 개입의 여지가 크게 없었기 때문으로 보인다. 즉 지방정부-사영기업가 연대는 중앙의 단기적, 일회성 명령에 대한 대응에는 효과적이지만, 중앙의 거시적·구조적 정책변화에 대한 대책 마련에는 한계를 가지는 것이다.

마지막으로 제1공작위원회 사례는 사영기업가들의 중앙 권위를 대하는 태도 역시 개혁기 중국의 국가-사영기업가 관계에 중요한 영향을 미치고 있음을 보여준다. 따홍먼 해체 분산과 관련하여, 사영기업가들은 중앙정부 정책에 의한 이익 침해에 크게 반발하면서도, 국가 지도자의 결정에 대하여 공개적인 반대의사를 표하는 것을 두려워하였다. 대신 이들은 국가의 정책을 거스르지 않는 수준에서 개별적 차원에서의 합리적인 방안을 추진하였다. 즉 사영기업가들의 입장에서 중앙의 권위는 여전히 저항할 수 없는, 맞서 싸우기 두려운 존재로 인식되는 것이다. 이처럼 따홍먼 해체 분산 과정에서 나타난 사영기업가들의 중앙의 권위에 대한 인식과 태도 또한 개혁기 중국의 국가-사영기업가 관계에서 국가가 어떻게 우위를 점할 수 있는지를 단적으로 보여준다.

결론적으로 제1공작위원회의 사례는 개혁기 중국적 맥락에서 이루어지는 국가-사영기업가 관계의 복잡성과 다양성을 보여준다. 즉 제1공작위원회의 사례는 개혁기 중국의 국가-사영기업가 관계에서 시민사회, 국가 조합주의적 분석틀만으로는 보여줄 수 없는 다양한 동학이 발생함을 보여주는 동시에, 국가-사영기업가 관계에 영향을 미치는 중앙의 정책, 국가 내부의 분절성, 사영기업가 내부의 분절성, 지방 당정기관과 사영기업가의 연대의 동학, 사영기업가의 중앙의 권위를 대하는 태도 등의 다양한 요인들의 상호작용을 보여준다. 또한 이러한 맥락에서 제1공작위원회의 사례는 개혁기 중국의 국가-사영기업가 관계뿐만 아니라, 국가와 농민, 노동자 등 국가-사회관계에서 시민사회, 국가 조합주의, 후견인주의 등 기존의 이론적 분석틀을 넘어서 발생하는 다양한 동학들에 대한 다각적인 검토의 중요성을 강조한다.

이상으로 제1공작위원회를 중심으로 개혁기 중국의 국가-사영기업가 관계에 대해 살펴보았다. 본 연구는 유동인구 출신으로 성공한 사영기업가들에 의해 수립된 당조직의 형성과 발전, 내부 특성, 사회 거버넌스와 한계 등을 검토하였다. 다만, 본 연구는 단일사례 연구방법을 이용하였기 때문에, 웨칭에서 진출한 저장촌 출신의 이주민 기업가들에 의해 설립된 당조직인 제1공작위원회와 다른 일반적인 사영분야 당조직 또는 다른 이주민들에 의해 설립된 당조직 사례와의 비교분석을 통해 제1공작위원회가 가지는 특수성에 대하여 제대로 검토하지 못한 점은 본 연구가 현 단계에서 가지는 한계이며, 추후 연구를 통해 보완해야 할 과제이다.

참고문헌

1. 국문

김남이, 「중국의 중앙정부와 지방정부의 관계: 행정·정치·경제 및 재정 시스템의 분권화를 중심으로」, 『한국비교정부학보』 제12권 제1호 (2008년 7월), pp. 19-44.

김도희, 『전환시대의 중국 사회계층』 (서울: 폴리테이아, 2007).

김부용, 「징진지 지역통합과 한국에 주는 시사점」, 『중국지역연구』 제2권 제2호 (2015), pp. 29-53.

김수한, 민귀식, 「중국 징진지 도시군 지역발전과 산업 특징에 관한 연구」, 『중국과 중국학』 제31호 (2017), pp. 155-180.

김윤태, 「중국의 사영기업주 계층의 정치적 역할 연구」, 『중국학연구』 제26호 (2003), pp. 511-530.

김윤태, 「중국의 사회 불평등: 건국 60년의 회고와 전망」, 『중국학논총』 제28호 (2009), pp. 213-248.

김재관, 「21세기 '중국 특색의 시민사회'의 변화와 발전에 관한 탐구: 국가-사회 관계의 변화를 중심으로」, 『민주주의와 인권』 제11권 제1호 (2011), pp. 115-162.

김재철, 「사영기업가의 등장과 정치변화」, 전성흥 편, 『전환기의 중국사회II』 (서울: 오름, 2004), pp. 151-179.

김태승, 「中國의 近代的 都市形成과 商工人階層의 社會·政治的 役割: 上海와 天津의 경우」, 『인문논총』 제6집 (1995), pp. 207-238.

김홍규, 「개혁시기 중국 내 정부간 관계 변화: 통제에서 타협과 계약으로」, 『중소연구』 통권 제105호 (2005), pp. 13-46.

다카하라 아키오, 마에다 히로코, 오무송 옮김, 『중국근현대사5: 개발주의 시대로, 1972-2014』 (서울: 삼천리, 2015).

Robert K. Yin, 신경식·서아영 옮김, 『사례연구방법』 (서울: 한경사, 2011).

방금용, 차경자, 「중국 징진지(京津冀) 일체화전략의 현황과 과제」, 『국제지역연구』 제20권 제4호 (2016), pp. 73-90.

배링턴 무어, 전덕규 옮김, 『독재와 민주주의의 사회적 기원』 (서울: 까치, 1985).

배리 노튼, 이정구·전용복 옮김, 『중국경제: 시장으로의 이행과 성장』 (서울: 서울경제경영, 2010).

서석홍,「1980년대 말 중국 사영경제의 존재 실태에 관한 실증연구」,『중소연구』 통권 제59호 (1993), pp. 177-220.
서석홍,『1978년 이후의 중국 사영경제에 관한 연구』(서울: 서울대학교, 1994) [박사학위논문].
서진영,『21세기 중국 정치: '성공의 역설'과 중국적 사회주의의 미래』(서울: 폴리테이아, 2008).
안치영, 조영남, 백승욱, 이일영,「중국 대도시에서의 국가-사회관계의 역동성과 다양성」,『동향과 전망』 통권 제68호 (2006년 가을·겨울호), pp. 236-270.
윤태희,「징진지 공동발전 과정에서 나타난 국가-사영기업가 관계에 관한 연구: 베이징 평타이구 사례를 중심으로」,『현대중국연구』 제20집 제2호 (2018), pp. 165-207.
윤태희,「개혁기 중국 사회에서의 국가-사영기업가 관계에 관한 연구」,『중국과 중국학』 제36호 (2019), pp. 1-30.
윤태희, 이경수,「중국 사회적 기업의 현황과 등장 원인」,『한국협동조합연구』 Vol. 32, No. 3 (2014), pp. 115-149.
원재연,「중국 국가의 탈사회주의적 분권화 과정에 대한 고찰」,『현대사회와 문화』 제26호 (2008), pp. 79-103
이남주,『중국 시민사회의 형성과 특징: NGO의 발전을 중심으로』(서울: 폴리테이아, 2007).
이민자,「밑으로부터의 저항과 '중국특색의 시민사회'」,『중소연구』 제32권 제4호 (2009), pp. 13-42.
이병인,『근대 상해의 민간단체와 국가』(서울: 창비, 2006).
이정남,『중국의 기층선거와 정치개혁, 그리고 정치변화』(서울: 폴리테이아, 2007).
이중희,「중국 계층구조의 변화와 신흥계층의 성장」, 김익수 외,『현대중국의 이해』(파주: 나남, 2005), pp. 291-324.
장윤미,「新관상결합의 정치경제: 중국의 엘리트 동맹」,『국제지역연구』 제19권 제3호 (2010년 가을), pp. 1-35.
전성흥,「중국의 농촌 공업화: 향진에서의 지방정부와 기업」,『한국정치학회보』 제29집 제1호 (1995), pp. 583-611.
전성흥,「중국의 국가-사회관계 연구」, 정재호 편,『중국정치연구론』(서울: 나남, 2000), pp. 69-120.
전성흥,「개혁기 중국의 중앙과 지방관계」, 유세희 편,『현대 중국정치론』(서울: 박영사, 2005), pp. 171-206.
정재호,『중국의 중앙-지방 관계론: 분권화 개혁의 정치경제』(서울: 나남출판, 1999).
정종호,「중국의 '流動人口'와 국가-사회 관계 변화: 北京 浙江村 사례를 중심으로」,

『비교문화연구』 제6집 제2호 (2000), pp. 127-170.
정종호, 「국가와 유동인구: 이농(離農)의 정치경제」, 정재호 편, 『중국 개혁-개방의 정치경제 1980-2000』 (서울: 까치글방, 2002), pp. 243-312.
정종호, 「현대 중국 사회의 연속성과 불연속성」, 김익수 외, 『현대중국의 이해』 (서울: 나남, 2005), pp. 199-233.
정종호, 「북경시의 도시재개발 정책과 북경 "동향촌(同鄉村)"의 변화」, 『현대중국연구』 제9집 제2호 (2008a), pp. 37-79.
정종호, 「온주모델에서 신온주모델로: 북경 절강촌 사례를 중심으로」, 『중국학연구』 제44집 (2008b), pp. 193-221.
정종호, 「중국 지역발전모델의 회고와 전망: 삼대모델(三大模式)을 중심으로」, 『중국학연구』 제63집 (2013), pp. 239-266.
정종호, 윤태희, 「중국 공산당의 사영분야 당조직 건설 정책변화: 지방정책과 중앙정책의 상호작용을 중심으로」, 『국제지역연구』 제25권 제4호 (2016년 겨울), pp. 133-165.
조영남, 『후진타오 시대의 중국정치』 (서울: 나남, 2006).
조영남, 『중국의 꿈: 시진핑 리더십과 중국의 미래』 (서울: 민음사, 2013).
조영남, 「시진핑 '일인체제'가 등장하고 있는가?」, 『국제·지역연구』 제24권 제3호 (2015 가을), pp. 127-153.
조영남, 『톈안먼 사건: 덩샤오핑 시대의 중국3』 (서울: 민음사, 2016).
조영남, 안치영, 구자선, 『중국의 민주주의: 공산당의 당내민주 연구』 (파주: 나남, 2011).
존 에렌버그, 김유남·주미영·이상환 옮김, 『시민사회: 사상과 역사』 (서울: 아르케, 2002).
주장환, 「개혁, 개방기 중국 지역성 형성의 정치경제: 배경, 동학, 경향」, 『대한정치학회보』 제17집 제1호 (2009년 6월), pp. 1-21.
陈志, 조동제, 「중국 개체공상호의 지속적 발전에 따른 제도적 보장: 新《個體工商戶條例》의 평가를 중심으로」, 『중국법연구』 제16집 (2011), pp. 71-93.
최정석, 「중국 징진지(京津冀)도시군의 개발협력 요인 연구」, 『한중사회과학연구』 제13권 제4호 (2015), pp. 77-100.

2. 중문

「管好流动党员有了新规定」, 『北京支部生活』 1994年 第2期, p. 18.
「陈爱珍副市长在全市流动人口管理暨对外联络工作会议上的讲话」 (1995年 10月 6日), pp. 1-12.
『小康』杂志, 「"外地人"催生"新北京"」, 『小康』 2007年 第12期, pp. 39-40.

姜晓萍,「国家治理现代化进程中的社会治理体制创新」,『中国行政管理』2014年 第2期, pp. 24-28.
耿国彪,「京津冀一体化 谁的钥匙谁的锁」,『绿色中国』2014年 第19期, pp. 10-17.
辜胜阻, 王建润, 吴华君,「京津冀协同发展中的人口问题研究」,『经济与管理』2017年 第1期, pp. 10-13.
高新民,「论党的基层组织的功能转换」,『理论学刊』2003年 第4期, pp. 77-79.
高毅存,「从北京浙江村的衰落到温州中小城镇的崛起: 对中国城市化过程中一些问题的探讨」,『规划50年: 2006中国城市规划年会论文集(中册)』(2006), pp. 96-100.
公平,「京郊"浙江村"内幕」,『电影创作』1994年 第2期, pp. 34-41.
刁琳琳,「京津冀协同发展中的北京市产业结构转型与升级问题」,『领导之友』2016年 第3期, pp. 62-67.
郭小聪, 吴高辉,「第一书记驻村扶贫的互动策略与影响因素—基于互动治理视角的考察」,『公共行政评论』2018年 第4期, pp. 78-96.
管廷莲,「温州非公有制企业党建工作探索历程及其启示」,『中共中央党校学报』2009年 第2期, pp. 83-85.
今日浙江,「中共浙江省委关于加强非公有制企业党建工作的若干意见」,『今日浙江』2000年 Z1期, pp. 16-17.
金钊,『党员干部不可不知的党建常识(最新修订版)』(北京: 国家行政学院出版社, 2015).
金钊, 王政堂 编,『党支部工作实用方法与规程一本通(最新修订版)』(北京: 国家行政学院出版社, 2015).
罗曼,「建设服务型党组织: 提高基层党建工作科学化水平的有益尝试—遵义市服务型党组织建设调查」,『中共贵州省委党校学报』2011年 第3期(总133期), pp. 43-45.
乐清市对外联络工作领导小组办公室, 乐清市人民政府办公室对外联络科 编,「对外联络工作月报(第一期)」(1995年 11月 8日), pp. 1-18.
乐清市对外联络工作领导小组办公室, 乐清市人民政府办公室对外联络科 编,「对外联络工作月报(第二期)」(1995年 12月 5日), pp. 1-9.
乐清外出流动党员第一工作委员会,「乐清市驻北京党委简况」.
乐清外出流动党员第一工作委员会,「乐清市探索加强在京非公经济党建工作」.
乐清外出流动党员第一工作委员会,「凝心聚力 开拓创新 为非公党建工作开好新的局面」.
卢立平,『瓯雁淘梦逐精华: 北京浙江村三十年发展历程』(北京: 北京图书出版社, 2013).
单东,「浙江民营经济发展30年」, http://www.zj.xinhuanet.com/website/2008-12/15/content_15185635.htm(검색일: 2015.9.30.).
唐晓清,「始终坚持执政的根本宗旨和理念」, http://www.qstheory.cn/dukan/qs/2014-07/01/c_1111348343.htm(검색일: 2016.3.17.).

唐树伶,「京津冀协同发展背景下河北省产业承接效应」,『中国流通经济』2016年 第6期, pp. 40-45.

唐灿, 冯小双,「中国农民工第十五篇: 外来人口与城乡结合部地区的利益一体化关系」, http://www.china.com.cn/chinese/zhuanti/mingong/347800.htm(검색일: 2017.8.27.).

杜立群, 和朝东,「北京非首都功能疏解若干问题的思考」,『上海城市规划』2015年 第6期, pp. 17-20.

邓仲良, 张可云,「北京非首都功能中制造业的疏解承接地研究」,『经济地理』2016年 第9期, pp. 94-102.

马跃明, 祖轩,「争创非公企业党建"浙江标准"」,『今日浙江』2012年 第24期, pp. 34-35.

孟延春, 曹广忠,「北京南部"浙江村"的结构, 定位和特征研究」,『人文地理』1997年 第12卷 第4期, pp. 6-10.

武国友,『中华人民共和国史 1977-1991』(北京: 人民出版社, 2010).

武三中,「基层社会治理视角中的基层党建问题研究」,『探求』2015年 第6期, pp. 84-90.

武义青, 田学斌, 张云,「京津冀协同发展三年回顾与展望」,『经济与管理』2017年 第2期, pp. 1-7.

文魁,「京津冀大棋局: 京津冀协同发展的战略思考」,『经济与管理』2014年 第6期, pp. 8-12.

文魁,「首都功能疏解与区域协同发展」,『城市管理与科技』2014年 第4期, pp. 10-12.

白晓玉,「改革开放以来中国个体私营经济的发展历程及思考」,『经济研究导刊』2009年 第12期, pp. 164-165.

潘文博,「京城"浙江村"」,『光彩』1997年 第11期, pp. 24-25.

本刊记者,「外来人口聚居现象引出的思考」,『瞭望』1995年 第48期 pp. 20-23.

本书编写组,『党的基层组织建设300问』(北京: 人民出版社, 2012).

本书编写组 著,『党的基层组织制度建设工作手册(新编本)』(北京: 党建读物出版社, 2015).

本书编写组 编者,『基层党务工作实用手册』(北京: 党建读物出版社, 2017).

北京乐清商会,「商会简介」, http://www.yueqingsh.cn/guanyushanghui/shanghuijianjie/(검색일: 2018.5.27.).

北京乐清商会,「中共乐清市北京商会委员会成立」, http://www.yueqingsh.cn/shanghui-dongtai/shanghuixinwen/1190.html(검색일: 2019.11.2.).

北京市人民政府办公厅,「北京市人民政府办公厅关于印发市发展改革委等部门制定的《北京市新增产业的禁止和限制目录(2014年版)》的通知」,『北京市人民政府公报』2014年 第22期, pp. 13-24.

北京市人民政府办公厅,「北京市人民政府办公厅关于印发市发展改革委等部门制定的

《北京市新增产业的禁止和限制目录(2015年版)》的通知」,『北京市人民政府公报』2015年 第33期, pp. 22-38.
谢良兵, 刘震,「人口迁徙镜像中的"浙江村"」,『中国新闻周刊』2008年 第2期, pp. 88-90.
徐猛,「社会治理现代化的科学内涵' 价值取向及实现路径」,『学术探索』2014年 第5期, pp. 9-17.
石国亮 主编,『图解基层党务工作一本通』(北京: 人民日报出版社发行部, 2015).
石仲泉, 袁尉, 黄一兵,「关于优秀企业主入党问题的调查」,『中共党史研究』2002年 第3期, pp. 66-75.
肖新华,「温州个私经济25年业绩瞩目」,『招商周刊』2004年 第36期, p. 29.
孙久文, 姚鹏,「京津冀产业空间转移, 地区专业化与协同发展—基于新经济地理学的分析框架」,『南开学报(哲学社会科学版)』2015年 第1期, pp. 81-89.
孙支南, 韦洁亮 主编,『非公企业党建工作指南』(广州: 广东高等教育出版社, 2012).
沈小璇,「加强基层服务型党组织建设的思考」,『求实』2013年 S1期, pp. 46-49.
安树伟, 肖金成,「京津冀协同发展: 北京的"困境"与河北的"角色"」,『广东社会科学』2015年 第4期, pp. 5-11.
杨开忠,「京津冀协同发展的探索历程与战略选择」,『北京联合大学学报(人文社会科学版)』2015年 第4期, pp. 27-32.
梁竞赢,「发展党员工作实行"换轨"」,『新长征(党建版)』2015年 第8期, p. 35.
杨德山, 赵淑梅,『中国共产党与当代中国』(北京: 五洲传播出版社, 2014).
杨丽, 胡晶,「京津冀一体化,专业市场如何抉择?」,『纺织服装周刊』2014年 第18期, p. 70.
杨蕾, 殷焕举,「基层服务型党组织建设的路径探析」,『中州学刊』2013年 第6期, pp. 22-25.
杨芳,「驻村"第一书记"与村庄治理变革」,『学习论坛』2016年 第2期, pp. 52-55.
阳小华,「民营经济内涵问题探析」,『江汉论坛』2000年 第5期, pp. 38-40.
杨睿,「多途径探寻规范发展党员工作新思路」,『唯实(现代管理)』2015年 第3期, p. 62.
杨朝朝,「大红门30年巨变 昔日"浙江村"今日CBC」,『现代商业』2008年 第34期, pp. 38-39.
杨卡,「大北京人口分布格局与多中心性测度」,『中国人口·资源与环境』2015年 第2期, pp. 83-89.
严新明, 孙景珊,「社会流动与时空延伸: "浙江村"农民流动的社会时空分析」,『学术论坛』2002年 第1期, pp. 123-126.
吕凯,「基于"浙江模式"的非公有制经济与所有制改革研究」,『广西财经学院学报』2008年 第5期, pp. 39-41.
吕律,「民营经济发展的生命力在于创造—改革开放30年浙江民营经济发展回眸」, http://www.zjaic.gov.cn/zjaic/jrgs/zdxw/dljzgmyqyfh/200811/t20081110_67420.htm(검색

일: 2015.9.30.).
于化龙, 臧学英,「非首都功能疏解与京津产业对接研究」,『理论导刊』2015年 第12期, pp. 67-73.
燕继荣,「协同治理:社会管理创新之道—基于国家与社会关系的理论思考」,『中国行政管理』2013年 第2期, pp. 58-61.
叶振宇, 叶素云,「京津冀产业转移协作的阶段进展与实现途径」,『河北学刊』2017年 第3期, pp. 139-144.
吴兰, 杨睿,「贯彻落实〈发展党员工作细则〉确保发展党员质量」,『唯实(现代管理)』2014年 第8期, p. 55.
郁建兴, 关爽,「从社会管控到社会治理—当代中国国家与社会关系的新进展」,『探索与争鸣』2014年 第12期, pp. 7-16.
熊仕葵,「温州非公有制企业党建工作的历史回顾与思考」,『东莞理工学院学报』2012年 第2期, pp. 42-46.
熊辉, 吴晓, 谭诗杰,「改革开放以来党关于私营经济理论政策的演变」,『北京党史』2013年 第1期, pp. 15-18.
俞可平,「更加重视社会自治」,『人民论坛』2011年 第6期, pp. 8-9.
刘强,『新社会组织党建研究』(北京: 中国社会科学出版社, 2015).
刘娟,「近代北京的商会」,『北京社会科学』1997年 第3期, pp. 93-98.
刘宗洪,「执政党纯洁性建设的挑战与对策」,『中共福建省委党校学报』2012年 第6期, pp. 4-9.
刘海泳, 顾朝林,「北京流动人口聚落的形态, 结构与功能」,『地理科学』1999年 第6期, pp. 497-503.
陆军,「大红门30年」,『中国纺织』2008年 第11期, pp. 82-83.
陆学艺 主编,『当代中国社会阶层研究报告』(北京: 社会科学文献出版社, 2002).
王举, 史崇欣, 宋春生,「北京市流动人口的状况及管理对策」,『人口与经济』1993年 第4期, pp. 35-39.
王继源, 陈璋, 胡国良,「京津冀协同发展下北京市人口调控: 产业疏解带动人口疏解」,『中国人口·资源与环境』2015年 第10期, pp. 111-117.
王侃,「服务型基层组织建设—中国共产党的功能创新与调适」,『浙江学刊』2012年 第6期, pp. 145-148.
王道勇, 郧彦辉,「改革以来中国流动人口管理理念变迁及发展趋势」,『城市观察』2011年 第5期, pp. 44-52.
王懂棋,「"三型政党"建设的重大意义」,『思想政治工作研究』2013年 第1期, pp. 12-13.
王祥进,「北京市流动人口管理的现状, 难点及对策」,『人口与发展』2006年 第12卷 第4期, pp. 76-80.

王伟,「保持党的纯洁性 建设坚强有力的马克思主义执政党」,『求是』2012年 第7期, pp. 43-45.
王殿茹, 邓思远,「京津冀协同发展中非首都功能疏解路径及机制」,『河北大学学报(哲学社会科学版)』2015年 第6期, pp. 86-91.
王超,「流动党员的研究综述及问题前瞻」,『桂海论丛』2015年 第3期, pp. 88-92.
王春光,『社会流动和社会重构: 京城"浙江村"研究』(杭州: 浙江人民出版社, 1995).
王春光,「流动中的社会网络: 温州人在巴黎和北京的行动方式」,『社会学研究』2000年 第3期, pp. 109-123.
王浦劬,「国家治理, 政府治理和社会治理的含义及其相互关系」,『国家行政学院学报』2014年 第3期, pp. 11-17.
王汉生, 刘世定, 孙立平, 项飚,「"浙江村": 中国农民进入城市的一种独特方式」,『社会学研究』1997年 第1期, pp. 58-69.
王辉, 张明,「京津冀协同视角下河北省承接首都功能疏解和产业转移的研究」,『统计与管理』2016年 第4期, pp. 88-90.
温州史志网,「既富时代特征, 又具区域特色—论温州近三十年非公有制企业党的建设」, http://www.wzdsw.gov.cn/Art/Art_19/Art_19_460.aspx(검색일: 2015.9.30.).
卫志民, 管永前 编,『新编党支部工作手册(最新版)』(北京: 国家行政学院出版社, 2015).
魏进平, 刘鑫洋, 魏娜,「京津冀协同发展的历程回顾, 现实困境与突破路径」,『河北工业大学学报 (社会科学版)』2014年 第2期, pp. 1-6.
李琼英,「从并存到同化: 一个中国移民村的变迁之路—以北京"浙江村"为例」,『江淮论坛』2013年 第2期, pp. 136-141.
李国平, 席强敏,「京津冀协同发展下北京人口有序疏解的对策研究」,『人口与发展』2015年 第2期, pp. 28-33.
李武魁, 张艾薇,「来自大红门的报告」,『北京纪事』1996年 第4期, pp. 48-50.
李崇富, 赵智奎 主编,『浙江经验与中国发展: 科学发展观与和谐社会建设在浙江(党建卷)』(北京: 社会科学文献出版社, 2007).
李程伟,「北京市的流动人口管理: 成绩, 问题及对策」,『北京行政学院学报』2001年 第1期, pp. 40-44.
人民出版社,『关于加强基层服务型党组织建设的意见』(北京: 人民出版社, 2014).
林蓉,「从北京的"浙江村"看农民工在城市的社区融入」,『消费导刊』2009年 第5期, pp. 34-35.
林宏伟 主编,『乐清人在北京』(北京: 中华工商联出版社, 2016).
张可云, 蔡之兵,「京津冀协同发展历程, 制约因素及未来方向」,『河北学刊』2014年 第6期, pp. 101-105.
张可云, 蔡之兵,「北京非首都功能的内涵, 影响机理及其疏解思路」,『河北学刊』2015年第3期, pp. 116-123.
章开沅, 「近代商人与中国社会转型—序"东方商旅丛书"」, 『天津社会科学』 1997年 第4期, pp. 92-94.
张景峰, 「个体工商户制度法律适用探讨」, 『海峡法学』 2018年 第1期, pp. 51-57.
张大伟, 李鸿渊, 『非公有制企业党建有效性研究』 (南昌: 江西人民出版社, 2014).
张诺夫, 『新形势下非公企业党建研究』 (杭州: 浙江工商大学出版社, 2015).
张彦台, 「河北在京津冀协同发展中的战略定位, 重点工作及策略研究」, 『经济论坛』 2014年 第6期, pp. 14-16.
张颖, 「关于北京市丰台区"浙江村"流动个体户计划生育问题的调查」, 『人口与经济』 1989年 第3期, pp. 23-25.
张荣臣 主编, 『基层党组织工作操作实务(十八大版)』 (北京: 中共中央党校出版社, 2013).
张荣臣 主编, 『发展党员工作实用指南(十八大版)』 (北京: 中共中央党校出版社, 2013).
张仁寿, 李红, 『温州模式研究』 (北京: 中国社会科学出版社, 1990).
张全胜, 柴高原, 「晋城市:建立发展党员"全记录"档案」, 『先锋队』 2015年 第7期, p. 9.
张厚义, 「私营企业主阶层成长的新阶段」, 汝信, 陆学艺, 李培林 (主编), 『2006年: 中国社会形势分析与预测』 (北京: 社会科学文献出版社, 2005), pp. 341-368.
张厚义, 「私营企业主阶层成长过程中的若干问题分析」, 汝信, 陆学艺, 李培林 (主编), 『2011年中国社会形势分析与预测』 (北京: 社会科学文献出版社, 2011), pp. 273-285.
全国党建研究会非公有制经济组织党建研究专业委员会, 「改革开放30年与浙江非公有制企业党建」, 『全国党的建设研究会2008年自选课题优秀调研成果选编』 (2010), pp. 94-122.
钱昌平 编者, 『雁鸣北方』 (北京: 中国商业出版社, 2008).
丁晓璐, 「"闯入""浙江村"—访北大社会学系90级学生项飚」, 『人民公安』 1994年 第8期, pp.19-21.
郑绍保 编者, 『流动党员管理手册(第二版)』 (北京: 中共中央党校出版社, 2007).
郑绍保, 『党的基层组织工作热点疑点要点500问(最新修订)』 (北京: 红旗出版社, 2015).
郑修敏, 许晓明, 「中国民营经济发展的历史与未来」, 『江西社会科学』 2009年 第6期, pp. 80-85.
赵乐强, 「脚踏实地 开拓创新 为建设社会主义现代化的新虹桥而努力奋斗—在中国共产党虹桥镇第十次代表大会上的工作报告」 (一九九六年二月九日), pp. 1-16.
赵方忠, 「非核心功能疏解的丰台实验」, 『投资北京』 2014年 第11期, pp. 63-65.
赵士红, 「新形势下保持党的纯洁性面临的问题及对策」, 『学习论坛』 2012年 第4期, pp. 20-24.

赵周贤, 刘光明,「保持党的纯洁性 永葆党的先进性」,『求是』2012年 第13期, pp. 40-42.
赵向阁, 陈静,「北京专业市场向河北转移的适应性提升策略」,『人民论坛』2016年 第17期, pp. 224-226.
曹慧,「京津冀一体化下的产业搬迁谜团」,『中国皮革』2014年 第24期, pp. 19-24.
赵弘,「破解首都"大城市病"」, 中共北京市委前线杂志社 编, 赵弘 主编,『推动京津冀协同发展的理论和实践』(北京: 北京人民出版社, 2016), pp. 50-56.
赵弘, 刘宪杰,「疏解北京非首都功能的战略思考」,『前线』2015年 第6期, pp. 74-76.
赵弘, 何芬,「京津冀协同发展视角下北京城市空间布局优化研究」,『经济与管理』2017年 第1期, pp. 17-21.
曹兴权,「民法典如何对待个体工商户」,『环球法律评论』2016年 第6期, pp. 144-156.
钟龙彪,「建设服务型马克思主义执政党的依据, 内涵与根基」,『中共天津市委党校学报』2013年 第1期, pp. 16-20.
朱光磊, 白雪洁, 张庆霄, 王耕深,「当代中国私营企业主阶层社会属性问题研究」,『教学与研究』1999年 第4期, pp. 23-27.
周立群, 曹知修,「京津冀协同发展开启经济一体化新路径」,『中共天津市委党校学报』2014年 第4期, pp. 100-104.
朱孟光,「近二十年来流动党员管理研究述评」,『中共天津市委党校学报』2015年 第1期, pp. 21-27+40.
周晓丽, 党秀云,「西方国家的社会治理: 机制, 理念及其启示」,『南京社会科学』2013年 第10期, pp. 75-81.
朱英,「清末商会"官督商办"的性质与特点」,『历史研究』1987年 第6期, pp. 137-149.
朱英,「清末新式商人社团的兴起及其影响」,『中国经济史研究』1989年 第4期, pp. 74-87.
周伟, 蔡培,「京津冀产业结构调整优化路径研究」,『商业时代』2016年 第2期, pp. 187-189.
中共乐清市乐成街工作委员会,『发展党员工作手册』.
中共中央组织部党建研究所课题组,「利益关系多样化条件下加强党的纯洁性建设研究」,『当代世界与社会主义』2013年 第4期, pp. 114-120.
中共厦门市委组织部,「厦门市制定《关于加强流动党员管理的暂行规定》」,『党建研究』1993年 第11期, p. 48.
中国共产党发展党员工作细则学习读本编写组 编,『〈中国共产党发展党员工作细则〉学习读本』(北京: 红旗出版社, 2014).
中国法制出版社,『中国共产党发展党员工作细则』(北京: 中国法制出版社, 2014).
曾金冬,「胡锦涛总书记为何要强调党的纯洁性」,『理论导报』2012年 第2期, pp. 4-5.
陈述,『中华人民共和国史 1992-2002』(北京: 人民出版社, 2010).

陈钰滢,「“纪实联审”: 把好党员“入口”关」,『当代江西』2014年 第7期, p. 32.
陈永春,「对在新的社会阶层中发展党员问题的思考」,『西南农业大学学报(社会科学版)』, 2003年 第1卷 第4期, pp. 42-44.
陈勇, 秦宏宇,「北京市流动人口的历史, 现状与未来」,『北京政法职业学院学报』2015年 第3期, pp. 1-9.
蔡志强,『制度规范利益: 党建创新与社会治理成长』(北京: 中共中央党校出版社, 2014).
千庆兰, 陈颖彪,「我国大城市流动人口聚居区初步研究: 以北京“浙江村”和广州石牌地区为例」,『城市规划』2003年 第27卷 第11期, pp. 60-64.
初明利,『非公有制企业党组织工作机制创新研究』(天津: 南开大学出版社, 2014).
祝尔娟,「推进京津冀区域协同发展的思路与重点」,『经济与管理』2014年 第3期, pp. 10-12.
鲍思顿, 段成荣,「北京市流动人口数量变动历史趋势分析」,『西北人口』2001年 第1期, pp. 2-5.
冯晓英,「改革开放以来北京市流动人口管理制度变迁评述」,『北京社会科学』2008年 第5期, pp. 66-71.
冯波, 高慧燃 主编,『非公企业党建研究』(北京: 中国传媒大学出版社, 2012).
何海岩,「京津冀协同发展下北京人口调控的问题与对策」,『宏观经济管理』2016年 第4期, pp. 64-67.
项飚,「传统与新社会空间的生成: 一个中国流动人口聚居区的历史」,『战略与管理』1996年 第6期, pp. 99-111.
项飚,「社区何为: 对北京流动人口聚居区的研究」,『社会学研究』1998年 第5期, pp. 56-64.
项飚,『跨越边界的社区: 北京浙江村的生活史』(北京: 三联书店, 2000).
项飚,「逃避, 联合与表达: 北京“浙江村”的故事」, 中国社会科学院社会学研究所 编,『中国社会学(第一卷)』(上海: 上海人民出版社, 2002), pp. 251-282.
项飙,「正规化的纠结: 北京“浙江村”和中国社会二十年来的变化」,『二十一世纪双月刊』总第159期 (2017年 2月), pp. 81-97.
项飚, 于泽辉, 安同久, 杨再学,「撩开北京“浙江村”的神秘面纱」,『中国国情国力』1993年 第4期, pp. 25-29.
解红玲,「改革开放以来党的私营经济政策的演变」,『雁北师范学院学报』第23卷 第1期 (2007年 2月), pp. 24-26.
胡映兰 等 著,『改革开放以来中国共产党社会建设的理论与实践』(北京: 人民出版社, 2015).
胡兆量,「北京“浙江村”—温州模式的异地城市化」,『城市规划学刊』1997年 第3期, pp. 28-30, p. 64.

黄健,「穿越时空: 个体私营经济20年大回顾—献给十一届三中全会召开二十周年」,『光彩』1998年 第11期, pp. 4-10.

黄匡时,「改革开放30年北京流动人口政策回顾与展望」,『北京规划建设』2008年 第5期, pp. 47-49.

黄匡时, 王书慧,「从社会排斥到社会融合: 北京市流动人口政策演变」,『人口与社会』2009年 第25卷 第3期, pp. 29-33.

黄文忠,「私营企业不等于民营企业」,『浙江学刊』1998年 第3期, pp. 23-24.

3. 영문

Alagappa, Muthiah, "Civil Society and Political Change: An Analytical Framework," in Muthiah Alagappa (ed.), *Civil Society and Political Change in Asia: Expanding and Contacting Democratic Space* (Stanford: Stanford University Press, 2004), pp. 25-57.

Alagappa, Muthiah, "Introduction," in Muthiah Alagappa (ed.), *Civil Society and Political Change in Asia: Expanding and Contacting Democratic Space* (Stanford: Stanford University Press, 2004), pp. 1-21.

Baum, Richard, "The Road to Tiananmen: Chinese Politics in 1980s," in Roderick McFarquhar (ed.), *The Politics of China 1949-1989* (New York: Cambridge University Press, 1993), pp. 441-453.

Cai, Yongshun, *Collective Resistance in China: Why Popular Protests Succeed or Fail* (Stanford: Stanford University Press, 2010).

Chan, Kam Wing and Will Buckingham, "Is China Abolishing the *Hukou* System?," *The China Quarterly*, Vol. 195 (September 2008), pp. 582-606.

Chen, Chuanbo and C. Cindy Fan, "China's Hukou Puzzle: Why Don't Rural Migrants Want Urban Hukou," *The China Review*, Vol. 16, No. 3 (October 2016), pp. 9-39.

Chen, Jie, "Attitude Toward Democracy and the Political Behavior of China's Middle Class," in Cheng Li (ed.), *China's Emerging Middle Class: Beyond Economic Transformation* (Washington, D.C.: Brookings Institution Press, 2010), pp. 334-358.

Chen, Jie and Bruce J. Dickson, "Allies of the State: Democratic Support and Regime Support among China's Private Entrepreneurs," *The China Quarterly*, Vol. 196 (December 2008), pp. 780-804.

Chen, Jie and Bruce J. Dickson, *Allies of the State: China's Private Entrepreneurs and Democratic Change* (Cambridge, MA: Harvard University Press, 2010).

Chen, Minglu, "From Economic Elites to Political Elites: private entrepreneurs in the People's Political Consultative Conference," *Journal of Contemporary China*, Vol. 24, No. 94 (2015), pp. 613-627.

Cheng, Tiejun and Mark Selden, "The Origins and Social Consequences of China's Hukou System," *The China Quarterly*, Vol. 139 (September 1994), pp. 644-668.

Cho, Young Nam, *Local People's Congresses in China: Development and Transition* (New York: Cambridge University Press, 2009).

Cho, Young Nam, "Democracy with Chinese Characteristics? A Critical Review from a Developmental State Perspective," *Issues & Studies*, Vol. 45, No. 3 (December 2009), pp. 71-106.

Chung, Jae Ho, "Managing Political Crisis in China: The case of collective protests," in Jae Ho Chung (ed.), *China's Crisis Management* (New York: Routledge, 2012), pp. 25-42.

Chung, Jae Ho, "China's Local Governance in Perspective: Instruments of Central Government Control," *The China Journal*, No. 75 (January 2016a), pp. 38-60.

Chung, Jae Ho, *Centrifugal Empire: Central-Local Relations in China* (New York: Columbia University Press, 2016b).

Chung, Jae Ho, Hongyi Lai and Ming Xia, "Mounting Challenges to Governance in China: Surveying Collective Protests, Religious Sects and Criminal Organizations," *The China Journal*, No. 56 (July 2006), pp. 1-31.

Deng, Zhenglai (ed.), *State and Civil Society: The Chinese Perspective* (Singapore: World Scientific, 2011).

Diamond, Larry, "Toward Democratic Consolidation," in Larry Diamond and Marc F. Plattner (eds.), *The Global Resurgence of Democracy* (Second Edition) (Baltimore: Johns Hopkins University Press, 1996), pp. 227-240.

Dickson, Bruce J., "Cooptation and Corporatism in China: The Logic of Party Adaptation," *Political Science Quarterly*, Vol. 115, No. 4 (Winter 2000-2001), pp. 517-540.

Dickson, Bruce J., *Red Capitalists in China: The Party, Private Entrepreneurs, and Prospects for Political Change* (Cambridge: Cambridge University Press, 2003).

Dickson, Bruce J., "Integrating Wealth and Power in China: The Communist Party's Embrace of the Private Sector," *The China Quarterly*, Vol. 192 (December 2007), pp. 827-854.

Dickson, Bruce J., *Wealth into Power: The Communist Party's Embrace of China's Private Sector* (New York: Cambridge University Press, 2008).

Dickson, Bruce J., "China's Cooperative Capitalists: The Business End of the Middle Class," in Cheng Li (ed.), *China's Emerging Middle Class: Beyond Economic Transformation* (Washington, D.C.: Brookings Institution Press, 2010), pp. 291-309.

Dickson, Bruce J., "No "Jasmine" for China," *Current History*, Vol. 110 (September 2011a), pp. 211-216.

Dickson, Bruce J., "Who Consents to the Beijing Consensus: Crony Communism in China," in S. Philip Hsu, Yu-Shan Wu and Suisheng Zhao (eds.), *In Search of China's Development Model: Beyond Beijing Consensus* (London: Routledge, 2011b), pp. 189-203.

Ding, Yijian, *Chinese Democracy after Tiananmen* (New York: Columbia University Press, 2001).

Donaldson, John (ed.), *Assessing the Balance of Power in Central-Local Relations in China* (London: Routledge, 2016).

Foster, Kenneth W., "Associations in the Embrace of an Authoritarian State: State Domination of Society?," *Studies in Comparative International Development*, Vol. 35, No. 4 (Winter 2001), pp. 84-109

Foster, Kenneth W., "Embedded within the State Agencies: Business Associations in Yantai," *The China Journal*, No. 47 (January 2002), pp. 41-65.

Fulda, Andreas, Yanyan Li and Qinghua Song, "New Strategies of Civil Society in China: a Case Study of the Network Governance Approach," *Journal of Contemporary China,* Vol. 21, No. 76 (2012), pp. 675-693.

Gallagher, Mary E., ""Reform and Openness": Why China's Economic Reforms Have Delayed Democracy," *World Politics*, Vol. 54, No. 3 (April 2002), pp. 338-372.

Gallagher, Mary E., "China: The Limits of Civil Society in a Late Leninist State," in Muthiah Alagappa (ed.), *Civil Society and Political Change in Asia: Expanding and Contacting Democratic Space* (Stanford: Stanford University Press, 2004), pp. 419-452.

Gilley, Bruce, *China's Democratic Future* (New York: Columbia University Press, 2004),

Gold, Thomas, "Urban Private Business in China," *Studies in Comparative Communism*, Vol. XXII, No. 2/3 (Summer/Autumn 1989), pp. 187-201.

Gold, Thomas, "The Resurgence of Civil Society in China," *Journal of Democracy*, Vol. 1, No. 1 (Winter 1990), pp. 18-31.

Goldman, Merle, "Citizen's Struggle in China's Post-Mao Era," *International Journal of China Studies*, Vol. 3, No. 3 (December 2012), pp. 271-283.

Goodman, David S. G., "The New Middle Class," in Merle Goldman and Roderick MacFarquhar (eds.), *The Paradox of China's Post-Mao Reforms* (Cambridge: Harvard University Press, 1999), pp. 241-261.

Goodman, David S. G., "Locating China's Middle Classes: Social intermediaries and the Party-state," *Journal of Contemporary China*, Vol. 25, No. 97 (2016), pp. 1-13.

Gu, Edward, "State Corporatism and the Politics of the State-Profession Relationship in China: A Case Study of Three Professional Communities," *American Asian Review*, Vol. 19, No. 4 (Winter 2001), pp. 163-199.

Guo, Xuezhi, "Controlling Corruption in the Party: China's Central Discipline Inspection Commission," *The China Quarterly*, Vol. 219 (September 2014), pp. 597-624.

Habermas, Jürgen, *The Structural Transformation of the Public Sphere: An Inquiry into a Category of Bourgeois Society* (Cambridge: MIT Press, 1989).

Hall, John A., "In Search of Civil Society," in John A. Hall (ed.), *Civil Society: Theory, History, and Comparison* (Cambridge: Polity Press, 1995), pp. 1-31.

Han, Zhang, "Party Building in Urban Business Districts: Organizational Adaptation of the Chinese Communist Party," *Journal of Contemporary China*, Vol. 24, No. 94 (2015), pp. 644-664.

He, Baogang, *The Democratization of China* (London: Routledge, 1996).

Heilmann, Sebastian, "From Local Experiments to National Policy: The Origins of China's Distinctive Policy Process," *The China Journal*, No. 59 (January 2008), pp. 1-30.

Hildebrandt, Timothy, *Social Organizations and the Authoritarian State in China* (New York: Cambridge University Press, 2013).

Howell, Jude, "'Shall We Dance? Welfarist Incorporation and the Politics of State-Labour NGO Relations," *The China Quarterly*, Vol. 223 (September 2015), pp. 702-723.

Hsu, Jennifer, "Layers of the Urban State: Migrant Organizations and the Chinese State," *Urban Studies*, Vol 49, No. 16 (December 2012), pp. 3513-3530.

Hsu, Jennifer Y. J., and Reza Hasmath, "The Local Corporatist State and NGO Relations in China," *Journal of Contemporary China*, Vol. 23, No. 87 (2014), pp. 516-534.

Huang, Yasheng, *Capitalism with Chinese Characteristics: Entrepreneurship and the State* (Cambridge, Cambridge University Press, 2008).

Huang, Philip C. C., ""Public Sphere"/"Civil Society" in China?: The Third Realm between State and Society," *Modern China,* Vol. 19, No. 2, Symposium: "Public Sphere"/"Civil Society" in China? Paradigmatic Issues in Chinese Studies, III (April 1993), pp. 216-240.

Huntington, Samuel P., *Political Order in Changing Societies* (New Haven: Yale University Press, 1968).

Huntington, Samuel P., *The Third Wave: Democratization in the Late Twentieth Century* (Norman: University of Oklahoma Press, 1991).

Hurst, William, "The City as the Focus: The Analysis of Contemporary Chinese Urban Politics," *China Information*, Vol. 20, No. 3 (2006), pp. 457-479.

Jeong, Jong-Ho, "Shifting Central-Local Relations in Post-Reform China: Case Study of a Migrant Community in Beijing," *Development and Society*, Vol. 31, No. 1 (June 2002), pp. 23-51.

Jeong, Jong-Ho, "From Illegal Migrant Settlements to Central Business and Residential Districts: Restructuring of Urban Space in Beijing's Migrant Enclaves," *Habitat International*, No. 35, Vol. 3 (July 2011), pp. 508-513.

Jeong, Jong-Ho, "Transplanted Wenzhou Model and Transnational Ethnic Economy: experience of Zhejiangcun's Wenzhou migrants and Wangjing's Chaoxianzu(ethnic Korean Chinese) migrants in Beijing" *Journal of Contemporary China*, Vol. 23, No. 86 (March 2014), pp. 330-350.

Jeong, Jong-Ho and Taehee Yoon, "From Gray to Red: Party Building and the Transformation of Beijing's Zhejiangcun," *Journal of Contemporary China*, Vol. 29, No. 126 (2020), pp 934-949.

Kaldor, Mary, "The Idea of Global Civil Society," *International Affairs*, Vol. 79, No. 3 (May 2003), pp. 583-593.

Keane, John, "Civil Society, Definitions and Approaches," *Springer-Verlag Berlin Heidelberg* (2009), http://johnkeane.info/media/pdfs/jk_civil_sciety_definitions_encyclopedia.pdf.

Kim, Jaesok, *Chinese Labor in a Korean Factory: Class, Ethnicity, and Productivity on the Shop Floor in Globalizing China* (Stanford: Stanford University Press, 2013).

Kim, Sunhyuk, *Politics of Democratization in Korea: The Role of Civil Society* (Pittsburgh: University of Pittsburgh Press, 2000).

Kuhn, Philip A., "Civil Society and Constitutional Development," in Leon Vandermeersch (ed.), *La Societe civile Face a L'Etat* (Paris: Ecole francaise d'Extreme-Orient, 1994), pp. 301-307.

Kwok, D. W. Y., "Moral Community and Civil society in China: Enigmas Viewed from the Traditions of Protest and Political Advice," in Leon Vandermeersch (ed.), *La Societe civile Face a L'Etat* (Paris: Ecole francaise d'Extreme-Orient, 1994), pp. 17-28.

Lai, Hongyi, "Uneven Opening of China's Society, Economy and Politics: Pro-growth Authoritarian Governance and Protests in China," *Journal of Contemporary China,* Vol 19, No. 67 (November 2010), pp. 819-835.

Lee, Ching Kwan, *Against the Law: Labor Protests in China's Rustbelt and Sunbelt* (Berkeley: University of California Press, 2007).

Lee, Ching Kwan, "Pathways of Labor Activism," in Elizabeth J. Perry and Mark Shelden (eds.), *Chinese Society: Change, Conflict and Resistance* (Third Edition) (London: Routledge, 2010), pp. 57-79.

Lee, Ching Kwan and Eli Friedman, "The Labor Movement," *Journal of Democracy*, Vol. 20, No. 3 (July 2009), pp. 21-24.

Li, Cheng, "Diversification of Chinese Entrepreneurs and Cultural Pluralism in the Reform Era," in Shiping Hua (ed.), *Chinese Political Culture: 1989-2000* (Armonk, New York: M. E. Sharpe, 2001a), pp. 219-245.

Li, Cheng, *China's Leaders: The New Generation* (Lanham: Rowman & Littlefield Publishers, 2001b).

Lieberthal, Kenneth, *Governing China: From Revolution to Reform* (Second Edition) (New York: W. W. Norton & Company, 2004).

Lin, Nan and Chih-jou Jay Chen, "Local Elites as Officials and Owners: Shareholding and Property Rights in Daqiuzhuang," in Jean C. Oi and Andrew G. Walder (eds.), *Property Rights and Economic Reform in China* (Stanford: Stanford University Press, 1999), pp. 145-170.

Lipset, Seymour Martin, "Some Social Requisites of Democracy: Economic Development and Political Legitimacy," *American Political Science Review,* Vol. 53, No. 1 (March 1959), pp. 69-105.

Liu, Yia-Ling, "Reform From Below: The Private Economy and Local Politics in the Rural Industrialization of Wenzhou," *The China Quarterly*, Vol. 130 (June 1992), pp. 293-316.

Liu, Xiaoli and Liang Wei, "Zhejiangcun: social and spatial implications of informal urbanization on the periphery of Beijing," *Cities*, Vol. 114, No. 2 (1997), pp. 95-108.

Lu, Chunlong, "China's Middle Class: Unified or Fragmented?," *Japanese Journal of Political Science*, Vol. 14, No. 1 (March 2013), pp. 127-150.

Nathan, Andrew J., "Authoritarian Resilience," in Andrew J. Nathan, Larry Diamond and Marc F. Plattner (eds.), *Will China Democratize?* (Baltimore: Johns Hopkins University Press, 2013), pp. 65-76.

Nevitt, Christopher Earle, "Private Business Associations in China: Evidence of Civil Society or Local State Power?," *The China Journal*, No. 36 (July 1996), pp 25-43.

Ma, Laurence and Biao Xiang, "Native Place, Migration and the Emergence of Peasant Enclaves in Beijing," *The China Quarterly*, Vol. 155 (September 1998), pp. 546-581.

Ma, Qiusha, *Non-Governmental Organizations in Contemporary China: Paving the Way to Civil Society?* (London: Routledge, 2006).

Mertha, Andrew C., *China's Water Warriors: Citizen Action and Policy Change* (Ithaca: Cornell University Press, 2008).

O'Brien, Kevin J., "Rural Protest," *Journal of Democracy*, Vol 20, No.3 (July 2009), pp. 25-28.

O'Brien, Kevin J. and Lianjiang Li, *Rightful Resistance in Rural China* (Cambridge: Cambridge University Press, 2006).

Ogden, Suzanne, *Inklings of Democracy in China* (Cambridge: Harvard University Asia Center, 2002).

Oi, Jean C., "Communism and Clientelism: Rural Politics in China," *World Politics*, Vol. 37, No. 2 (January 1985), pp. 238-266.

Oi, Jean C., "The Role of the Local State in China's Transitional Economy," *The China Quarterly*, Vol. 144 (December 1995), pp. 1132-1145.

Ostergaard, Clemens Stubbe, "Citizens, Groups and Nascent Civil Society in China: Toward an Understanding of the 1989 Student Demonstrations," *China Information*, Vol. 4, No. 2 (Autumn 1989), pp. 28-41.

Parris, Kristen, "Local Initiative and National Reform: The Wenzhou Model of Development," *The China Quarterly*, Vol. 134 (June 1993), pp. 242-263.

Parris, Kristen, "The Rise of Private Business Interests," in Merle Goldman and Roderick MacFarquhar (eds.), *The Paradox of China's Post-Mao Reforms* (Cambridge: Harvard University Press, 1999), pp. 262-282.

Pearson, Margaret M., *China's New Business Elite: The Political Consequences of Economic Reform* (Berkeley, California: University of California Press, 1997).

Pei, Minxin, *From Reform to Revolution: The Demise of Communism in China and the Soviet Union* (Cambridge and London: Harvard University Press, 1996).

Pei, Minxin, "Chinese Civic Associations: An Empirical Analysis," *Modern China*, Vol. 24, No. 3 (July 1998), pp. 285-318.

Pei, Minxin, "China's Evolution toward Soft Authoritarianism," in Edward Friedman and Barrett L. McCormick (eds.), *What if China Doesn't Democratize: Implications for War and Peace* (Armonk, N. Y.: M. E. Sharpe, 2000), pp. 74-98.

Pei, Minxin, "Rights and Resistance: The Changing Context of the Dissident Movement," in Elizabeth J. Perry and Mark Selden (eds.), *Chinese Society: Change, Conflict and Resistance* (Third Edition) (London: Routledge, 2010), pp. 31-56.

Perry, Elizabeth J., "Casting a Chinese "Democracy" Movement: The Role of Students, Workers and Entrepreneurs," in Jeffrey N. Wassertrom and Elizabeth J. Perry (eds.), *Popular Protest & Political Culture in Modern China: Learning from 1989* (Boulder:

Westview Press, 1992), pp. 146-164.

Perry, Elizabeth J., "Trends in the Study of Chinese Politics: State-Society Relations," *The China Quarterly*, Vol. 139 (September 1994), pp. 704-713.

Perry, Elizabeth J., "Studying Chinese Politics: Farewell to Revolution?," *The China Journal*, No. 57 (January 2007), pp. 1-22.

Perry, Elizabeth J., "Popular Protest: Playing by the Rules," in Joseph Fewsmith (ed.), *China Today, China Tomorrow: Domestic Politics, Economy, and Society* (Lanham: Rowman & Littlefield Publisher, 2010), pp. 11-28.

Pew Research Center, "Growing Concerns in China about Inequality, Corruption," *Global Attitude Project* (October 16, 2012), pp. 1-41.

Pun, Ngai and Lu Huilin, "Unfinished Proletarianization: Self, Anger, and Class Action among the Second Generation of Peasant-Workers in Present-Day China," *Modern China*, Vol. 36 No. 5 (2010), pp. 493-519.

Rankin, Mary Backus, "Some Observations on a Chinese Public Sphere," *Modern China*, Vol. 19, No. 2, Symposium: "Public Sphere"/"Civil Society" in China? Paradigmatic Issues in Chinese Studies, III (April 1993), pp. 158-182.

Remick, Elizabeth, "The Significance of Variation in Local State: The Case of Twentieth Century China," *Comparative Politics*, Vol. 34, No. 4 (July 2002), pp. 399-418.

Ropp, Paul S., "Vehicles of Dissent in Late Imperial Chinese Culture," in Leon Vandermeersch (ed.), *La Societe civile Face a L'Etat* (Paris: Ecole francaise d'Extreme-Orient, 1994), pp. 117-156.

Rowe, William T., "The Public Sphere in Modern China," *Modern China*, Vol. 16, No. 3 (July 1990), pp. 309-329.

Rowe, William T., "The Problem of "Civil Society" in Late Imperial China," *Modern China*, Vol. 19, No. 2, Symposium: "Public Sphere"/"Civil Society" in China? Paradigmatic Issues in Chinese Studies, III (April 1993), pp. 139-157.

Rowen, Henry S., "When Will the Chinese People Be Free?," in Andrew J. Nathan, Larry Diamond and Marc F. Plattner (eds.) *Will China Democratize?* (Baltimore: Johns Hopkins University Press, 2013), pp. 15-29.

Rueschemeyer, Dietrich, Evelyne Huber Stephens, and John D. Stephens, *Capitalist Development and Democracy* (Chicago: University of Chicago Press, 1992).

Saich, Tony, "The Rise and Fall of the Beijing People's Movement," *The Australian Journal of Chinese Affairs*, No. 24 (July 1990), pp. 181-208.

Saich, Tony, "Negotiating the State: the Development of Social Organizations in China," *The China Quarterly*, Vol. 161, (March 2000), pp. 124-141.

Schmitter, Philippe C., "Still the Century of Corporatism?," *The Review of Politics*, Vol. 36, No. 1 (January 1974), pp. 85-131.

Scott, James C., *Weapons of the Weak: Everyday Forms of Peasant Resistance* (New Haven: Yale University Press, 1985).

Shambaugh, David, *China's Communist Party: Atrophy and Adaptation* (Berkeley: University of California Press, 2008).

Shaw, Martin, "Civil Society," in Lester Kurtz (ed.), *Encyclopedia of Violence, Peace and Conflict* (San Diego: Academic Press, 1999), pp. 269-278.

Shieh, Shawn and Guosheng Deng, "An Emerging Civil Society: The Impact of the 2008 Sichuan Earthquake on Grass-roots Associations in China," *The China Journal*, No. 65 (January 2011), pp. 181-194.

Shils, Edward, "The Virtue of Civil Society," *Government and Opposition*, Volume 26, Issue 1 (January 1991), pp. 3-20.

Shirk, Susan L., *The Political Logic of Economic Reform in China* (California: University of California Press, 1993).

Solinger, Dorothy J., "Urban Entrepreneurs and the State: The Merger of State and Society," in Arthur L. Rosenbaum (ed.), *State and Society in China: The Consequences of Reform* (Boulder: Westview Press, 1992), pp. 121-141.

Solinger, Dorothy J., *Contesting Citizenship in Urban China: Peasant Migrants, the State and the Logic of the Market* (Berkeley: University of California Press, 1999).

Solinger, Dorothy J., "The Creation of a New Underclass in China and its Implications," *Environment and Urbanization*, Vol. 18, No. 1 (2006), pp. 177-193.

Spires, Anthony J., "Contingent Symbiosis and Civil Society in an Authoritarian State: Understanding the Survival of China's Grassroots NGOs," *American Journal of Sociology*, Vol. 117, No. 1 (July 2011), pp. 1-45.

Strand, David, "Protest in Beijing: Civil Society and Public Sphere in China," *Problems of Communism*, Vol. 39 (May-June 1990), pp. 1-19.

Strand, David, "Changing Dimensions of Social and Public Life in Early Twentieth Century Chinese Cities," in Leon Vandermeersch (ed.), *La Societe civile Face a L'Etat* (Paris: Ecole francaise d'Extreme-Orient, 1994), pp. 309-330.

Teets, Jessica C., "Let many Civil Societies Bloom: The Rise of Consultative Authoritarianism in China," *The China Quarterly*, Vol. 213 (March 2013), pp. 19-38.

Thornton, Patricia M., "The New Life of the Party: Party-Building and Social Engineering in Greater Shanghai," *The China Journal*, No. 68 (July 2012), pp. 58-78.

Thornton, Patricia M., "The Advance of the Party: Transformation or Takeover of Urban

Grassroots Society?," *The China Quarterly*, Vol. 213 (March 2013), pp. 1-18.

Tsai, Wen-Huan and Nicola Dean, "The CCP's Learning System: Thought Unification and Regime Adaptation," *The China Journal*, No. 69 (January 2013), pp. 87-107.

Tsai, Kellee S., "Capitalists without a Class: Political Diversity among Private Entrepreneurs in China," *Comparative Political Studies*, Vol. 38, No. 9 (November 2005), pp. 1130-1158.

Tsai, Kellee S., *Capitalism without Democracy: The Private Sector in Contemporary China* (Ithaca: Cornell University Press, 2007).

Tse, Chun Wing, "Urban Residents' Prejudice and Integration of Rural Migrants into Urban China," *Journal of Contemporary China*, Vol. 25, No. 100 (2016), pp. 579-595.

Unger, Jonathan, "Bridges: Private Business, the Chinese Government and the Rise of New Associations," *The China Quarterly*, Vol. 147 (September 1996), pp. 795-819.

Unger, Jonathan and Anita Chan, "China, Corporatism and the East Asian Model," *The Australian Journal of Chinese Affairs*, No. 33 (January 1995), pp. 29-53.

Wakeman, Frederic Jr., "The Civil Society and Public Sphere Debate: Western Reflections on Chinese Political Culture," *Modern China*, Vol. 19, No. 2, Symposium: "Public Sphere"/"Civil Society" in China? Paradigmatic Issues in Chinese Studies, III (April 1993), pp. 108-138.

Wakeman, Frederic Jr., "Boundaries of the Public Sphere in Ming and Qing China," *Daedalus*, Vol. 127, No. 3, Early Modernities (Summer 1998), pp. 167-189.

Walder, Andrew, "Local Governments as Industrial Firms: An Organizational Analysis of China's Transitional Economy," *American Journal of Sociology*, Vol. 101, No. 2 (September 1995), pp. 263-301.

Wank, David L., "Private Business, Bureaucracy, and Political Alliance in a Chinese City," *The Australian Journal of Chinese Affairs*, No. 33 (January 1995), pp. 55-71.

Wank, David L., *Commodifying Communism: Business, Trust, and Politics in a Chinese City* (Cambridge: Cambridge University Press, 1999).

Wang, Zhengxu, "Citizens' Satisfaction with Government Performance in Six Asian-Pacific Giants," *Japanese Journal of Political Science*, Vol. 11 No. 1 (2010), pp. 51-75.

White, Gordon, "Prospects for Civil Society in China: A Case Study of Xiaoshan City," *The Australian Journal of Chinese Affairs*, No. 29 (January 1993), pp. 63-87.

White, Gordon, Jude Howell and Shang Xiaoyuan, *In Search of Civil Society: Market Reform and Social Change in Contemporary China* (Oxford: Clarendon Press, 1996).

Whiting, Susan H., "The Politics of NGO Development in China," *Voluntas*, Vol. 2, No.

1 (1991), pp. 16-48.

Whyte, Martin K., "Urban China: A Civil Society in the Making," in Arthur Lewis Rosenbaum (ed.), *State and Society in China: The Consequence of Reform* (Boulder: Westview, 1992), pp. 77-101.

Wright, Teresa, *Accepting Authoritarianism: State-Society Relations in China's Reform Era* (Stanford: Stanford University Press, 2010).

Yep, Ray, "The Limitations of Corporatism for Understanding Reforming China: An Empirical Analysis in a Rural County," *Journal of Contemporary China*, Vol. 9, No. 25 (November 2000), pp. 547-566.

Yoon, Taehee and Jong-Ho Jeong, "Bedfellows with Different Dreams: The Relationship between the Party-State and Private Businessmen in the Party Member Recruitment Process in Beijing's Zhejiangcun (浙江村 Zhejiang Village)," *Journal of International and Area Studies*, Vol. 25, No. 1 (2018), pp. 131-148.

Yu, Jianxing and Jun Zhou, "Local Governance and Business Associations in Wenzhou: A model for the road to civil society in China?," *Journal of Contemporary China*, Vol. 22, No. 81 (2013), pp. 394-408.

Yu, Jianxing, Kenichiro Yashima and Yongdong Shen, "Autonomy or Privilege? Lobbying Intensity of Local Business Associations in China," *Journal of Chinese Political Science*, Vol. 19, No. 3 (September 2014), pp. 315-333.

Zhan, Shaohua, "What determines migrant workers' life chances in contemporary China? Hukou, social exclusion, and the market," *Modern China*, Vol. 37, No. 3 (2011), pp. 243-285.

Zhang Changdong, "Non-Governmental Organizations' Policy Advocacy in China: Resources, Government Intention and Network," *China: An International Journal*, Vol. 13, No. 1 (April 2015), pp. 181-199.

Zhang, Han, "Who Serves Party on the Ground? Grassroots Party Workers for China's Non-Public Sector of the Economy," *Journal of Contemporary China*, Vol. 27, No. 110 (2018), pp. 244-260.

Zhang, Li, *Strangers in the City: Reconfigurations of Space, Power, and Social Networks within China's Floating Population* (Stanford: Stanford University Press, 2001).

Zheng, Yongnian, "Development and Democracy: Are They Compatible in China?," *Political Science Quarterly*, Vol. 109, No. 2 (Summer, 1994), pp. 235-259.

Zheng, Yongnian, *Will China Become Democratic: Elite, Class and Regime Transition* (Singapore: Eastern Universities Press, 2004).

Zhou, Daming and Xiaoyun Sun, "Group Differences Among Nongmingong: A Follow-up Ethnographic Case Study," *International Journal of Business Anthropology*, Vol. 1, No. 1 (2010), pp. 79-94.

찾아보기

ㄱ

가도 당위원회 159
가도 정법판공실 159
가도 판공실 158
가도 판사처 192
가정기업 29, 119
가죽재킷 열풍 105
개체경제 68, 71, 72, 79
개체노동자협회 50, 247
개체호 20, 73, 90, 102, 105, 141
경호구 190
계급정당 136, 137
계급투쟁 136, 141
공공영역 51
공론장 40
공산당장정 85, 136
공상련 50, 84, 92, 114, 247
공유제경제 68
공청단 85, 86, 153
과학적 발전관 183
과후 75
관망형 56
광시희망고등학교 194
구안 228
구이저우성 177
국가-사영기업가 관계 15-17, 19, 23, 28-34, 37, 43, 44, 60-63, 98, 101, 132-134, 137, 160, 166, 168, 204-207, 236, 244-249, 251
국가-사회관계 23-28, 30, 42, 49, 51-53, 61, 97, 252
국가 신형도시화 계획 208
국가 조합주의 26, 27, 246, 247, 252
「국내 동향 교료지」 83
권위주의 24, 25, 41
권위주의적 탄력성 45
규칙의식 52
근대화론 41, 55
기업가협회 25, 50, 247
기업법 16, 91
기율검사위원 130, 131

ㄴ

난위안향 14, 104, 212
난위안향 궈위안촌 116
남순강화 78, 79, 81, 82, 106, 243
『내부참고』 177
농가생산책임제 102
농민공 22, 173

ㄷ

단위제도 48, 172, 173
당대회
12차 당대회 75, 141
13차 당대회 71, 75
14차 당대회 78, 79, 82

15차 당대회 78, 79, 81, 87
16차 당대회 90, 91, 93, 96, 97, 137, 141, 173
18차 당대회 92, 138, 143, 144, 156, 174, 177
19차 당대회 176
당소조 129, 154, 155
당원대표 198
당원 충원과정 34, 143
당의 순결성 139, 143, 146, 156, 166
당지부 100, 112
당 지식 경연대회 185
당헌 17, 85, 91, 136
당헌학습 111
대도시병 210
대외연락공작회의 115
대외연락업무 영도소조 114
대원 106, 115-117
대청리 118
덩샤오핑 71, 78, 90
덩샤오핑 이론 90
도매시장 14, 36, 106, 211-213, 217, 222, 223, 227, 229, 234
도시 남부의 왕푸징 118
동구권 42
동향상회 240
두 개의 계급과 하나의 계층 142
두 도시의 이야기 208
따홍먼 14, 29, 103, 116, 117, 118, 192, 200, 204, 206, 211-213, 216, 218, 226, 229, 230-233, 236
따홍먼 상마오청 188
따홍먼 의류상가 116
따홍먼 지역 기능 해체 분산 지휘부 214
따홍먼 해체 분산 36, 207, 212, 220, 223, 235, 251

ㄹ

루비량 104
루비저 104
루이안 리신 공업공급 판매회사 76
리위안차오 177
리펑 113, 116, 133

ㅁ

마약금지 지휘 영도소조 191
마오쩌둥 142
마오쩌둥 사상 90
맑스-레닌주의 90
맑스주의 144
무산계급 136
무시위안 104, 106, 109
무시위안 경공업 도매시장 106
무시위안 도매시장 106, 109
문화대혁명 45, 148, 150
민주화 제3의 물결 41, 42

ㅂ

바오딩시 227
바오터우 104
바이고우 227, 229, 230
바이고우 뉴타운 227
배양교육 150
배양연락인 149, 150
베이다이허 208
베이징시 신규 산업 금지와 제한 목록 210, 211
베이징시 인민정부 32
베이징 연락처 당위원회 119, 124, 126
베이징 외래인구 관리업무 영도소조

113
베이징 웨칭상회 21, 240
베이징 징두 연합 상업 유한공사 231
병을 가진 채 입당 143, 146, 157
부르주아 24, 40, 51, 73, 74
북방 저장 상업단지 준비위원회 117
분권화 44, 46, 57, 60
분할점령 55
분할지배 55
비공유제경제 68
비과해 158
비수도기능 해체 분산 36, 204-206, 211-213, 216, 217, 233, 241
비호대 73

ㅅ
4개 무제한 정책 81
4개 현대화 141
사업가협회 49
사영경제 49, 56, 60, 68, 71-74, 78, 79, 87, 94
사영기업 16, 20, 79, 80, 82, 84, 87, 94
사영기업가 14-23, 28-37, 40-44, 48-51, 56-63, 66, 68, 70, 72-77, 84, 97, 98, 101, 111, 120, 124, 126-134, 137-140, 146, 160-168, 171, 172, 181, 184-190, 196-201, 204-207, 218-226, 234-236, 240, 243-252
사영분야 15, 40, 59, 81-84, 127, 132, 198, 243
사영분야 당조직 16, 67, 69, 77
사오산 185
사회 거버넌스 20, 35, 170-172, 175, 176, 178-181, 198, 200, 201, 244, 246, 248, 252
사회관리 170, 171, 173, 175, 179
사회안정 173
사회 조합주의 26
사회주의 핵심 가치관 144
사회통제 172
산허시 117
삼개대표 33, 35, 49, 66, 69, 89, 90, 94, 97, 98, 100, 120, 124, 127, 132, 137, 138, 146, 160, 161, 187, 218, 248
삼진아웃 제도 182
상산 화광 편직 공장 당지부 76
상향식 참여 175
생계형 56
샤이창 84
서비스형 정부 174
서비스형 당조직 177, 178, 180, 201
서신 증명서류 158
선전위원 130
선조직건설 후규범 68, 83
선진분자 90, 136, 141, 145
선하이슝 83
세수의 분권화 58
소유권법 49, 88
솔선수범의 정신 182
수도경제권 208
스자좡 216
스자좡 러청 궈지 상마오청 228
스자좡시 창안구 227
시민사회 23, 24, 27, 42, 73, 246, 247, 252
시민사회론 23, 25
시바이포 185
시진핑 88, 92, 139, 143-146, 166, 170, 175, 176, 204, 208, 223, 250
신농촌 건설 195, 199

신장촌 103
신하이 신발타운 220
신화왕 32
18기 3중전회 178

ㅇ
안후이촌 103
약자의 무기 54
양신업무 238
양학일주 183
연락위원 130
연합방범대 109
예비당원 145, 152, 154, 156
옌안 185
옌자오 117, 228
5개 불가 정책 81
완룬난 72
왕안순 211
외래인구 100, 243
외출인구 114
외출인원 문화예술단 192
요우젠 홍먼 231
용칭 216, 229, 230, 241
우진청 당지부 194
원저우 모델 61, 67, 82
원저우시 60, 67, 69, 75, 88, 98, 101, 243, 249
원저우시 공상국 106
원저우시 당원대표대회 196
원저우시 마약금지위원회 190
원저우 주경 연락처 219
원저우 지방인대 197
원적지 158
웨청 112
웨칭 14-16, 22, 29, 33-36, 100-102, 112, 114, 158, 164, 187-192, 238
웨칭시 베이징 상회 당위원회 238
웨칭시 베이징 상회 당위원회 제1서기 238
웨칭시 외출유동당원 제1공작위원회 14, 127
웨칭시 주징연락처 당위원회 119
웨칭일보 32
웨칭 직속기관 공작위원회 124
윈나 193
유동당원 15, 120, 127, 165, 181, 192, 196
유동당원 당조직 110, 121
유동당원 당지부 121
유동당원활동증 124
유동당위원회 127
유동인구 15, 22, 29, 103, 107, 151, 212, 218, 223, 232, 233, 249, 252
이위일체 125
인대대표 92
인민공사 48, 172
인민일보 32, 126, 186
일급 당위원회 125, 160, 239
일당지배체제 20, 40, 42, 43, 45, 47, 61
임시 당위원회 119
입당 선서식 185
입당소개인 152, 154
입당신청서 148
입당신청자 148, 157, 162
입당의 엄밀성 139
입당적극분자 145, 148, 149, 157, 159
입당적극분자 배양고찰 등록표 158
입당 절차 35
입당지원서 152, 154

ㅈ

자선위원 130
자오즈양 71
장가오리 209
장더장 84
장쩌민 83, 84, 87, 88, 98, 141, 173, 218
재경 원저우 상회 공작위원회 219
재외 판사처 124
저장성 14, 67, 69, 75, 88, 98, 243, 249
저장성법원 110
저장성 연락사무소 116
저장촌 14, 29, 30, 33, 103, 104-107, 112, 115, 116, 190, 200, 212, 236, 241
저장촌 철거작업 190, 242
적색교육기지 학습 185
전국유동인구관리공작회의 113
전국인민정치협상회의 46
전면적 소강사회 47
정식당원 154, 156
정의로운 저항 54
정치 민주화 46
정치사회 27, 28
정치 제도화 46
정협위원 50, 53
정협위원회 92
제3의 영역 52
제2세대 신분증 187
제2의 생명 165, 218
제1공작위원회 14, 20, 101, 127, 130-132, 137, 139, 140, 146, 151, 156, 160, 161, 163, 164, 166, 170, 172, 181, 186, 192, 199-201, 205, 207, 219, 220-222, 234, 238-240, 242-248, 250-252
제1서기 239
조직위원 130, 154
조합주의 25
주징 112
주징연락처 109, 119
준이시 177
중관촌 225
중국공산당 입당지원서 151
중국중앙 텔레비전 112
중산층 41, 48, 55
중앙당교 187
중앙당교 대외훈련센터 186
중화전국공상연합회 선교처 186
중화제국 51
지방인대 46, 171, 196, 197, 218
지배정당성 43, 44, 46, 61
지부대회 153, 155, 156, 164
지부위원회 153, 155
지식청년 70
진급 당위원회 159
집단학습활동 182
징강산 185
징원 경공업 도매시장 106
징원시장 100, 106, 111
징진지 공동발전 36, 204-209, 213, 245
징진지 공동발전 계획강요 209
징진지 공동발전 영도소조 209
징진지 도시권구역계획 208

ㅊ

창저우 216, 228, 230, 241
천안문사태 42, 54, 72, 73, 148, 150
촌민위원회 53
촨화 그룹 83, 98

충원대상 145, 151, 152, 154
취약계층 194
치우스왕 32
7.1강화 90, 94, 141
7.1적색여행 185

ㅌ
타지당조직 186
탈집체화 172
톈진 204, 206-209, 216
톈진시 시칭구 227
톈진 쥐얼 전자 쇼핑몰 227
톈야 여성의류시장 220
통일전선위원 130

ㅍ
8대 주력시장 229, 231
팡스 신발타운 219
평타이구 204, 212
평타이구 공상국 106
포섭전략 66, 97
푸젠촌 103
프라하의 봄 24

ㅎ
하향식 관리 175
해외직접투자 자유화 46
허난촌 103
헌법 49, 71, 79
혁명군중 136
혁명성지 185
협치 179
호적 소재지 151
홍마오즈 76
홍먼 신발 타운 231
화이라이 228
확신형 56
환보하이 경제권 208
후견인주의 27, 28, 247, 248, 252
후진타오 83, 84, 87, 88, 95, 98, 143, 170, 173, 183, 197

발간사

다가오는 미래가 아시아의 시대가 될 것이라는 인식은 이제 우리에게 그리 새롭지는 않습니다. 그렇다면 우리에게 주어진 과제는 한국인과 한국사회는 어떤 존재로서 아시아의 시대를 살아가고자 하는가 하는 질문을 통해 우리와 남의 모습을 상상하고, 우리와 남의 관계에 대한 그림을 그리고, 그것들을 실천하는 일일 것입니다.

그러나 아시아의 시대가 온다고 해서 아시아 사람들이 저절로 잘 살게 되는 것도, 아시아가 저절로 평화롭고 정이 넘치는 공동체가 되는 것도 아닐 것입니다. 그러므로 우리는 아시아 지역을 살아가는 사람들이 어떤 공동체를 만들어가고 싶은가, 아시아 공동체가 잘 되면 인류에게 무슨 도움이 되는 것인가 하는 질문을 해야 하지 않을까 싶습니다. 오히려 아시아의 시대가 왔다고 생각하기 시작한 지난 20여 년간 아시아 내부의 갈등과 적대, 민족주의와 인종차별 등은 더 심해지고 있다는 착각이 듭니다. 그것을 착각이라고 생각하는 까닭은 외양으로 보면 그렇게 보이지만, 실제 내부에서 일어나는 현상을 찬찬히 살펴보면 아시아 내부의 상호이해와 교류가 느리지만 거대한 규모로 일어나고 있다고 믿기 때문입니다. 지표면에서 보면 날씨 변화도 심하고 지진도 자주 일어나지만, 땅속 깊은 곳에서 아시아의 시대를 만들어가는 지하수의 물줄기가 형성되고 있는 것 아닌가 싶습니다.

20세기 유럽과 미국이 축적한 자연과학과 인문·사회과학 등 근대의 학문적 지식은 인류 문명의 새로운 길을 열었고, 인류의 행복과 안정에 커다란 기여를 했습니다. 물론 제국주의 지배와 전쟁, 차별과 빈곤을 동시에 가져다주기도 했습니다. 아시아의 세기는 서양의 근대를 넘어서서 새로운 '근대 이후'를 만들어나가는 일이어야 합니다.

지식의 생산과 공유, 인재 양성을 책임지고 있는 대학이라는 공간에서 아시아에 대한 어떤 지식을 생산하고, 아시아에 대해 무엇을 어떻게 가르칠 것인가 하는 문제의식이야말로 서울대학교 아시아연구소에 주어진 책무일 것입니다. 서울대학교 아시아연구소는 2009년 9월 출범한 이래 지역과 주제의 결합에 기초한 아시아 연구의 세계적 허브 구축을 목표로 아시아 연구 기반 구축과 우수 연구활동 지원 등의 다양한 학술 활동을 진행해왔습니다. 특별히 아시아에 대한 지식 생산의 기반을 다지는 작업으로서, 우수한 기초 연구 활성화를 위해 노력해왔습니다.

서울대학교 아시아연구소총서는 바로 이러한 학문적 노력의 결실입니다. 앞으로도 서울대학교 아시아연구소는 국내외 연구자들의 우수한 연구를 지원하여 그 결과물을 지속적으로 발간해나갈 것입니다. 이러한 아시아연구소총서가 아시아의 시대를 열어가는 데 필요한 기반을 만드는 중요한 지적 자산이 되기를 기대합니다. 이를 바탕으로 아시아 시대를 만들어가는 지하수를 실증적으로 드러내고, 아시아 내부의 상호 이해와 교류를 넓혀갈 수 있길 바랍니다.

서울대학교 아시아연구소